高等教育跨境电子商务专业“校行企”协同育人系列教材

跨境电商数据分析

主　编　盛　磊　佘　莉　杨燕红

副主编　金贵朝　沈玉燕

電子工業出版社
Publishing House of Electronics Industry
北京 · BEIJING

内 容 简 介

本书立足于跨境电子商务（简称为"跨境电商"）行业快速发展的现状和趋势，从跨境电商数据分析的行业发展需求出发，从行业数据采集、市场分析、客户分析、销售分析、流量分析、舆情分析等角度对跨境电商业务领域的数据分析进行全方位的讲解。本书共 9 章，分为理论篇和实战篇。其中，理论篇包括跨境电商与大数据概述、跨境电商数据分析原理、跨境电商大数据工具使用与分析；实战篇包括海外行业数据采集、海外市场分析、客户数据分析、销售数据分析、流量数据分析、舆情数据分析。本书每章都配有电子课件、案例素材和源文件、习题集及答案等教学资源，读者可登录华信教育资源网（www.hxedu.com.cn）下载使用。

本书可作为各类高等院校跨境电商、电子商务、国际商务、国际经济与贸易、市场营销等专业的教材，也可作为跨境电商数据分析人员、跨境电商运营人员、个体从业人员的自学或培训用书。

图书在版编目（CIP）数据

跨境电商数据分析 / 盛磊，佘莉，杨燕红主编. — 北京：电子工业出版社，2023.12

ISBN 978-7-121-46881-0

Ⅰ. ①跨…　Ⅱ. ①盛…　②佘…　③杨…　Ⅲ. ①电子商务－数据处理　Ⅳ. ①F713.36

中国国家版本馆 CIP 数据核字（2023）第 238260 号

责任编辑：王二华　　文字编辑：刘子杭
印　　刷：大厂回族自治县聚鑫印刷有限责任公司
装　　订：大厂回族自治县聚鑫印刷有限责任公司
出版发行：电子工业出版社
　　　　　北京市海淀区万寿路 173 信箱　　　邮编：100036
开　　本：787×1092　1/16　印张：12.5　　　字数：320 千字
版　　次：2023 年 12 月第 1 版
印　　次：2025 年 7 月第 3 次印刷
定　　价：49.00 元

凡所购买电子工业出版社图书有缺损问题，请向购买书店调换。若书店售缺，请与本社发行部联系，联系及邮购电话：（010）88254888，88258888。

质量投诉请发邮件至 zlts@phei.com.cn，盗版侵权举报请发邮件至 dbqq@phei.com.cn。

本书咨询联系方式：（010）88254532。

前　言

党的二十大报告指出，“推动货物贸易优化升级创新服务贸易发展机制，发展数字贸易，加快建设贸易强国”。2020 年以来，境外民众的消费渠道进一步向线上转移，我国跨境电商市场规模进一步增长。2022 年，我国跨境电商市场规模达 15 万亿元，跨境电商已成为全球货物和服务贸易的重要流通方式。截至 2022 年年底，国务院已先后分 7 批设立 165 个跨境电商综合试验区，覆盖 31 个省区市，基本形成了陆海内外联动、东西双向互济的发展格局。

跨境电商自带互联网基因，数据是重要的生产要素。大数据可以为跨境电商运营环节构建有效的“数据池”，为企业运营管理提供数据支持，从而提升企业决策的有效性和科学性。因此，本书在编写时充分考虑了跨境电商企业数据分析岗位的用人需求，借鉴现有高校教材、行业内部培训材料和专业机构培训教材，从行业数据采集、市场分析、客户分析、销售分析、流量分析、舆情分析等角度对跨境电商业务领域的数据分析进行全方位的讲解。本书首先对跨境电商与大数据进行概述，然后展望了数据电商时代的发展变革，接着归纳了跨境电商数据分析的原理，包括跨境电商数据分析的常用指标、分析的流程、分析思维和方法，最后总结了跨境电商数据分析工具的使用、海外行业数据采集、海外市场分析、客户数据分析、销售数据分析、流量数据分析和舆情数据分析等方法和过程。

为了丰富教材的内容并增强实操性，本书每章都配有电子课件、案例素材和源文件、习题集及答案等教学资源，从而更好地向读者传播信息、传递知识、传授技能并启发思考。本书作为应用型商科特色教材，可作为各类高等院校跨境电商、电子商务、国际商务、国际经济与贸易、市场营销等专业的教材，也可作为跨境电商数据分析人员、跨境电商运营人员、个体从业人员的自学或培训用书。

本书由杭州师范大学钱江学院、杭州师范大学阿里巴巴商学院、无锡太湖学院的老师组成团队并完成编写。其中，杭州师范大学阿里巴巴商学院的电子商务专业和国际商务专业均为国家一流专业，杭州师范大学钱江学院是全国本科层次跨境电商人才培养先行者，也是全国首批开设跨境电商专业的高校。本书由盛磊、佘莉、杨燕红担任主编并对全书进行了审定和统稿工作，编写人员及具体分工为：盛磊负责第 4 章、第 7 章和第 8 章编写；佘莉负责第 5 章和第 9 章编写；杨燕红负责第 1 章和第 3 章编写；金贵朝负责第 2 章编写；沈玉燕和盛磊负责第 6 章编写。

由于跨境电商行业发展迅速，跨境电商运营模式不断创新，跨境电商相关政策不断调整，加之编者水平所限，书中难免存在疏漏和不妥之处，敬请读者批评指正。

编　者

目　　录

第一篇　理　论　篇

第二篇 实 战 篇

第一篇　理　论　篇

跨境电商与大数据概述

结构导图

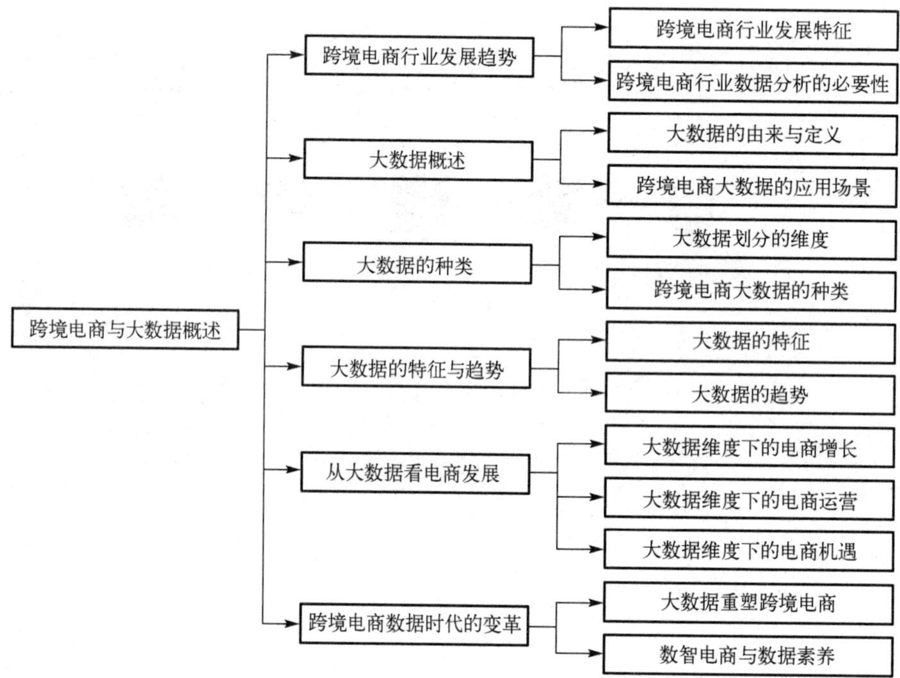

学习目标

1. 知识目标

- 了解跨境电商行业发展趋势。
- 了解大数据的含义与种类。
- 理解跨境电商行业数据分析的必要性。
- 掌握跨境电商数据种类与应用场景。

2. 能力目标

- 培养和树立行业大数据分析意识。
- 运用大数据相关知识分析跨境电商实践问题。

1.1　跨境电商行业发展趋势

1.1.1　跨境电商行业发展特征

跨境电商是跨境电子商务(Cross Border E-commerce)的简称，是指借助于现代信息技术和网络渠道，由一个经济体境内向另一个经济体境内提供贸易服务的新型商业模式。其以数字化交易为主要方式，集成了信息流、资金流和物流等多种要素的流动。目前，跨境电商已成为全球货物和服务贸易的重要流通方式。著名咨询公司麦肯锡 2020 年发布的《中国跨境电商市场研究白皮书》数据显示，全球跨境电商交易额由 2016 年的 4 千亿美元增加到 2020 年的 1 万亿美元，增长规模持续扩大。而根据中国电子商务研究中心公布的数据，2021 年我国跨境电商交易规模达到 14.6 万亿元。同时跨境电商渗透率不断提高，2021 年渗透率近 40%。2010—2021 年中国电商交易规模及增速情况如图 1-1 所示，2010—2021 年中国跨境电商交易规模占电商交易规模比重变化趋势如图 1-2 所示。

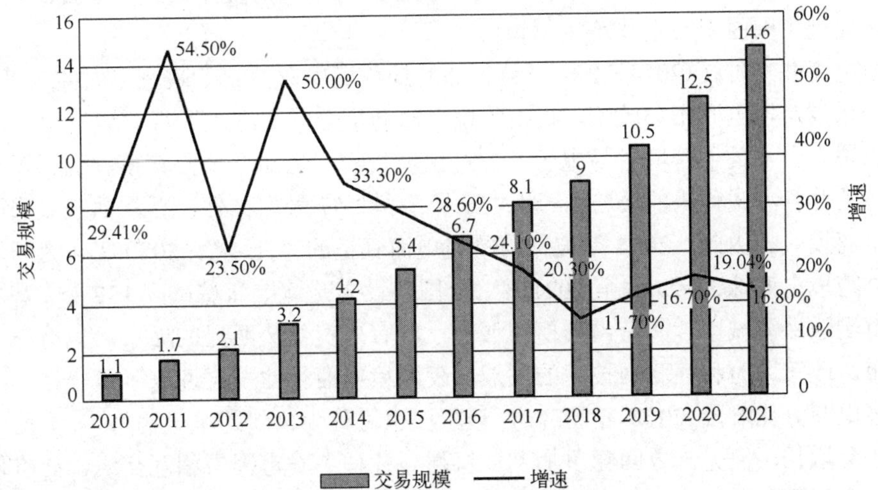

图 1-1　2010-2021 年中国电商交易规模及增速情况(单位：万亿元，%)

随着跨境电商交易规模的不断扩大，整个跨境电商行业发展呈现出明显的阶段性、数字化和精细化特征。

1. 跨境电商的阶段性发展

我国跨境电商交易规模和发展速度居全球前列。从跨境电商的技术手段和交易环节组成来看，可以将我国跨境电商发展归结为四个明显的阶段：

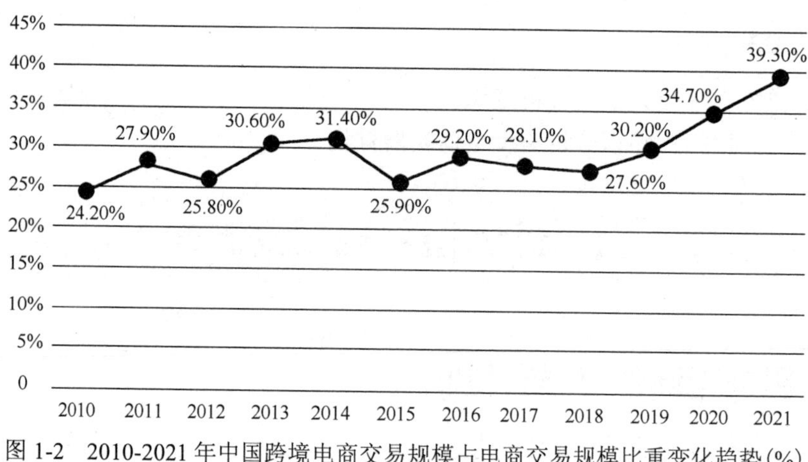

图 1-2　2010-2021 年中国跨境电商交易规模占电商交易规模比重变化趋势(%)

跨境电商萌芽阶段(1999—2003 年)，该时期表现为少数企业开始借助互联网，在网页上向国外客户展示产品和企业信息。早期兴起的互联网平台如阿里巴巴(1688.com)、eBay 和亚马逊等是发布企业信息的主要载体。此阶段的跨境电商实质上是作为传统外贸的信息展示环节，仅提供信息服务，并不涉及网上交易环节。

跨境电商兴起阶段(2004—2013 年)，该时期表现为互联网领域投资创业活跃，伴随着第三方电子支付工具的诞生和运用，如 PayPal、支付宝等，使线上交易成为可能。该阶段的跨境电商由此也更加体现了电子商务的本质，信息展示、交易、支付和物流等环节逐步在线化。此阶段 B2B 模式(平台对企业小额交易)是跨境电商主流模式，有效整合了产业链上下游，促进了国内中小企业跨境出口。

跨境电商井喷阶段(2014—2021 年)，该时期跨境电商得到了政府层面的认可和支持，出台了一系列跨境电商相关政策，我国跨境电商乃至全球均进入了行业爆发期。2014 年我国海关总署出台《关于跨境贸易电子商务进出境货物、物品有关监管事宜的公告》和《关于增列海关监管方式代码的公告》，即“56 号”和“57 号”文件，首次从政策层面上认可了跨境电商模式。由此，2004 年被称为跨境电商真正的“元年”。2020 年 4 月开始，国家开始设立跨境电商综试区。截至 2021 年，全国共设立跨境电商综试区 132 个，基本覆盖全国，既有沿边沿海城市，又有内陆枢纽城市；既有外贸优势明显的城市，也有产业特色突出的城市。政策助力和互联网技术的发展，使跨境电商行业发展迎来了黄金期。

跨境电商分化阶段(2022 年至今)，该阶段也可称为“新跨境电商”，一方面跨境电商的需求仍会增长，但另一方面竞争加剧，机遇与各种不确定因素相互交织，必将使跨境电商呈现完全不同的发展风貌。多元化、去中心化已初现态势，表现为从以依托第三方平台为主的渠道，向独立网站、社交网站、搜索引擎营销、直营电商等多种渠道切换。同时，全球用户的需求更加个性化、碎片化、即时化，线上线下全渠道、全场景电商正在兴起，主流平台一家独大的现象恐难再现。

2. 跨境电商的数字化发展

跨境电商自带互联网基因，数据是重要的生产要素。跨境电商本质上是电子商务模式，新一代信息技术的发展是跨境电商发展的关键驱动因素。数字化的重要性已是行业共识，从需求洞察、精准营销到智能物流再到柔性制造，每个环节都离不开数据的驱动。在数据驱动下，贸易型企业和生产型企业融合发展，产业链整合由线下转到线上，行业整体数字化水平明显提升。随着大数据、云计算、区块链和元宇宙等新兴技术的发展和运用，跨境电商将向全球数字贸易阶段跨越。贸易环节更加扁平化，小型批发商和消费者更易于参与跨境交易，数字产品和服务也将成为重要的跨国消费对象。数据产品的跨境流动将更加频繁。

3. 跨境电商的精细化运营

随着跨境电商井喷式发展阶段的结束，跨境电商经营者面临着由经验化运营向精细化运营转向的要求。什么是精细化运行？目前尚未有统一的定义。在《亚马逊跨境电商数据化运营指南》中，作者叶鹏飞认为“亚马逊的运营模式是数据化运营”。业内也基本认同“精细化运营等同于数据化运营”的观点。在亚马逊平台的经营者大部分已由铺货模式过渡到精品模式，依靠精细化运营在众多产品竞争中脱颖而出，打造爆款。因此，精细化运营可以定义为，在跨境经营的各个环节中，以数据分析作为选品、定价、库存管理、广告优化、流量管理和物流管理等环节的基础，实现“数据驱动”的运营。只有依托数据化分析，才能使运营环节够“精”够“细”，在激烈的竞争中获取一席之地。

1.1.2 跨境电商行业数据分析的必要性

跨境电商行业数据分析的目的是实现精细化运营，本质上是为企业生存服务的。可以运用 SWOT 模型来说明行业数据分析的必要性。SWOT 分析方法也称为道斯矩阵，20 世纪 80 年代由美国管理学教授韦克里提出，主要用在企业制定战略、市场环境分析、竞争对手分析等方面。S(strengths)、W(weaknesses)是内部因素；O(opportunities)、T(threats)是外部因素。SWOT 组合分析通过对行业和企业发展进行优劣势、机会与威胁的识别，为企业制定精准有效的运用战略服务。

1. 通过数据分析，从宏观层面把握市场机会，甄别潜在的威胁

宏观环境分析包括机会与威胁。通过数据的搜集与分析，可以分析和预测某一行业的市场规模、购买人群、消费能力和市场占有率等，从而为跨境企业进入某一个境外市场和选品服务。以玩具市场为例，我国是全球最主要的玩具生产国和消费国。随着生活水平的提高，无论是发达国家还是发展中国家，对玩具的需求量都在稳步增长，玩具行业市场空间巨大。那么，如何选择销售地区与品类呢？

通过数据收集和可视化，可以发现：美国所占市场份额远远大于其他国家，表明美国仍是我国目前最主要玩具出口国，其他地区相对分散，包括英国、德国、日韩等，但同时注意到菲律宾的市场份额引人关注。因此，新兴发展中国家的市场前景也值得关注和开发。从玩具出口种类看，动物玩具及玩偶累计出口额占 15.67%，同比增长 26%；带动力装置的玩具及模型累计出口额占 13.10%，同比增长 53%；轮踏板车及类似带轮玩具累计出口额占 7.03%，同比增长 29%；婴孩车及其零件累计出口额占 5.26%，同比增长 13%；按比例缩小的全套模型组件完成累计出口额占 1.71%，同比增长 104%；玩具乐器

累计出口额占 0.77%，同比增长 63%。因此，可以看出体育类、益智类玩具增长迅速，可以作为主要切入点。另外，亚马逊官方数据显示，受疫情影响，居家使得益智类和组合构建类玩具需求快速上升。我国玩具出口目的国家和地区市场份额构成如图 1-3 所示，我国玩具出口主要类目占比如图 1-4 所示。

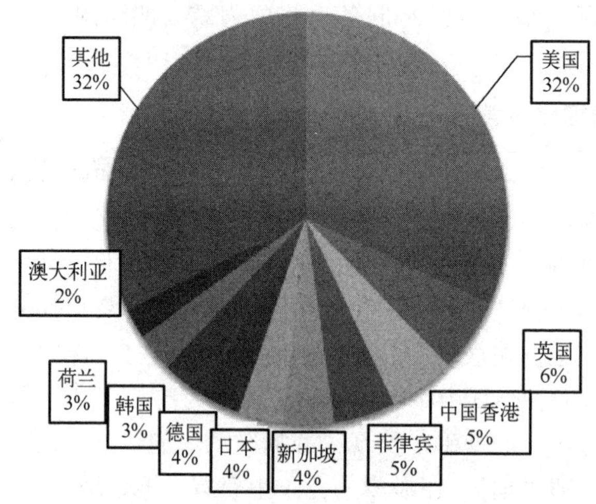

图 1-3 我国玩具出口目的国家和地区市场份额构成

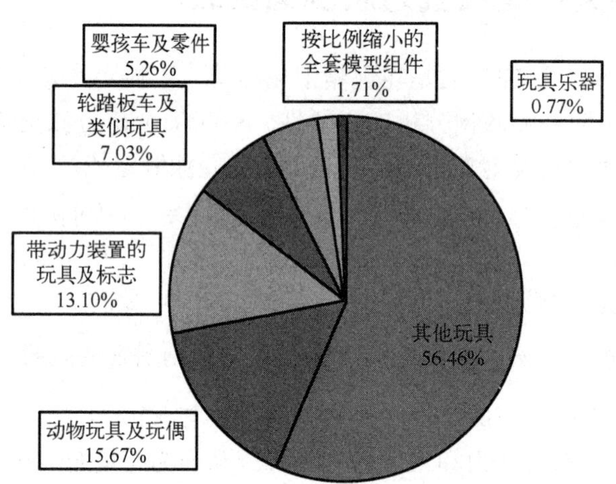

图 1-4 我国玩具出口主要类目占比

2. 通过数据分析，从微观层面把握产品优劣势，更好地扬长避短

企业在经营过程中势必关注产品的销量问题，就需要时刻关注产品的浏览量、点击率和转化率，需要锁定重点客户对象，进行有针对性的营销。同时，也需要关注竞争对手的产品状况，进行同类比较分析，找出异同点，做出有区分度的产品定位。要达到这一目标，运营数据分析是必不可少的手段。如在亚马逊平台中，有 70%的消费者是在浏览产品展示页(产品 listing)第一页时决定交易的，有 64%的交易量是由排在前三的 listing 贡献的。因此，设计一条好的 listing 至关重要。那么如何设计呢？亚马逊运用 A9 算法来实时计算搜索排名，运算时包括与搜索内容的相关性、特定产品销量、客户浏览习惯和历史记录。因

此，在优化 listing 时，可以用不同的核心词去亚马逊前台搜索，根据排名，确定有哪些热词，为自身设计提供参考依据。

以毛绒玩具为例，当卖家想要优化 Listing 时，进入亚马逊的官网，搜索“毛绒玩具”，系统自动显示不同排序的产品，此时单击“仅五星”，便可浏览所有评价五星的产品，显示搜索信息共有 325 条。当转换核心词为“毛绒玩偶”时，又会显示不一样的产品搜索结果。此时搜索信息共有 228 条。只有一字之差，搜索结果却大相径庭。这就为经营者提供了有价值的参考。以“毛绒玩具”作为关键词进行搜索结果界面如图 1-5 所示，以“毛绒玩偶”作为关键词搜索结果界面如图 1-6 所示。

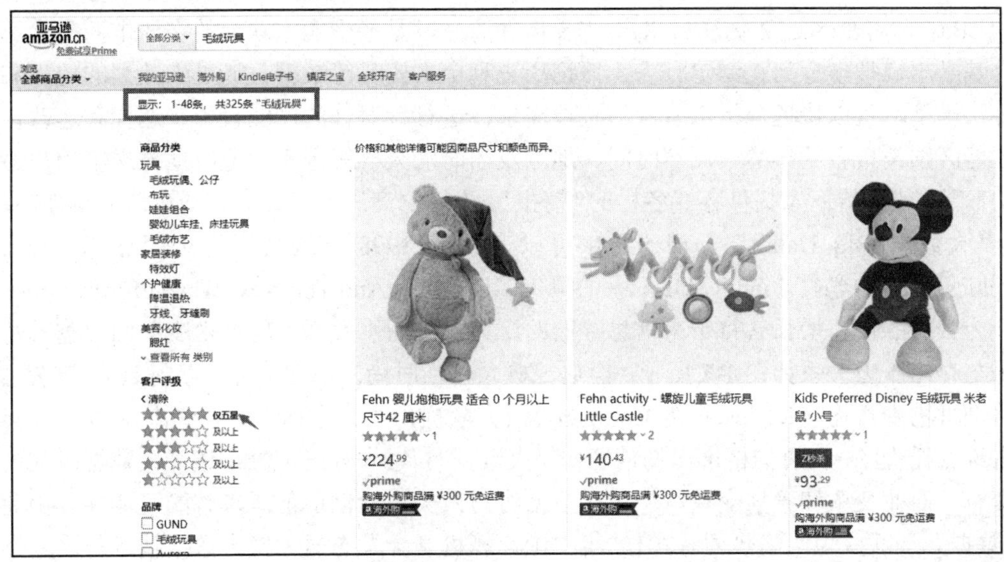

图 1-5　以“毛绒玩具”作为关键词进行搜索结果界面

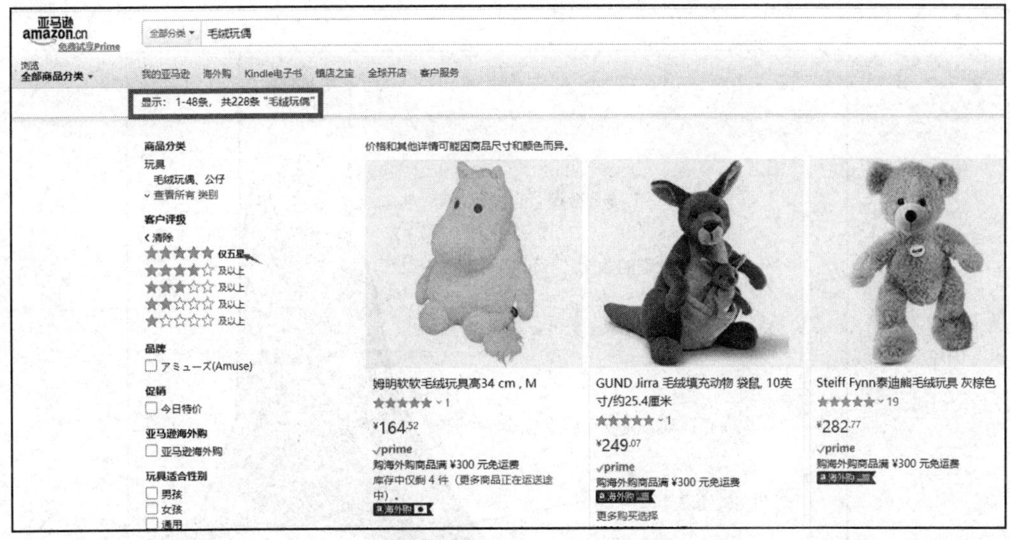

图 1-6　以“毛绒玩偶”作为关键词搜索结果界面

1.2 大数据概述

1.2.1 大数据的由来与定义

进入 21 世纪以来，互联网技术的快速发展，深刻地影响着人类社会的生活方式，也同样推动着商务领域的时代变革。海量数据由此产生，蕴藏着巨大的商业价值。成立于 1995 年的 eBay 拥有全球近 2 亿注册用户、13 亿件商品，是最受卖家欢迎的在线电商平台。该平台基于用户搜索行为、浏览行为、评论历史和个人资料等数据，通过大数据的挖掘和匹配算法模型，可以快速分析消费者的整体需求，进行针对性的产业设计、迭代和运营，甚至还能区别消费者的年龄、浏览时间、地点及当时的天气等因素，适时地推送给用户最想要的商品，或者给商家提供各式各样的“情报”。跨境电商进入了数据驱动运营的全新阶段。

“大数据(Big Data)”一词的由来可以追溯到 1998 年美国硅图公司(SGI，Silicon Graphics)首席科学家 John R. Mashey 的报告《Big Data And The Next Wave of InfraStress》。他认为数据的快速增长必将带来信息存储的压力，进而引发新一轮技术变革的浪潮。数据容量与存储压力关系如图 1-7 所示。但这一概念在当时尚未引起关注。直到 2011 年著名管理咨询机构麦肯锡(McKinsey & Company)研究院提出“大数据”时代到来，2012 年英国学者维克托•迈尔•舍恩伯格推出畅销之作《大数据时代》，分三部分讲述了大数据时代的思维变革、商业变革和管理变革，认为大数据将为人类生活创造前所未有的可能性。由此，“大数据”一跃成为网络热词。2013 年中国计算机学会发布《中国大数据技术与产业发展白皮书》，2015 年中国政府发布《促进大数据发展行动纲要》，标志着大数据技术在我国开始受到政策层面的推动，大数据技术运用和产业发展市场潜力广阔。

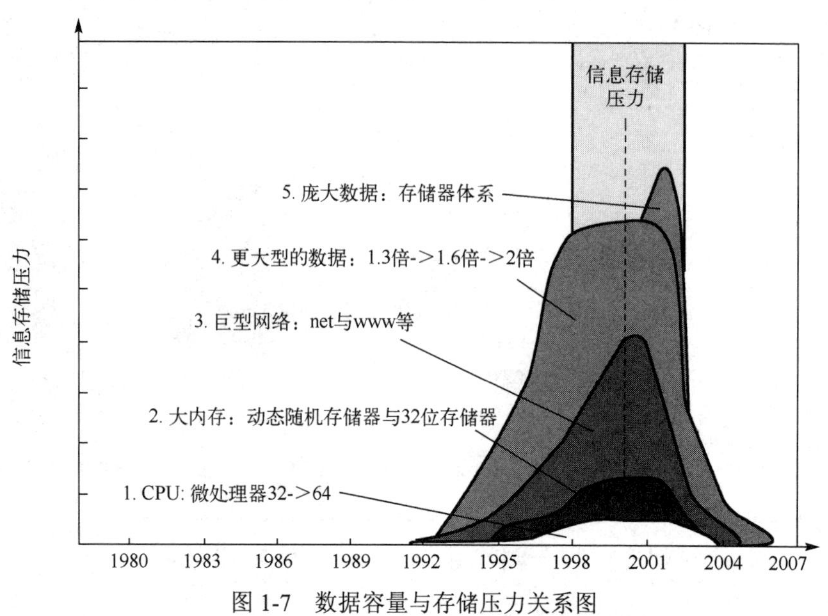

图 1-7 数据容量与存储压力关系图

到底什么是“大数据”？目前尚无统一的定义。以下是几种典型的定义：

一是 2011 年麦肯锡公司的定义。《大数据：创新、竞争和生产力的下一个前沿领域》(Big data: The next frontier for innovation, competition, and productivity)报告给的定义是：大小超过常规数据库工具获取、存储、管理和分析能力的数据集。但其同时强调，并不一定是要超过特定 TB(太字节，1TB=1024GB)值的数据集才能算是大数据。

二是国际数据公司(IDC)从四个特征定义大数据，大数据是指具备四个维度特征的数据，即海量的数据规模(Volume)、快速的数据流转和动态的数据体系(Velocity)、多样的数据类型(Variety)和巨大的数据价值(Value)，简称“4V”。

三是维基百科的定义，大数据是指巨量的数据，所涉及的资料数量规模大到无法通过目前主流软件工具在合理时间内达到获取、管理、处理、并整理成为帮助企业决策更积极目的的资讯。

以上定义表明大数据是一个宽泛的概念，但都突出了“大”字。诚然，“大”是大数据的一个重要特征，但远远不是全部。数据不在于规模，而在于数据背后的价值。与原始样本数据不同的是，大数据包含了全部事实、经验、信息，具有多种形态，可以是数字、文字、图片、音视频、档案、设计图纸……随着互联网的普及，数据呈现爆炸式增长。互联网(社交、搜索、电商)、移动互联网、物联网(传感器、智慧地球)、工业生产、医疗教育、金融、电信等领域每天都在产生巨量的数据。如一分钟内，Twitter 上发布 9.8 万条新内容，Facebook 上更新 69.5 万条新状态，YouTube 上传 600 个视频，12306 出票 1840 张火车票等。2017 年，全球数据总量达到 2.5EB((艾字节，1EB=2^{60} 字节)，而到 2025 年，全球一天中所产生的数据将达到 463EB。

1.2.2　跨境电商大数据的应用场景

舍恩伯格在《大数据时代》一书中提出了“大数据时代最大的转变就是放弃对因果关系的渴求，取而代之的是相关关系”的观点。因此，大数据的核心价值在于提供相关性的信息，进而为决策提供参考。近年来，随着亚马逊、eBay、速卖通等第三方交易平台和电子商务网站的发展，平台上聚集了大量的经营者、消费者、商品和服务信息，并因此衍生出了大量的数据，利用大数据理论和技术，对网络购物、网络消费、网络团购、网上支付等数据进行挖掘和分析，是跨境电商大数据分析主要应用场景。

跨境电商平台主要面向两类用户：一是最终消费者，二是大量的商家。因而，跨境电商数据分析的对象也分为两类。

对于最终消费者，主要通过积累和挖掘用户消费过程的行为数据，来为消费者提供商品推荐服务。在实际推荐系统中，主要是利用机器学习、自然语言理解、大数据分布式存储和并行处理技术。这当中的经典案例是“啤酒与尿布”的故事。

案例故事

啤酒与尿布

在 20 世纪 90 年代，沃尔玛超市的管理人员在分析销售数据时发现了一个独特的现象：

“啤酒”与“尿布”这两个看似风马不相及的商品会经常出现在同一个购物篮中。经过后续调查发现，原因在于在美国有婴儿的家庭中，经常是母亲照看婴儿，年轻父亲负责购物。因此，父亲购买尿布时会顺便为自己购买啤酒。这就产生了看上去毫无关联的商品经常出现在同一购物篮的情景。那么，这对经营者有何启示呢？沃尔玛发现了这一独特现象后，开始尝试将啤酒和尿布摆放在同一区域，让年轻父亲可以方便地同时购买啤酒和尿布，由此获得了很好的销售收入。1993 年美国学者Agrawal提出了通过分析购物篮中的商品集合，从而找出商品关联关系的算法——Aprior。沃尔玛将Aprior算法引入到POS机数据分析中，获得了成功，并被奉为数据关联分析和运用的经典。

因此，大数据的应用可以帮助商家更好地捕捉消费者潜在信息，通过数据的获取，利用合适的手段(建立统计分析/挖掘模型)来量化潜在信息。在商业实践中，数据分析的主要任务就是预测与控制。

对于商家的大数据分析挖掘主要包括商家进货、库存、销售、客户关系等多方面的获取和分析，可以为商家提供上下游产业链信息以及税收、融资、法律等与企业经营相关的业务信息，帮助商家更好地发展。但目前针对商家的分析尚存在一定的局限性。这是由于商家的经营轨迹不一定全部在线完成，线下的活动难以记录，同时出于数据安全、数据隐私和数据所有权等问题，商家数据多为不开放数据，获取存在困难。因此，跨境电商大数据分析的应用领域主要集中于消费端，围绕用户画像、产品选择、店铺优化等场景展开。跨境电商数据应用的三大场景如表 1-1 所示。

表 1-1 跨境电商数据应用的三大场景

场　景	数据内容
用户画像	用户属性数据(个人信息，如性别、年龄、学历、收入、地区等)、用户行为数据(浏览记录、购物记录、社交记录、交通记录等)
产品选择	产品种类；爆款产品属性(产品价格、浏览量、点击率、订单量、用户数、物流渠道、广告流量等)；竞品比对数据
店铺优化	店铺页面项目流量、点击率、转化率；专题页面浏览量、点击率、转化率；站内广告浏览量、点击率、购买率等

1.3 大数据的种类

1.3.1 大数据划分的维度

根据大数据产生的途径或来源，可以将大数据分为四个维度：商务过程的数据、环境状态的数据、社会行为的数据和物理实体的数据。

商务过程的数据由传统的信息系统产生。基于对线上交易信息的记录，会留下交易时间、交易地点、交易金额、交易对象、交易费用以及交易事项等内容的信息，由此形成商务活动过程大数据。典型的有电商零售数据、支付数据、物流数据、广告数据、库存数据等。

环境状态的数据由传感器产生。物联网技术的发展，使得物与物、物与人的沟通交流成为现实。经济社会活动中的万物互联实时产生了海量数据。如智能家居、智慧交通、智慧医疗、智慧城市等，通过不同传感器收集和处理数据。

社会行为的数据由社交媒体产生。目前全世界有超过 10 亿人在使用社交媒体平台，如 Facebook、Twitter、Instagram、微信、微博、抖音等。这些社交媒体的推文、评论、帖子等记录了网络社交行为，由此产生了对社交媒体行为大数据的分析，挖掘潜在主题，在商务领域受到广泛重视。

物理实体的数据由数字化制造产生。随着智能制造的兴起，对产品生产和消费过程的记录产生了物理实体大数据。典型的运用包括智慧工厂、智慧车间，产生诸如设备运行状态监测数据、库存监测数据、产品自动监测数据等实时数据，进而实现自感知、自决策和自执行。

1.3.2　跨境电商大数据的种类

商务数据构成有多种分类方式，主要有字段类型、结构类型、粒度类型等。字段类型是指将数据分为文本类、数值类、时间类等；结构类型是指将数据分为结构化数据、半结构化数据和非结构化数据；粒度类型是指将数据分为明细数据和汇总数据。按照结构类型分类是主流，以下展开介绍。

1．结构化数据(structured data)

结构化数据是指可以使用关系型数据库如 MySQL、SQL Server 等表示和存储，表现为二维形式的数据。一般特点是：数据以行为单位，一行数据表示一个实体的信息，每一行数据的属性是相同的。结构化数据是先有“结构”再有“数据”，数据以二维关系形式存储在数据库中。结构化数据在传统的数据处理中最为常见，也最清晰直观，处理也最为容易。如店铺经营日报表、经营年报等都以表单方式来呈现，是传统商务数据分析的常见类型。结构化数据示例如表 1-2 所示。

表 1-2　结构化数据示例

客户序号	姓名	年龄	性能
1	张**	23	男
2	李**	34	女
3	王**	56	女
……	……	……	……

2．半结构化数据(semi-structured data)

半结构化数据是结构化数据的一种特殊形式，由不符合关系型数据库或其他数据表记录形式的数据组成的数据模型结构，主要用来分隔语义元素以及对记录值和字段进行分层。

日志文件、XML(Extensible Markup Language)文档、JSON(JavaScript Object Notation)

文档和 Email 等都属于半结构化数据。相比结构化数据，半结构化数据可以自由地表达更多信息，具有良好的扩展性。属于同一类实体可以有不同的属性，属性的个数可以不一样，属性的顺序并不重要。半结构化数据示例如表 1-3 所示。

表 1-3　半结构化数据示例（XML 示例）

个体 A 的属性记录值	个体 B 的属性记录值	个体 C 的属性记录值
<person> <name>A</name> <age>20</age> <gender>female</gender> <person>	<person> <name>B</name> <gender>male</gender> <person>	<person> <name>C</name> <age>30</age> <person>

3．非结构化数据（unstructured data）

非结构化数据从字面上理解是指没有固定结构的数据。各种文档、图片、视频/音频等都属于非结构化数据，一般存储为二进制的数据格式。伴随着数字化的快速发展，非结构化数据扮演起越来越重要的角色，图片、视频、语音蕴含的丰富信息被广泛利用。人工智能、机器学习、语义分析、图像识别等技术需要大量的非结构化数据来开展工作。与结构化数据相比，非结构化数据的容量更大、产生的速度更快、数据来源更加多样化、处理难度更大。

4．三种数据结构类型的比较

首先，结构化数据、半结构化数据和非结构化数据在数据表达和存储上存在差异，如图 1-8 所示。传统的数据分析方法和工具可以运用于结构化数据分析，但不能运用于非结构化数据分析。随着 AI 和 5G 时代的到来，结构化数据分析已经远远不能满足人类信息分析的需要，非结构数据分析将成为主流。

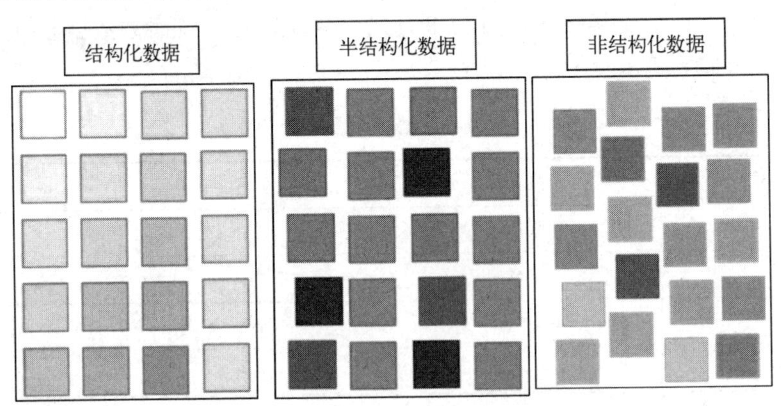

图 1-8　三种数据结构类型的比较示例

其次，应用场景存在明显差异。结构化数据是传统数据的主体，而半结构化和非结构化数据是大数据的主体。半结构化和非结构化数据增长速度更快，导致了数据的海量增长。在数据平台设计时，结构化数据用传统的关系数据库便可高效处理，而半结构化和非结构化数据必须用 Hadoop 等大数据平台。

再次，在数据分析和挖掘时，不少工具都要求输入结构化数据，因此必须把半结构化数据先转换成结构化数据。

1.4　大数据的特征与趋势

1.4.1　大数据的特征

国际数据公司(IDC)曾从“4V”角度定义了大数据。目前对大数据特征的认识也较为一致，认为大数据的基本特征是海量的数据规模(Volume)、数据的多样性(Variety)、数据速度快时效高(Velocity)和价值密度低(Value)。

1. 海量的数据规模

一般情况下，大数据是以 PB(Petabyte，拍字节)、EB(Exabyte，艾字节)、ZB(Zettabyte，泽字节)为单位进行计量的。目前，人类生产的所有印刷材料的数据是 200PB，典型的个人计算机硬盘的容量为 TB 量级，而一些大企业的数据量已经接近 EB 量级。据国际数据公司(IDC)统计，2015—2020 年全球数据中心业务流量从 4.7ZB 上升到 15.3ZB 如图 1-9 所示。15.3ZB 相当于整个世界人口(以 76 亿计)全年每天观看 5.5 小时的高清视频流所产生的流量。大规模的数据资源蕴含着巨大的社会价值，有效管理数据，会对国家治理、社会管理、企业决策和个人生活、学习带来巨大的影响，因此在大数据时代，必须解决海量数据的高效存储问题。目前传统的数据库难以存储如此巨大的数据量。

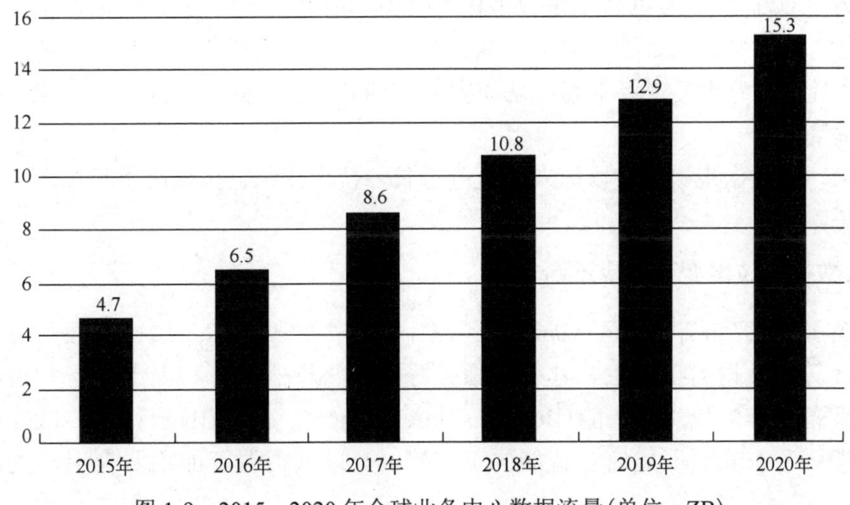

图 1-9　2015—2020 年全球业务中心数据流量(单位：ZB)

2. 大数据来源具有多样性

除了传统的文档格式数据，更多的是图片、音频和视频等格式的数据。保存在关系数据库中的结构化数据只占少数，70%～80%的数据是图片、音频、视频、文档、日志等半结构化和非结构化数据。随着人类活动的进一步拓宽，数据的来源将更加多样。这些多类型的数据对数据处理能力提出了更高要求。

3．大数据的速度快、时效高

美国数据库专家、1998 年图灵奖获得者 Jame Gray 提出了著名的“新摩尔定律”：即人类有史以来的数据总量，每过 18 个月就会翻一番。这意味着大数据更新迭代速度极快。而数据增长速度快，同时越新的数据价值越大，这就要求对数据的处理速度也要快，以便能够从数据中及时地提取知识，发现价值。对实时数据流处理的要求，是区别大数据应用和传统数据仓库技术的关键区别之一。对于大数据应用而言，1 秒是临界点，必须在 1 秒之内形成答案，否则处理结果就是过时和无效的。

4．大数据的价值密度低

价值密度的高低与数据总量的大小成反比。传统数据基本都是结构化数据，每个字段都是有用的，价值密度非常高。而大数据以半结构化和非结构化数据为主，如网站访问日志、评论、视频等，里面大量内容对于特定问题而言都是没有价值的，真正有价值的比较少。以视频为例，一部 1 小时的视频，在连续不间断的监控中，有用数据可能仅有一两秒。挖掘大数据的价值就像沙里淘金，从海量信息中挖掘稀疏但珍贵的信息。如何通过强大的机器算法更迅速地完成数据的价值“提纯”成为目前大数据背景下亟待解决的难题。

1.4.2 大数据的趋势

新一代信息技术的发展，把人类从 IT 时代带入到 DT（data technology）时代。数据被形象地比喻为“石油”，大数据技术是数字化时代的“冶炼工艺”。通过数据搜集、存储、分析和可视化分析，解决大数据海量、高速、多变和低密度的问题，使数据从散乱的信息，变成知识和智慧，帮助各类社会组织解决发展中遇到的实际问题，人类社会的智能化程度必将不断提高。

在未来，大数据规模仍将以惊人的速度增长，技术变革、技术应用和技术产业化是三大基本趋势。

1．大数据的技术变革步伐不断加快

据美国 IT 研究与咨询公司 Gartner 预测，未来大数据技术发展以增强分析、持续智能、内存计算和数据治理为主。其中，增强分析是将机器学习和人工智能元素集成到组织的数据准备、分析和商业智能（Business Intelligence，简称 BI）流程中，以提高数据管理性能。增强分析是自助式商业智能的下一步，自助式商业智能主要为用户提供基于视觉的分析。

2．大数据的技术应用领域不断拓宽

随着大数据工具的门槛降低以及企业数据化运营意识的增强，大数据技术应用领域由传统的电子商务向政务、医疗、教育、安全等领域渗透，并逐渐向生产、物流、供应链等核心业务延伸。同时，随着深度学习技术的发展，个性化和实用性趋势将更加明显。

3. 大数据技术产业化前景更加广阔

随着越来越多的企业走向在线平台，企业的生产运营转向数字化管理，极大地刺激了全球大数据市场需求。在云计算、人工智能、物联网、信息通信等技术交织应用驱动经济和生活数字化发展趋势下，大数据市场仍将保持较快增长。根据 IDC 估算，2020 年全球大数据市场规模达到 2100 亿美元，到 2025 年这一规模将达到 2500 亿美元。大数据在电子商务领域运用的重要性将更加凸显。大数据技术的应用使电子商务的经营模式发生巨大变革。电子商务管理的各环节都将变得更为智能。最终，数据将成为推动社会生产和生活的核心要素。

1.5　从大数据看电商发展

1.5.1　大数据维度下的电商增长

大数据助推了电商的发展，也记录了电商发展的轨迹，能够更加直观地展现电商发展的规模与特征。

(1) 全球电商市场保持高速增长的态势。2021 年全球电商销售额高达 4.9 万亿美元。海关总署的统计数据显示，2021 年全国跨境电商进出口总额达 1.98 万亿元，按可比口径计算增长 15%。2015 年以来，我国已成为全球最大的电商市场。根据全球知名市场研究机构 eMarketer 统计数据，全球电商市场主要是由中、美、英、日、韩五国组成，占全球电商销售额的 85%，全球市场集中度很高。全球业务中心数据流量如图 1-10 所示，前五位国家电商零售额规模如图 1-11 所示。

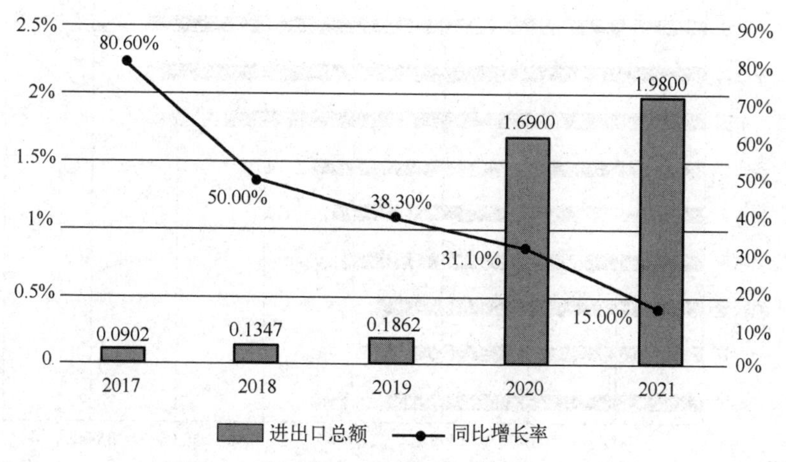

图 1-10　全球业务中心数据流量（单位：ZB）

(2) 电商增长出现地区分化。亚太地区电商增长领跑全球，拉美和中东地区增长紧随其后，而北美和西欧增长率低于全球平均水平，如图 1-12 所示。在电商增长最快的 10 个国家中，有 6 个来自亚太地区，印度和菲律宾以超过 30%的增长率领跑，如图 1-13 所示。

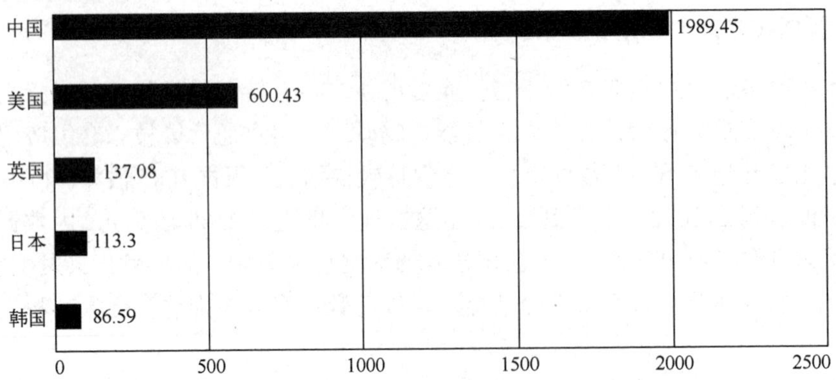

图 1-11　前五位国家电商零售额规模(单位：亿美元)

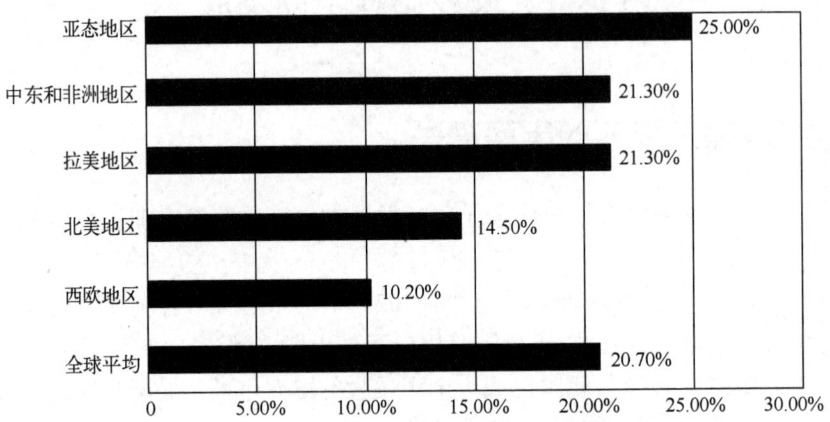

图 1-12　全球各地区电商零售额增长率对比

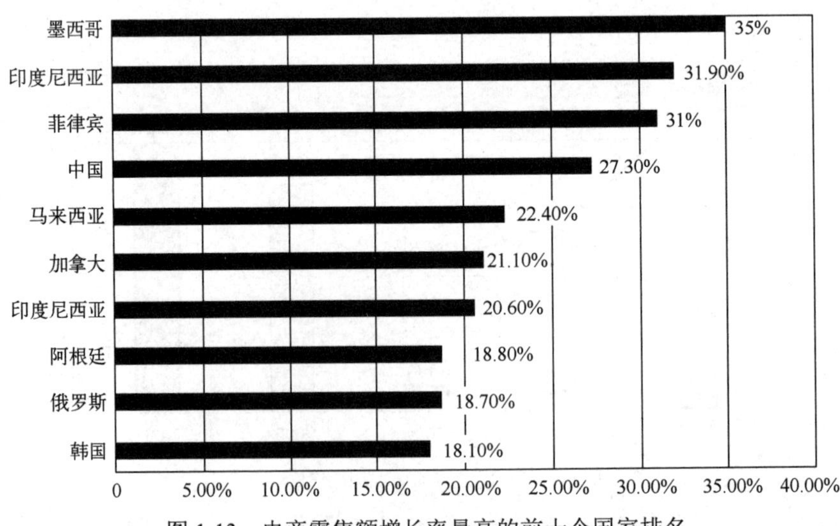

图 1-13　电商零售额增长率最高的前十个国家排名

(3) B2B 电商市场强势增长，电商数字化持续加速。B2B 仍是跨境电商的主体，如图 1-14 所示。预计未来一段时期，B2B 跨境电商的规模与增长率均高于 B2C 市场。2020 年，全球 B2B 电子商务市场规模为 6.6 万亿美元，年复合增长率为 16.5%。仅在美国市场，

2021 年 B2B 的销售额就达到了 1.84 万亿美元。中国跨境电商行业发展迅速，2020 年跨境出口 B2B 消费品电商规模为 1298 亿美元，近五年复合增长率达 54.1%，预计到 2025 年将达到 5866 亿美元，复合增长率为 35.2%。

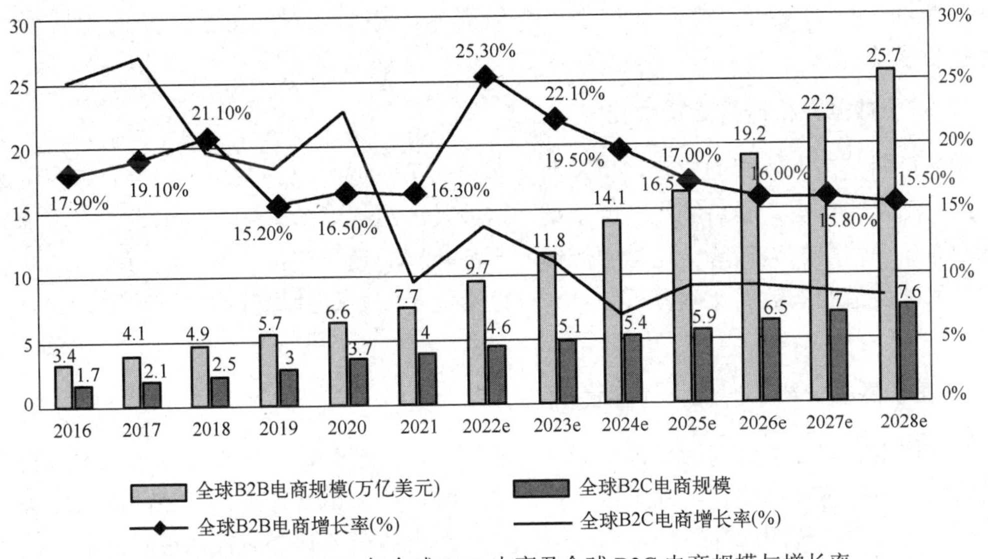

图 1-14　2016—2028 年全球 B2B 电商及全球 B2C 电商规模与增长率

1.5.2　大数据维度下的电商运营

大数据助推跨境电商进入了精细化运营的时代。用户、产品、定价、渠道、物流以及支付等运营环节的数据蕴藏着巨大的价值，为企业优化运营管理、增强价值创造能力提供了重要支撑。

1. 基于数据分析进行用户挖掘

在传统经营模式下，究竟哪些客户是重点人群？他们有什么偏好？偏好会怎么变化？要回答这些问题只能靠运营经验的积累和市场直觉，不具有普适性。在大数据的情境下，消费者在电子商务平台上生成大量的行为数据。具体来说，消费者行为可以分为搜索行为、浏览行为、比较行为和购买行为，这四种行为将由电子商务平台记录。搜索行为生成搜索编号，浏览和比较行为生成点击量，购买行为生成付款编号。通过对消费者生成的这些数据的统计、比较和分析，平台可以分析消费者的购买意向和消费习惯，构建用户画像，然后识别目标群体，预测消费者偏好。例如，亚马逊可以通过访问页面和转换数据来分析客户的行为，并根据标题、购物车、客户搜索路径和独特的推荐算法来预测可能购买的产品。凭借这项技术，亚马逊在精准营销和个性化定制方面已成为电子商务的领导者。借助亚马逊的算法，商家只要针对性地进行营销和定价，就能快速锁定客户，促进产品的顺利销售。

2. 基于数据分析进行爆款打造

跨境电商爆款是指在海外市场销量高、人气高，并且能够稳定、持续地出单的商品。拥有一款或几款畅销品，是商家运营管理成功的标志。其不但使商家品牌知名度提升，带来源源不断的流量，而且使商家产品在同行竞争中脱颖而出，达到快速占领市场的目的。爆款往往具有设计独特、功能创新、引领潮流、迎合需求等特点。在大数据的帮助下，商家可以直观地识别出爆款商品，并加以对比分析，从而为后续经营行为提供参考。

3. 基于数据分析进行店铺优化

店铺页面是商家经营的招牌，也是面向客户的第一道门户。在众多同类店铺中迅速引起客户的浏览、单击，是后续经营的基础。这涉及产品标题的优化、主图设计、店铺视觉风格和商品详情页的设计等。这当中店铺和产品热词的设计就很关键，成为能否顺利引流的重要基础。借助大数据文本分析工具，可以帮助卖家更好地设计文案、主图，迎合消费者需求。

4. 基于数据分析实时优化库存管理

库存积压和库存不足都会导致不同程度的损失，是经营管理中必须尽力避免却难以解决的问题。在传统管理模式下，难以对每一笔采购订单和销售订单、商品的出入库进行实时管理，这使得传统的库存管理效率低下，具有严重的误差和滞后性，很难避免损失的产生。基于大数据分析工具，企业可以实时分析库存数据，如库存周转率、动销率、安全库存数量等数据指标，对市场的供需进行及时准确的预测，从而制定出合理的生产计划，帮助企业减少资金的占用，甚至实现零库存运营。

总之，相比传统的经验运营模式，数据驱动的运营模式更加精细化。掌握了数据分析的方法，能够帮助经营者取得事半功倍的效果。

1.5.3 大数据维度下的电商机遇

2018 年时央视财经频道曾经播过一个短片《一分钟，中国电商能做什么？》。片中的数据展现了大数据维度下的电商场景：一分钟，网上零售额达到 1600 万元；一分钟，移动支付金额 3.79 亿元，相当于国产大飞机 C919 的造价；一分钟，卖出服装 25531 件，相当于一个人 365 天不重样能穿 70 年……大数据实时记录了电商每分钟的轨迹，为未来发展带来了无限可能。

在大数据的帮助下，相应的工具和平台可以实时展现当前交易的特征，为商家识别市场机会提供了便捷和直观的渠道。以速卖通为例，卖家只需登录卖家频道，就能简便地进入分析界面，选择实时的数据看板。速卖通卖家频道分析界面如图 1-15 所示。

目前，我国现存跨境电商相关企业 3.39 万家，其中 2021 年新增 1.09 万家，同比增长 72%。从区域分布来看，广东是全国跨境电商企业分布最多的省份，深圳是全国跨境电商企业分布最多的城市。这些数据从宏观方面反映了我国跨境电商行业实力和市场成熟度的地区差异，也为创业者提供了有益参考。2021 年我国跨境电商注册企业数量地区分布前十名如图 1-16 所示，2021 年我国跨境电商注册企业数量城市排名前十如图 1-17 所示。

图 1-15　速卖通卖家频道分析界面

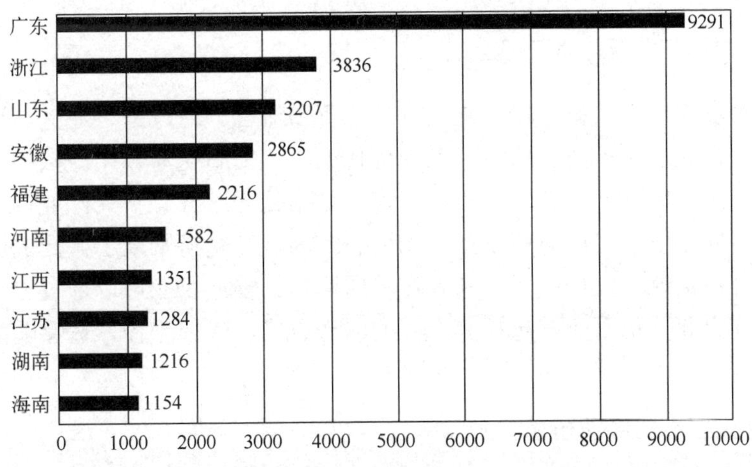

图 1-16　2021 年我国跨境电商注册企业数量地区分布前十名

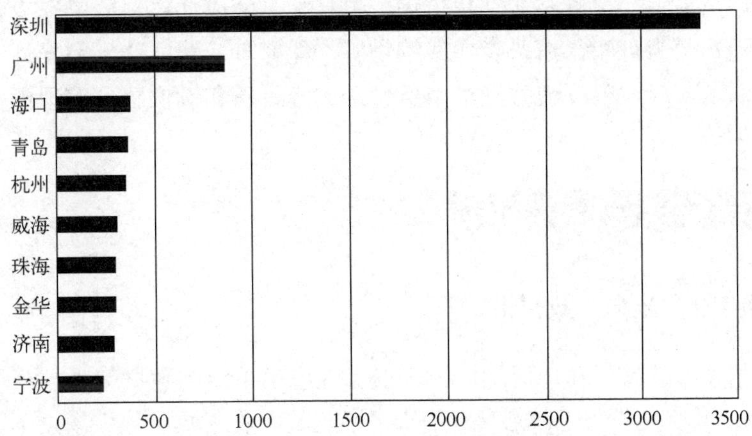

图 1-17　2021 年我国跨境电商注册企业数量城市排名前十

1.6 跨境电商数据时代的变革

1.6.1 大数据重塑跨境电商

1. 跨境电商经历了从 IT 时代向 DT 时代的演进

传统的跨境电商基于互联网技术，与大数据所驱动的跨境电商模式是有本质区别的。互联网技术下的企业数据的来源局限于 Web 站点，无法很好地将自身资源与客户个性化需求相融合。在大数据模式下，企业通过搜集微博、日志、视频和互动社区等多元化媒介数据，实时地为企业提供多方位信息。数据信息越全面，越趋于社会化，越具有实时性，以此制定出的企业发展与竞争策略就越准确，在市场上的竞争优势也越强。

2. 大数据重构了跨境电商产业生态

跨境电商行业借助大数据手段，重构订单的贸易流程。通过整合通关、退税、物流、金融等全价值链，促进了多环节信息资源的优化配置，提高交易效率。数据作为信息流动的媒介，推动了产业融合，并衍生出平台引流、数据处理服务等新兴产业，促进了产业生态的多元化、协同化发展。如电商企业与物流企业因一笔交易带来了共同的服务对象，对于客户数据的分析也就不仅局限于电商企业单向操作。物流企业可以通过对客户数据的分析，反馈给电商企业，从而能够选择更合理的派送方式，优选路径，提供差异化服务，达到双赢的目的。

3. 消费者深度参与商业价值创造

用户在线消费的同时，也创造了海量数据。在全开放的数据环境下，商家通过收集海量数据，挖掘用户需求，预测潜在客户市场，提高交易的成功率。同时，大数据也使得个性化、定制式消费成为可能，消费者在线购物时，能够享受智能化、差异性的推荐服务，顺利完成购物活动，最大限度地感受消费所带来的满足感和愉悦感，实现消费者与商家双赢的深度价值创造。

1.6.2 数智电商与数据素养

1. 从“数字化”走向“数智化”

随着大数据技术的发展和广泛运用，电商行业已由单纯的数据记录与分析进入了数据赋能的新时代。“数字化”与“数智化”有着本质区别。在“数字化”场景下，对数据的分析是被动的、过去式的，而在“数智化”场景下，大数据被作为一种生产要素，直接参与企业的运营全流程。通过提高对数据的加工能力，实现数据增值。根据企业数字技术运用能力的差别，可以进一步细分数字化阶段与数智化阶段所对应的技术手段。商务企业数智化能力成熟度评估对应表如表 1-4 所示。

表 1-4 商务企业数智化能力成熟度评估对应表

所处阶段	数字化阶段			数智化阶段		
	Level 0	Level 1	Level 2	Level 3	Level 4	Level 5
技术手段	电话、邮件 登门拜访 纸质记录 手工报表	电子渠道 线上交易 部门数据集市 即席报表	全程客户经营 全渠道运营 全景客户视图 企业数据仓库 可视化分析	描述性诊断 预测性分析 价值分层 用户分群 行为分类 风险分类 生命周期分类	智能投放 精准营销 千人千面 运筹优化 智能推荐 智能定价 智能识别	决策自动化 实时营销 精准触达 社交裂变 人工智能 边缘计算 敏捷制造 动态自适应

注：表格参考艾瑞咨询研究院。

2. 数据素养与电子商务数据分析师的培养

在以数据为核心的智能时代，“数据驱动”“数据决策”和“数据创新”等概念层出不穷，核心都是指对数据的管理与应用。这离不开数据思维的养成教育，即数据素养。数据素养(Data Literacy)就是具备解读、处理、分析和反思数据的能力。只有具备数据素养，社会公民才能在数智时代获得更好的生存与职业发展空间。基于此，美国普渡大学较早提出了专业数据素养能力模型，认为数据素养能力包括：(1)数据认知；(2)数据发现与收集；(3)数据管理与组织；(4)数据转换和互操作；(5)质量筛选；(6)了解元数据；(7)数据治理和重用；(8)实践规范；(9)数据保存；(10)数据分析：(11)数据可视化；(12)数据伦理道德等 12 个方面的指标。综合这 12 个指标，围绕企业对数据型人才的实际需求，可以归纳出数据素养能力层次构成要素模型。包括核心能力指标、次核心能力指标和边缘能力指标三部分。数据素养能力指标体系构成如图 1-18 所示。

电子商务数据分析师是从事商务大数据分析的专业人才。高等院校是培养大数据人才的重要阵地。在国务院印发的《中国教育现代化 2035》中，明确指出要推动高校开设大数据等专业，培养信息时代数字经济复合型人才。这体现了我国对于培养数据分析人才和开展数据素养教育的重视。目前，我国大数据人才缺口高达 150 万。人才短缺将严重制约企业数据化经营活动的开展。加大数据型人才培养是满足经济社会数字化转型的内在需要。不少高校已开设了大数据、数字经济等新兴专业。数据素养和数据技能是数据人才培养的两大抓手。2019 年，国家开始实施“1+X”证书制度试点。其中，“1+X”电子商务数据分析职业技能等级证书列入第二批职业技能等级证书试点范围，是电子商务数据分析领域的专门职业技能等级证书。按照职业能力水平、工作任务复杂程度，由初级到高级进行纵向分级，形成了《电子商务数据分析职业技能等级标准》。数据型人才培养日益进入了规范化、标准化的轨道，将为我国输送数字经济发展所需的商务数据分析专业人才。

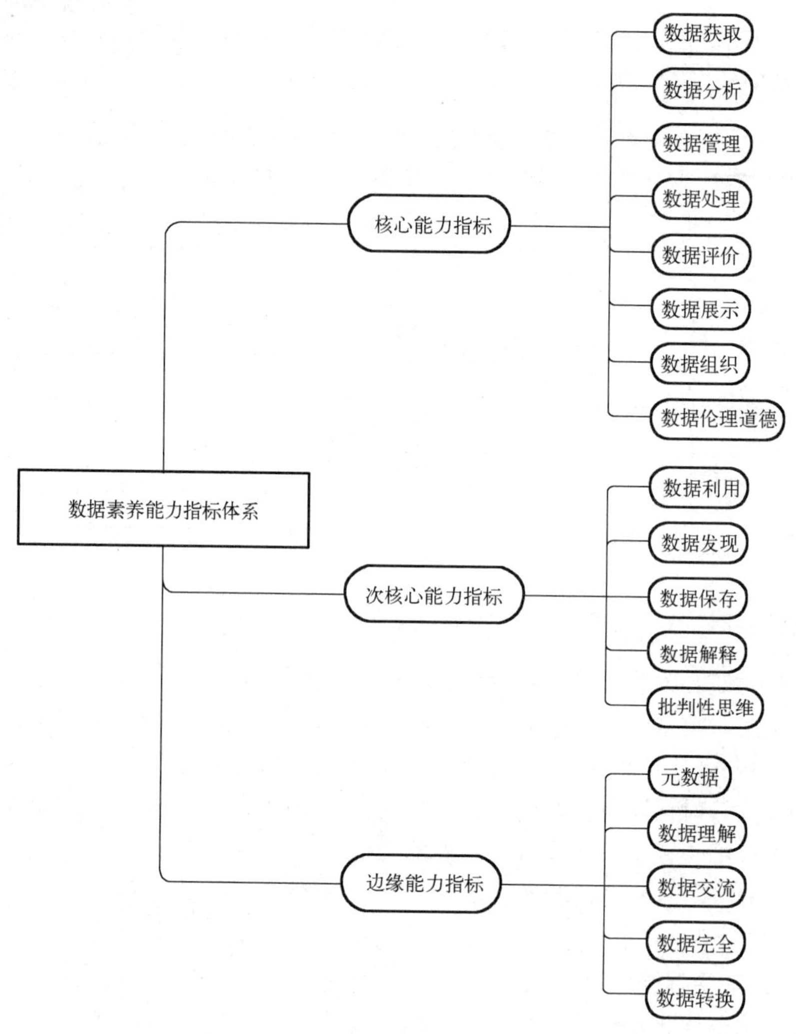

图 1-18　数据素养能力指标体系构成

本章习题

1．进行电商网站数据分析，需要收集和获取数据，请讨论思考应该准备哪些数据？

2．随着电子商务的发展，各大电商企业都开始充分运用其庞大的用户数据、商品数据、交易数据进行精准化运营、个性化推荐等，你在商务活动中有没有被分析？请说说其应用的场景及效果。

3．找一个你所感兴趣的行业或产品，寻找相应的行业分析报告，与大家分享你对该行业报告的理解和观点。

4．电子商务数据分析师需要具备哪些素养？举例说明。

5．跨境电子商务数据分析的重要性体现在哪些方面？有哪些在跨境电商数据分析方面做得比较成功的企业？

跨境电商数据分析原理

结构导图

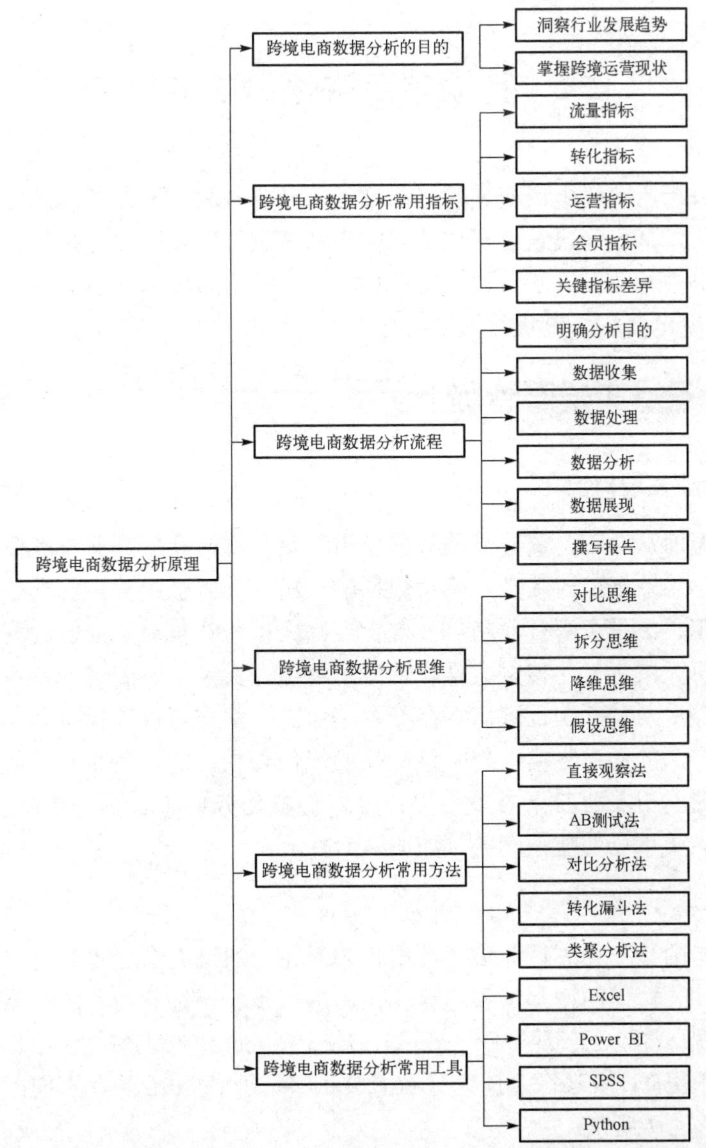

学习目标

1. 知识目标

- 了解跨境电商数据分析的目的。
- 理解跨境电商数据分析流程。
- 理解跨境电商数据分析思维。
- 掌握跨境电商数据常用指标。
- 掌握跨境电商数据常用工具和方法。

2. 能力目标

- 培养和运用行业大数据分析思维。
- 运用跨境电商数据分析工具和方法，结合数据分析指标进行运营数据分析。

2.1 跨境电商数据分析的目的

通过数据分析，跨境电商卖家能将店铺运营建立在科学分析的基础之上，定性、定量地分析各项指标，从而为决策者提供准确的参考依据。实施数据分析的目的主要包括帮助跨境电商卖家洞察行业发展趋势，寻找蓝海行业(指那些竞争尚不大，但又充满买家需求的行业)，掌握跨境电商运营现状并优化运营。

2.1.1 洞察行业发展趋势

1. 获取行业发展概况

作为跨境电商从业者，需要借助数据分析工具，实时获取行业发展概况，洞察行业发展趋势。例如，谷歌推出一款基于搜索数据的分析工具谷歌趋势。谷歌趋势是跨境电商卖家非常重要的工具，是了解行业趋势，进行产品分析与竞争对手分析的利器。它通过分析谷歌搜索引擎每天数十亿的搜索数据，告诉跨境电商卖家某一关键词或者话题在谷歌搜索引擎中展示的频率及相关统计数据。在谷歌趋势上，卖家可以选择感兴趣的产品进行定向分析，查看该产品的历史数据，判断该产品的峰值与相应的季节，并提前做好准备。下面以连衣裙为例进行分析。打开谷歌趋势，进入谷歌趋势页面之后，选择关键词“dress”，就可以查看连衣裙市场的搜索趋势，如图 2-1 所示。

2. 进行行业对比分析

行业对比指的是与相关行业进行数据趋势对比，通过谷歌趋势的对比分析功能，可以比较不同关键词、短语的搜索量和趋势变化，进一步了解行业内不同产品或服务的受欢迎程度和竞争情况。图 2-2 直观展示了 dress，shirt 及 jeans 的搜索趋势对比。

另外，还可以通过查看行业地区分布图分析某行业(如 dress)在不同国家或地区的关注度的排序，如图 2-3 所示。

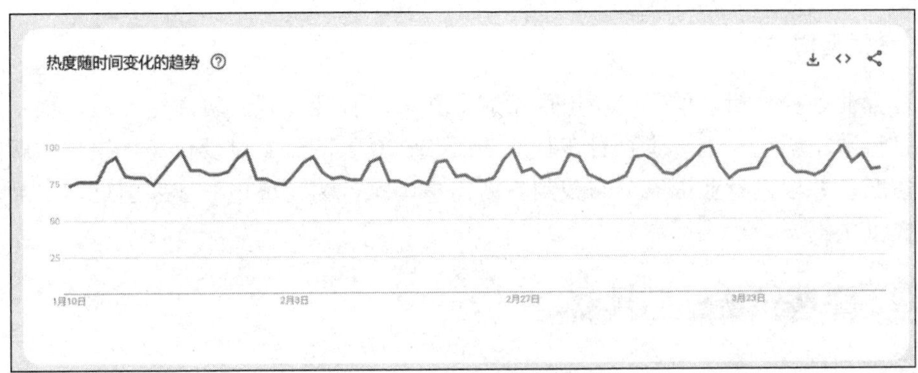

图 2-1　连衣裙市场的搜索趋势

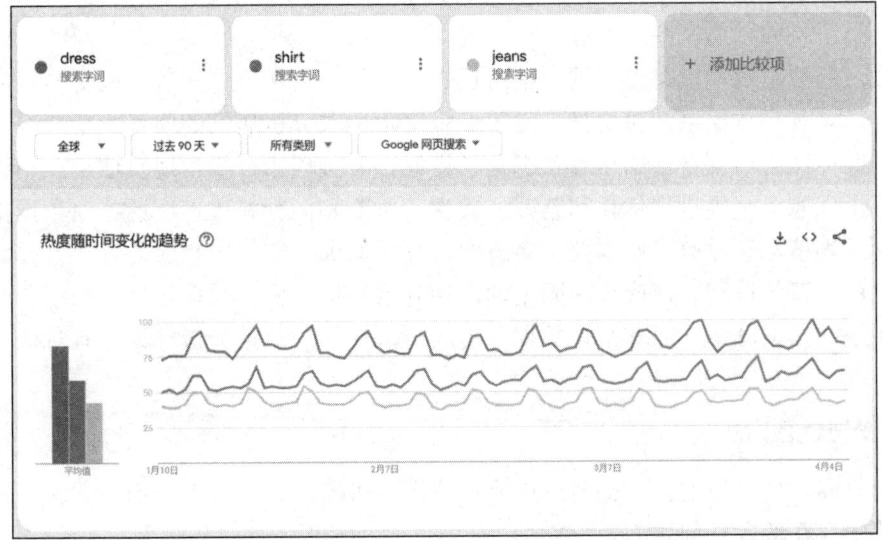

图 2-2　dress，shirt 及 jeans 的搜索趋势对比

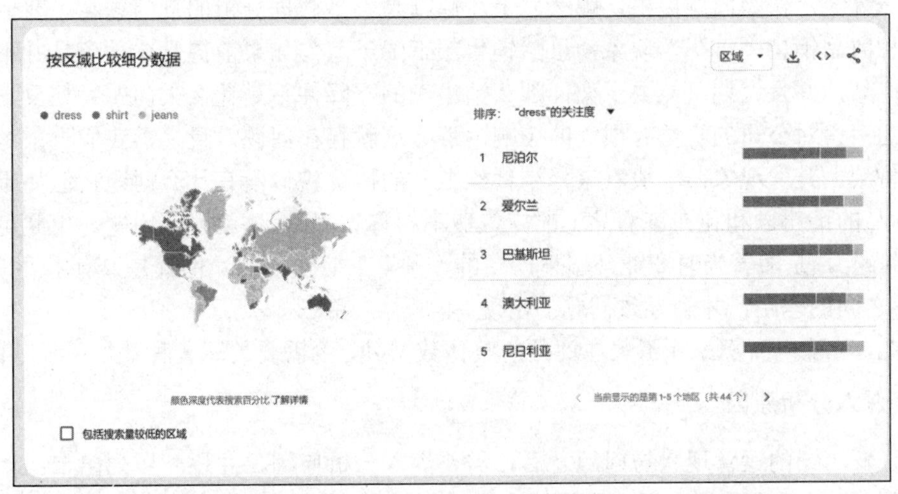

图 2-3　dress 的行业地区分布图

3．寻找蓝海

通过行业趋势分析，便于跨境电商卖家寻找蓝海行业。找到蓝海行业后，根据行业趋势图及趋势数据明细，进一步查看该行业 30 天或 90 天的流量以及市场规模，了解市场行情变化情况，并根据行业国家分布找到主要需求国家，为跨境电商卖家引进新产品、开拓新市场提供依据。

2.1.2 掌握跨境运营现状

1．熟悉运营现状

通过数据分析，掌握跨境电商卖家现阶段的运营状态，如店铺积累的客户数是否上升，营销活动是否有效，店铺是否盈利。

例如，跨境电商卖家可以根据店铺最近 3 个月的销售额、访客数、成交转化率、支付订单数、新老客户占比以及付费推广额等多维度数据来分析店铺的整体运营情况。首先，分析和同期相比，店铺目前的运营状态是否良好，若各项指标均呈现负增长，则说明店铺运营出现了问题，亟须进行优化和整改。其次，判断和同行相比，店铺各项数据指标是否达到同行平均值，若没有，则需要从多方面来分析原因，制定出相应的解决方案。

在电商运营的过程中，应该在固定的周期开展数据分析，采取日报、周报和月报的形式进行系统的数据分析，而非割裂数据分析周期，这样的数据分析结果才有对比性与参考价值。

2．发现运营问题

跨境电商数据分析的目的是要运用统计分析、机器学习、数据挖掘等方法来解决跨境电商运营中存在的各种问题。

首先需要明确，哪些是数据分析的真问题？例如，在商业活动中，“销售额下降”“客户流失”等经常作为问题提出，那么，上述问题是不是数据分析的真问题呢。我们先来考虑“某种商品销售额下降”现象，虽然销售额下降了，但如果前提是这种商品并不是公司的主打产品，并且近期可能要下架，那么销售额的下降并不是什么大问题。相反，如果这个商品的销售对公司的收益有很大的影响，那么这就存在问题。反之，我们再来考虑“某商品销售额上升”现象，一般看来，销售额上升的情况貌似没有什么问题，但如果前提是“实际商品的销售额和花在该商品上的广告费不相称”，那么这就存在问题。由此可见，所谓的“问题”，是随着当时商业环境下产生的“预期”而变化的，也就是说有了“预期”和“现状”之间的差距，才会导致问题的出现。

因此，跨境电商卖家除了关注商品的整体数据外，更需要关注各种数据所反映的问题。

3．深入分析原因

在了解店铺的运营现状与问题之后，需要深入分析原因，并逐一罗列出来。

例如，通过后台数据发现商品的搜索量增幅较大，但这仅仅是对商品运营的基础了解，还需要弄清楚出现这种情况的原因。出现搜索量增幅较大的情况是因为优化了某个关键词为店铺带来了流量？还是因为店铺的新访客数量增加？或者是店铺的权重提升？明确具体的原因，才能达到数据分析的目的。

商品搜索量增加，可能是因为优化了商品标题的关键词。那么，就需要把关键词优化前和优化后的数据进行对比，如果是在标题关键词优化后流量大增，那么，很有可能是商品标题关键词的优化为店铺带来了流量。

因此，数据分析要有理有据，以客观、真实的数据为支撑，具体问题具体分析，切忌脱离实际而仅凭借主观臆想。

4. 优化跨境运营

通过成交分析、流量来源分析、商品分析、营销分析确定整体运营情况，根据分析结果优化店铺和产品，为店铺的成长提供动力。

例如，利用亚马逊平台提供的搜索词分析功能，可以对店铺内产品关键词进行选择优化。以“dashiki dress”为例，进入亚马逊平台单击搜索“dashiki dress”进行验证，出现了 1000 个搜索结果，如图 2-4 所示，说明有 1000 个产品把这个关键词加入到标题中，第一个主图的评论数达 7018 条。而搜索大类“dress”时出现了 50000 个搜索结果。因此，在售卖 dashiki dress 时应把“dashiki”关键词加入，优化产品标题，从而增加产品搜索概率。

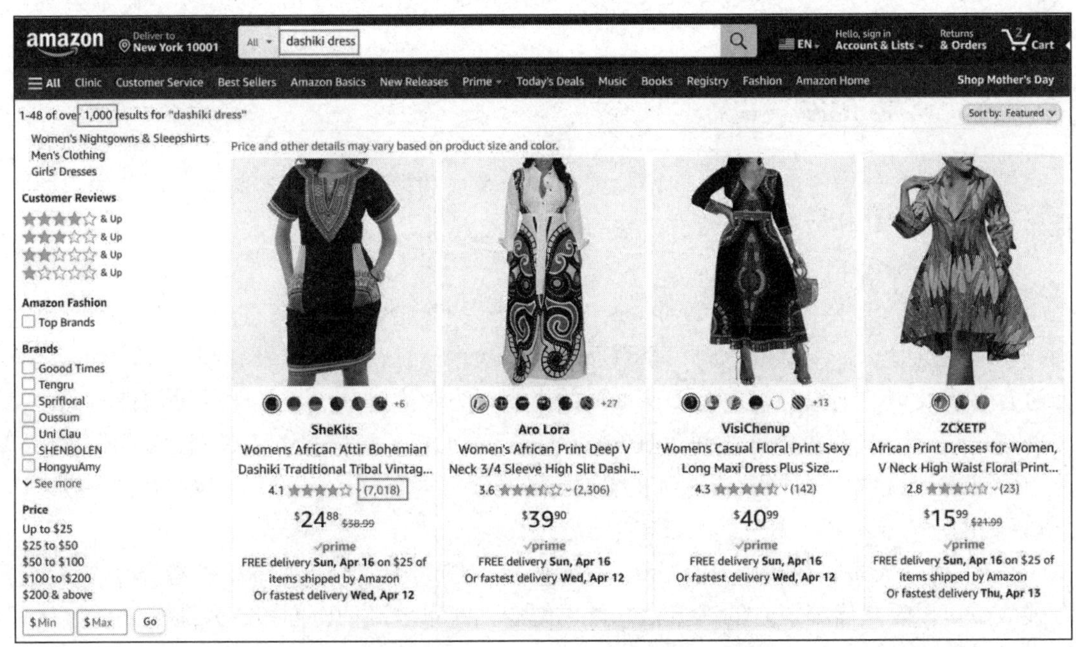

图 2-4　“dashiki dress”关键词搜索结果

另外，通过数据分析掌握店铺流量来源，查看店铺内流量构成，分拆不同渠道的流量占比和走势，从而帮助卖家了解和优化店铺流量来源，提升店铺流量。速卖通店铺流量来源分析如表 2-1 所示。

表 2-1 速卖通店铺流量来源分析

来源	渠道	说明
站内	站内搜索	通过搜索框搜索后单击本店铺产品
	类目浏览	浏览类目页面后单击店铺产品
	活动	报名参加的平台活动
	直通车	付费流量
	收藏夹	收藏的产品链接
	直接访问	直接输入链接
	站内其他	卖家后台订单历史页
站外	站外合计	通过 Facebook 等站外渠道单击进入店铺页面的流量

2.2 跨境电商数据分析常用指标

在跨境电商数据分析中，存在诸多专业指标，如流量、转化率、跳失率、客单价等。如果不理解这些指标的含义，就无法对数据进行分析，甚至无法看懂数据。掌握这些指标的含义是数据分析从业人员的必备技能，下面对流量指标、转化指标、运营指标、会员指标等各专业指标进行详细分析。

2.2.1 流量指标

流量是指在一定时间段内访问网站或店铺的客户数量。流量是检验电商运营的重要指标之一，是成交转换的基础，没有流量就没有成交转化。

各流量指标如下。

(1) 浏览量，又称页面访问数(Page View，PV)：是指客户访问页面的次数。客户每访问一个网页就是一个浏览量，同一个页面刷新一次也计算一个浏览量。同一客户对一个页面进行多次访问，则说明客户对于该页面的内容较为关注，其成交转化的可能性较大。

(2) 访客数，又称为独立访问数(Unique Visitors，UV)：是指在一定时间内(通常以“天”为单位来统计)独立访问网站或店铺的客户数。一天之内重复访问的只计算一次，一般以客户访问 IP 为基准，同一 IP 视为一个独立访问数。

(3) 当前在线人数(Number of Online Users)：通常是指 15 分钟内在线的访客数。当前在线人数可以反映店铺短时的客流信息，了解店铺流量较高的时间段，加强店铺运营管理和店铺活跃度。

(4) 页面停留时间(Page Stay Time)：指客户打开网站最后一个页面的时间点减去打开第一个页面的时间点。页面停留时间可用于确定特定网页满足访问者兴趣的程度，页面停留时间越长意味着该页面的内容价值越高。对于停留时间较短的页面，则需要考虑从选品角度或者页面美工设计的角度做出调整。

(5) 平均在线时间(Average Online Time)：是指平均每个访客访问网页停留的时间长

度。平均在线时间反映该客户对店铺整体的关注程度。平均在线时间越长说明店铺整体质量越高，店铺中的内容更能吸引客户。反之，店铺的内容和商品对客户吸引程度不够，则需要考虑优化店铺选品或者优化店铺页面美工效果。

(6) 平均访问深度 (Average Visits Depth)：是指客户平均每次连续访问浏览的店铺页面数。其计算公式为页面访问数÷访客数。该数据直观反映网站或店铺对客户的吸引力和客户的黏性。平均访问深度越大，说明客户对店铺的商品和内容越感兴趣，客户体验度越好，店铺的黏性也越高。在店铺运营中，可以通过优化店铺首页与导航栏，设置合理的关联销售、加强老客户维护等方式来提升客户的平均访问深度。

2.2.2 转化指标

跨境电商运营的最终目的是实现成交转化。店铺开展营销活动，需要投入大量的人力、物力和财力，因此，跨境电商卖家需要时刻关注店铺的转化指标。

各转化指标如下。

(1) 成交转化率 (Transaction Conversion Rate)：成交转化率=(成交数÷总访客数)×100%。它是跨境电商运营的核心指标，也是用来判断营销效果的重要指标。一个店铺的转化率越高，代表客户对店铺越信任，越有利于培养回头客。成交转化率还可以细分为渠道转化率、事件转化率、全网转化率、类目转化率、品牌转化率以及单品转化率等。

渠道转化率 (Channel Conversion Rate)：渠道转化率=(从某渠道来的成交客户数÷该渠道来的总客户数)×100%，这个指标用来判断渠道质量。通过渠道转化率了解店铺的渠道质量，进一步关注优质渠道，逐步聚焦渠道来源，淘汰劣质渠道。

事件转化率 (Event Conversion Rate)：事件转化率=(因某事件带来的成交客户数÷该事件带来的总客户数)×100%。通过事件转化率可以了解营销的效果，如营销广告投放效果、关键字投放效果等，进一步优化营销策略，提升事件转化率。

(2) 跳失率 (Bounce Rate)：跳失率=只浏览了一个页面就离开的访问次数÷该页面的全部访问次数。分为首页跳失率、关键页面跳失率、具体商品页面跳失率等。对于跳失率较高的环节，跨境电商卖家需要及时优化和调整，保证店铺的正常运营。

(3) 收藏转化率 (Collection Conversion Rate)：收藏转化率=(将商品添加收藏的客户数÷该商品的总访问数)×100%。每逢大型促销前，很多客户会收藏大量商品到自己的账户中，以便正式促销时下单购买。

(4) 添加转化率 (Add Conversion Rate)：添加转化率=(将商品添加到购物车的客户数÷该商品的总访问数)×100%。添加转化率反映客户对该商品的关注程度，该指标越高，说明客户对该商品关注程度越高，也更容易促成最后的成交转化。如商品添加转化率较高，但是成交转化率偏低，说明客户对该商品是认可的，可能由于价格等因素没有达成最后的成交转化，卖家可以考虑通过促销等营销手段优化价格，提高成交转化率。

2.2.3 运营指标

运营类指标涵盖了售前、售中和售后三大环节，环环相扣，缺一不可。通过运营类指标可以清晰地看出店铺访客的访问轨迹，主要有以下一些常用指标。

各运营指标如下。

(1) 新访客数(Number of New Visitors)：访问店铺的新客户总数。店铺针对新客户设置针对性的营销策略，吸引更多的平台客户成为店铺客户，进一步拓展店铺流量。

(2) 老访客数(Number of Frequent Visitors)：访问店铺的老客户总数。店铺可以借助客户关系管理系统，针对店铺现有客户进行个性化营销，培养客户的忠诚度，增加复购率。

(3) 移动端浏览量(Mobile Terminals Views)：移动端的访客总数。移动端是目前各电商平台和独立站的主要流量来源，店铺应该重点保障移动端平台的运行，提升移动端浏览量。

(4) PC 端浏览量(PC-side Views)：PC 端的访客总数。PC 端浏览量对店铺流量起到了重要的补充作用。店铺需要同步关注移动端浏览量和 PC 端浏览量，两者并驾齐驱。

(5) 商品浏览日均量(Product Browsing Daily Average)：客户平均每天查看商品的次数。商品浏览日均量反映客户对商品的关注程度。商品浏览日均量越高说明客户对店铺商品关注度越高。店铺可以通过调整选品策略与价格策略，优化商品渠道及广告等营销手段提升商品浏览量。

(6) 商品详情页浏览量(Product Details Page Views)：访问商品详情页的访客总数。商品详情页浏览量反映客户对具体商品的关注程度。商品详情页浏览量越高说明客户越希望去了解商品的详细信息，更容易促成商品的成交转化。

(7) 商品收藏数(Number of Product Collections)：收藏商品的总访客数。商品收藏数反映客户对商品的认可程度。商品收藏数越高，说明客户对商品的认可度越高。商家可以通过促销、关联营销等方式，促成客户的成交转化。

(8) 订单总数(Total Number of Orders)：拍下订单的总数量。订单总数反映出店铺整体的销售情况，是店铺运营重要的结果指标。订单数越多，说明店铺整体运营效果越好。店铺需要不断地分析和拓展营销思路，进一步加强和优化营销活动，提升订单总数。

(9) 已发货订单数(Number of Shipped Orders)：已经发货的总订单数。已经发货的总订单数说明订单已经完成交易环节，进入后续的物流环节。已发货订单数一般和订单总数处于基本持平状态，如果两者数值差距较大，店铺需要关注物流情况，进一步加大店铺物流的力度。

(10) 申请退换货数(Number of Returns and Exchanges)：申请退换货的总客户数。申请退换货数是一个反向指标，该指标越高说明店铺在销售环节出现了问题，需要高度重视，并进一步分析出现申请退换货的具体环节，及时给出相应措施，降低申请退换货数。

(11) 客单价(Per Customer Transaction)：在统计期内，每位下单客户的平均交易金额，即每一个客户平均购买商品的金额。客单价反映店铺商品平均的价格水平。提升店铺的整体销售额需要提升客单价和下单客户数。商家可以通过不断优化选品策略和店铺页面设计来提升店铺整体品质，提升客单价和成交转化率以获取更高销售额。

(12) 商品销量排行榜(Product Sales Ranking)：店铺成交商品的排名情况。商品销量排行榜反映了店铺的热卖单品和品类，折射出客户的喜好，为店铺下一步营销提供数据参考。

(13) 店铺 DSR (Detail Seller Rating)：即商家服务评级系统，是指商品描述相符度、服务态度和物流服务 3 项数据指标的综合得分。DSR 评分是根据买家对店铺的商品描述、服务和物流 3 项评分计算而来。DSR 评分对于店铺非常重要，是店铺参与平台营销活动的重要参考指标。同样，客户购买商品时，也会关注店铺的 DSR 评分，评分过低的店铺将会失去很多客流，也很难得到平台的推荐。

2.2.4 会员指标

对于跨境电商独立站而言，做好会员数据分析尤为重要，它能最大程度挖掘客户价值，在降低营销成本的同时，实现利润最大化，主要包括以下常用指标。

各会员指标如下。

(1) 注册会员数 (Number of Registered Members)：注册过的会员总数。独立站卖家在带来店铺流量的同时，需要进一步促成客户的身份转化，通过新会员营销策略，促成非会员客户向会员客户转化，从而进一步完成后续的客户关系维护。

(2) 活跃会员数 (Number of Active Members)：在一定时期内有购物消费或登录行为的会员总数，时间周期可以设定为 30 天、60 天、90 天等。活跃会员数反映店铺会员在一定时间内的活跃情况，店铺应努力保持注册会员数和活跃会员数相当。

(3) 活跃会员比率 (Active Member Ratio)：活跃会员占会员总数的比重。活跃会员比率反映店铺会员的活跃程度和客户关系管理的效果。活跃会员比率越高说明店铺会员越活跃，卖家整体营销效果越好。如果活跃会员比率降低，意味着店铺的关注程度下降，将失去部分客户和流量，需要引起重视。

(4) 会员复购率 (Member Repurchase Rate)：在某时期内产生两次及两次以上购买的会员占购买会员的总数。会员复购率是评价卖家会员质量的重要指标。会员复购率越高说明会员对卖家的认可度和忠诚度越高。卖家应该通过个性化营销维持会员的忠诚度，提升会员复购率。

(5) 平均购买次数 (Average Number of Purchases)：某时期内会员平均购买的次数，平均购买次数＝订单总数÷购买客户总数。平均购买次数理论上应与会员复购率成正比关系。平均购买次数越高，说明会员复购次数越多，会员复购率也就越高。

在竞争激烈的跨境电商市场中，开发一位新客户所需要的成本非常高，并且容易流失。因此，维护老客户成为跨境电商卖家维持正常运营的关键。

2.2.5 关键指标差异

跨境电商数据分析涉及大量的指标，然而，不同阶段的卖家、不同时间、不同的职位所关注的关键指标会呈现出较大的差异。

1. 阶段不同，需求不同

对于跨境电商新卖家，应重点关注流量指标，包括访客数、访客来源、注册会员数、浏览量、浏览深度、商品浏览量排行、商品的跳失率、顾客评价指数和转化率等。

对于有运营经验的跨境电商卖家，应重点关注流量指标和运营指标，包括访客数、浏览量、成交转化率、新访客数、活跃会员比率、客单价、投资回报率和销售额等。

对于有一定规模的卖家，应重点关注访客数、浏览量、成交转化率、新访客数、会员复购率、活跃会员比率、客单价、销售额、人均成交件数、商品销量排行榜、店铺 DSR 等。（注意：会员复购率和活跃会员比率务必结合起来分析，因为复购率再高，如果活跃会员比率大幅下降，也是很危险的。）

2．时间不同，侧重不同

店铺在不同的时间段侧重关注的指标也有所不同。

每日关注的指标包括访客数、浏览量、平均访问深度、跳失率、成交转化率、客单价、当日拍下付款件数率。

每周分析的指标侧重流量和运营指标的分析，包括但不限于日均浏览量、日均访客数、平均访问深度、会员复购率、商品销量排行榜等。

月度分析的指标在精而不在多，需要根据业务分工进行差异化分析。

3．职位不同，视角不同

执行人员侧重过程指标，管理层侧重结果指标。例如，运营执行人员关心转化指标、运营指标和会员指标，而管理层只需关注销售额等结果指标。

因此，对于数据分析人员来说，要根据不同的受众提供不同的数据。

2.3 跨境电商数据分析流程

跨境电商数据分析是以商业目的为前提，进行数据收集、整理、加工和分析，提炼有价信息的一个过程。数据分析的基本流程如图 2-5 所示。

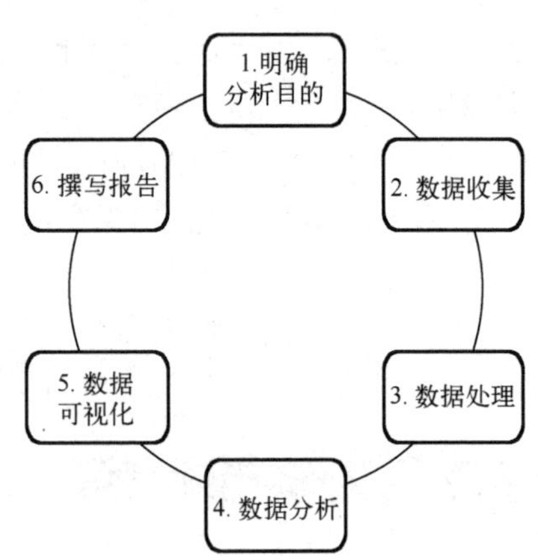

图 2-5 数据分析的基本流程

2.3.1 明确分析目的

进行数据分析一定要有目的，不能为了分析而分析。在进行数据分析之前，数据分析人员首先要明确分析的目的是什么、想要达到什么样的效果、需要解决什么业务问题。

2.3.2 数据收集

数据收集是建立在明确的目标和分析内容的框架基础上，有目的地收集、整合相关数据的一个过程，它是数据分析的基础。例如，想了解转化率与流量之间的关系，就只收集访客数和转化率相关的数据，其他无关的数据不必收集。

2.3.3 数据处理

数据处理是指对收集的数据进行加工、梳理，该删除的删除、该计算的计算，将收集的数据整理成一种有效的数据形式，以便为数据分析做准备。数据处理在数据分析的整个过程中用时最多，数据处理过程决定了数据质量，是数据分析的重要环节。

2.3.4 数据分析

数据分析是指使用工具(如 Excel、Power BI)、运用科学的方法(方差、回归等方法)与技巧对处理好的数据进行分析，挖掘出数据的因果关系、内部联系、业务规律，从而获得一些有价值、有意义的结论。

2.3.5 数据展现

数据分析完成后，需要将数据分析的结果进行可视化处理，为方便阅读，数据分析人员通常使用图(折线图、饼图、漏斗图、金字塔图等)、表来代替堆砌的数据，这样能更形象、直观地呈现出数据分析的信息、观点与建议。

2.3.6 撰写报告

数据分析的所有工作完成之后，最后一项重要工作是撰写分析报告，它是对整个数据分析的总结。通过分析报告，数据分析人员把数据分析的目的、过程结果与方案建议完整地呈现出来，以供决策者决策参考。

2.4 跨境电商数据分析思维

数据分析是将看起来杂乱无章的数据萃取与提炼出来，变成有价值的信息。数据分析的目的是解决某个问题或满足某个需求。数据分析人员在数据分析的过程中应该具备以下思维。

2.4.1 对比思维

对比思维是数据分析中最基本的思维，也是最重要的思维。对比思维在跨境电商的实际工作中得到了广泛应用，如选品、测款及店铺销售等，如果不做数据对比，分析人员就无法从数据中获取有用的信息。

图 2-6 展示了某独立站访客来源对比。从图中可以发现，该独立站访客最大的来源是搜索，在所有访客来源中占比 45.98%。通过数据对比和分析，店铺需要加强搜索来源的营销策略，通过 Google Adwords 推广与站点 SEO 优化进一步提升来源的访客数。对于访客

占比相对较小的访客来源，需要分析寻找流量较低的原因，在保证重要访客来源的前提下，尽量均衡各渠道的访客占比。

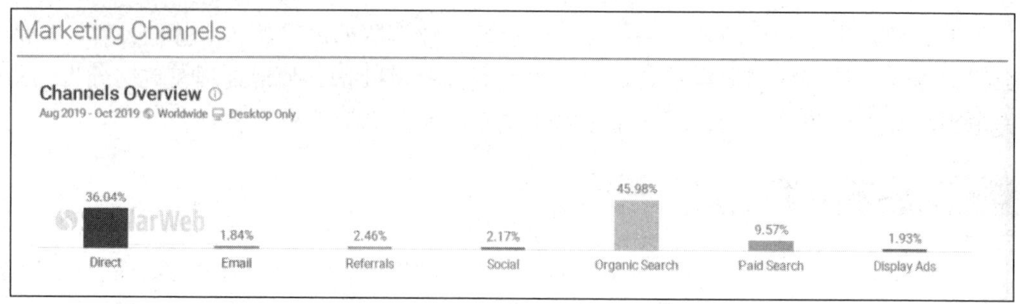

图 2-6 某独立站访客来源对比

2.4.2 拆分思维

拆分思维是在确定一个分析因素(对象)之后，对组成这个因素的各个子因素进行分析。如图 2-7 所示为跨境电商指标拆分示意图，网店销售额是由访客数、转化率和客单价等共同决定的，而访客数又包括新访客和老访客，转化率可以拆分为查询转化率、静默转化率、退货率等。

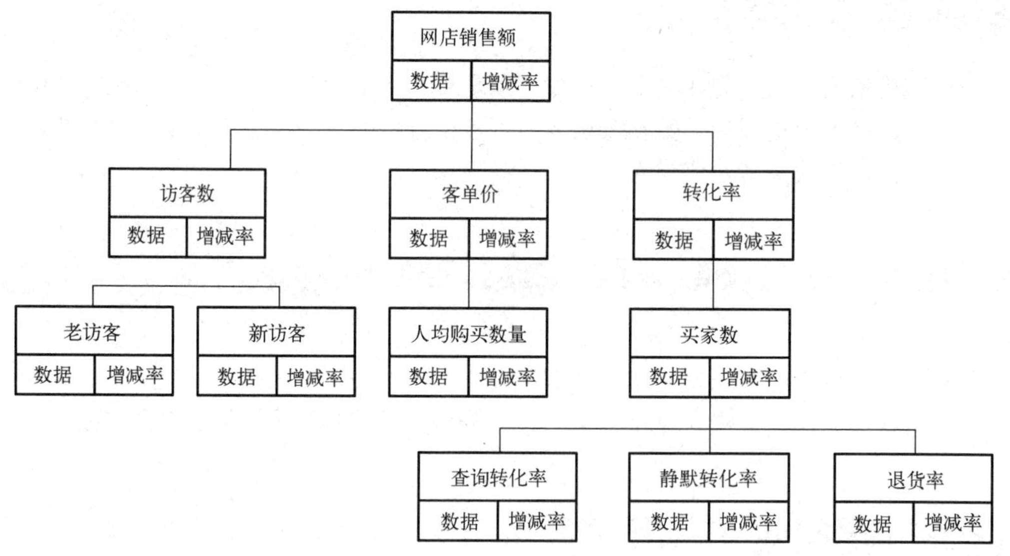

图 2-7 跨境电商指标拆分示意图

同理，也可以对流量进行拆分，例如，第三方平台的流量分为站内流量与站外流量，独立站的流量来源可拆分为直接流量、搜索流量、社交媒体流量、广告流量、其他流量等，而社交媒体流量又可以拆分为 YouTube、Facebook、Instagram、Pinterest 等，如图 2-8 所示为独立站流量渠道拆分示意图，掌握流量渠道分类，能够极大地提升数据分析的工作效率。

经过拆分之后，原本复杂的数据会变得更易理解，便于数据分析人员根据数据之间的逻辑关系进行深入的数据分析。拆分思维是数据分析人员必备的思维之一。

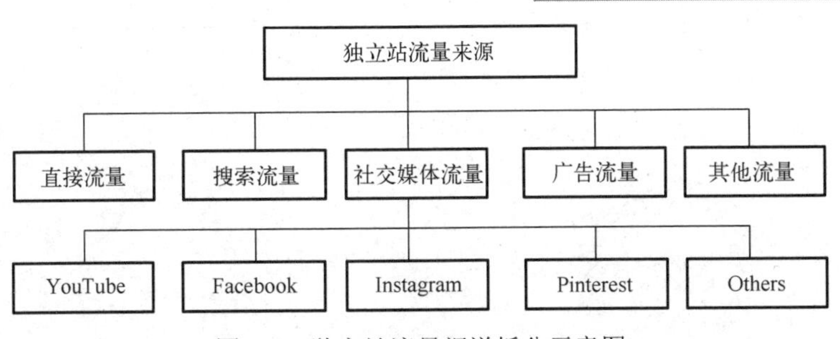

图 2-8　独立站流量渠道拆分示意图

2.4.3　降维思维

与国内电商相比，跨境电商呈现出较大的差异，跨境电商企业往往开展跨平台、多账号、多 SKU 运营。产品分析、价格分析、店铺分析、库存分析、财务分析等数据众多，每一个平台、每一个账号、每一个 SKU 都需要相应的数据统计分析，有些平台还存在抓取数据难度较大的问题，因此，跨境电商数据分析面临工作量大的难题。

数据分析人员经常会陷入这样的困境：面对一大堆多个维度的数据束手无策，当数据维度较为广泛时，不可能做到面面俱到，那么，数据分析人员就可以选择部分有代表意义的数据进行分析，将复杂的数据简单化，提炼核心数据来开展分析工作，这就是降维思维。

2.4.4　假设思维

在实际的数据分析过程中，往往会遇到各种棘手的问题，对于把握度不高的数据分析，可以采取假说法来处理。“假说”是统计学的专业名词，也被称为“假设”，即先假设有了结果，再使用逆向思维推导过程，追根溯源，达到数据分析和推理的目的。

假设思维是从结果到原因，通过逆向思维来推导，什么原因导致现在的结果，一步步有逻辑地推理，寻找最佳的解决方案。

2.5　跨境电商数据分析常用方法

跨境电商从业人员要掌握常用的数据分析方法，充分借助各类专业的数据统计和分析工具，遵循行业的发展规律自主进行数据分析。常用数据分析方法包括直接观察法、AB 测试法、对比分析法、漏斗分析法等。

2.5.1　直接观察法

直接观察法是指利用各种跨境电商平台和工具的数据分析功能，直接观察出数据的发展趋势，找出异常数据，对消费者进行分群，如图 2-9 所示。借助于强大的数据分析工具，可以有效提升信息处理的效率。

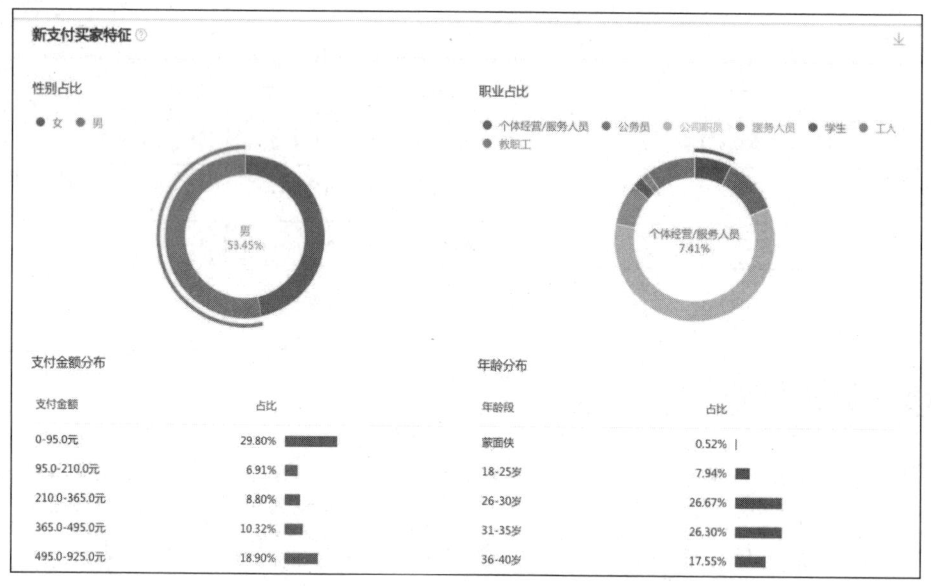

图 2-9 跨境电商平台数据分析结果展示

2.5.2 AB 测试法

AB 测试法，即为实现同一个目标而制定 A、B 两个方案，A 为目前方案，B 为新方案，通过测试比较这两个方案所关注的重要数据，获得数据反馈，判断方案的优劣，并选择效果较好的方案实施。

在跨境电商数据分析中，AB 测试法应用较多的是速卖通直通车创意图的优化。运营与设计人员往往设计制作两个直通车创意图方案并进行广告投放，分别测试其效果；通过数据的比较分析，测试出哪个方案更适合大众消费者，以达到优化直通车推广的效果。

2.5.3 对比分析法

对比分析法是指通过将两种或两种以上相关联的数据进行比较，以期达到能够了解数据内部规律的效果。在跨境电商数据分析过程中，对比分析法能直观地反映数据的变化趋势，精准、量化地展示出对比数据之间存在的差异。

使用对比分析法进行不同维度的对比分析，可以对不同时期进行对比，与竞争对手或行业大盘进行对比，或进行优化前后的对比，还可以对活动前后进行对比，如图 2-10 所示。

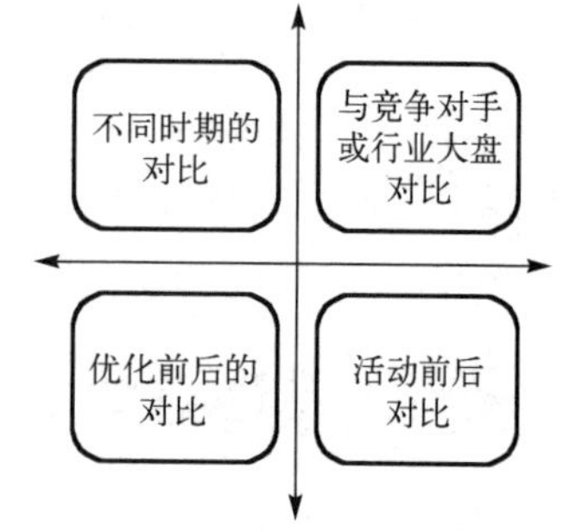

图 2-10 不同维度的对比分析

对比分析法是电商数据分析中运用非常广泛的一种分析方法，往往是以时间轴为依据，对量化的数据进行对比，能清晰地呈现出不同时期店铺销售规模的变化、访客数的变化以及订单量的变化等，该数据分析方法对于初级阶段的电商从业人员非常适用，操作简单、易懂，数据分析结果也比较准确。

2.5.4　转化漏斗法

漏斗分析法是数据分析领域最常见的一种“程式化”数据分析方法，它能够科学地评估某一业务从起点到终点各个阶段的变化情况。

图 2-11 显示了某品牌官网注册人数在每个节点的转化情况。漏斗分析法的优势在于，它可以从先到后还原消费者转化的路径，并分析每一个转化节点的效率。

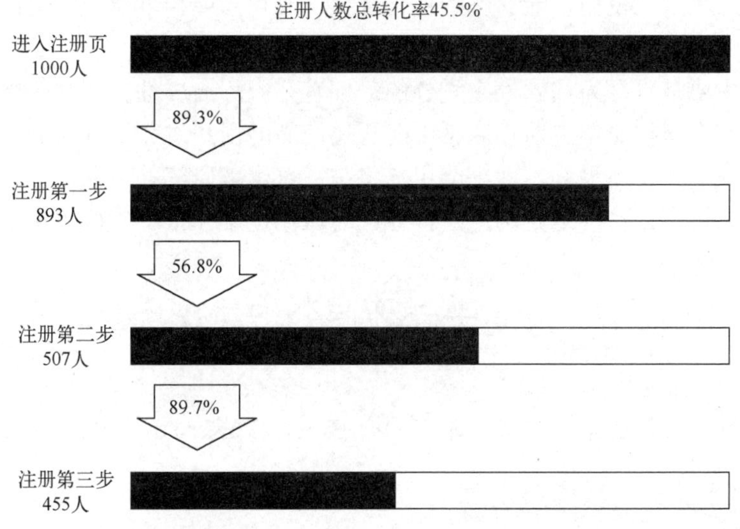

图 2-11　某品牌官网注册人数转化率

通过漏斗分析模型可以很直观地看到每个环节的情况，如用户的转化情况、流失情况、可以帮助我们快速发现问题，把问题具体化和细分化，在营销推广中提高流量的价值和转化率。

漏斗分析法适用于流程比较多且规范的环节，如消费者的购买环节会涉及加入购物车、下单以及最后评价等，如图 2-12 所示。流失率是反映用户从看到商品到最后成交转化的重要指标，流失率越大，说明运营需要优化的地方越多，包括主图的设计、详情页的文案以及支付方式等；流失率越小，则说明用户的购买意愿越强烈，跨境运营良好。

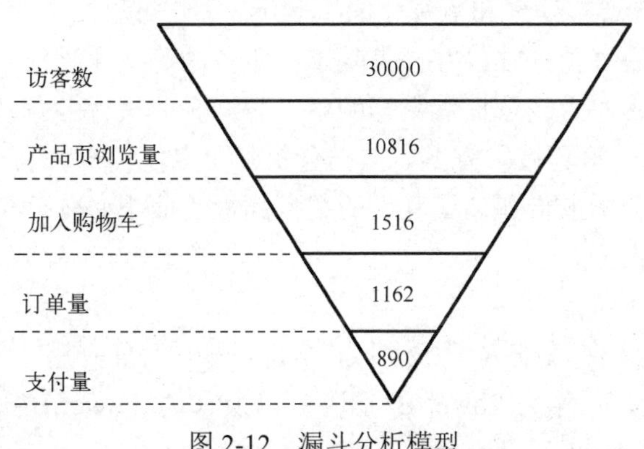

图 2-12　漏斗分析模型

2.5.5 类聚分析法

俗话说“物以类聚，人以群分”。该说法被应用到数据分析中即为类聚分析法。类聚分析法是指将抽象的数据按照类似的对象进行分析，类聚分析法是电商数据分析常用的方法之一，采用这种分析法能够发现数据之间更深层次的关联。

在电商数据领域中，类聚分析法运用最为广泛的是对用户的类聚分析。通过大数据对海量用户的追踪和深入挖掘，能够精准地发现用户的相同或相近属性，进而通过这些类聚的属性制定营销策略。下面以用户类聚为例进行介绍。

用户类聚主要是以行为和属性来划分的，拥有共同行为属性的用户会被视为同一用户群体。例如，某商家按照年龄对在店铺中购买过商品的用户进行属性分类，可以看到哪个年龄段的用户成交转化率最高，此部分用户将是商家重点研究的对象。

用户类聚分析旨在精准地定位用户群体，为后期运维和推广阶段提供决策依据。

2.6 跨境电商数据分析常用工具

跨境电商数据分析的工具很多，常见的有 Excel、Power BI、SPSS 以及 Python 等。

2.6.1 Excel

Excel 是微软办公系列的重要组成之一，最基本的数据分析工具，在人力、金融、管理等多个领域都会应用。对数据分析人员来说，可以进行各种数据处理和分析，包括表格的录入与制作、图表的绘制和数据透视效果的实现，通过公式进行数据计算与统计分析，还可以用 VBA 编程实现更高级、更复杂的需求。

2.6.2 Power BI

Power BI 是一款商业智能软件。微软团队长期以来一直致力于构建 Power BI 工具包，该工具包是强大数据整合、处理和可视化的工具组合。它可以整合来自不同数据源的数据，对数据进行清洗、转换等预处理，并提供基于云服务的可视化功能，方便用户创建交互式的数据面板和分析报告，为企业提供数据洞察，帮助企业进行业务决策。

有了 Power BI 这一整套技术方案，数据分析师可以低门槛、自助式地进行数据分析，创建针对各种主题的分析报告和高交互性的数据面板，而不必依赖信息技术人员或数据库管理员来开发可视化报表。

Power BI 具有如下特点。

(1) Power BI 包含多款服务，分别为 Windows 桌面应用程序（又称为 Power BI Desktop）、联机 SaaS 服务（称为 Power BI 服务），以及移动 Power BI 应用（能够在 Windows 平板电脑及 iOS 和 Android 手机等设备上使用）。

(2) Power BI Desktop 支持免费使用，并且 Power BI Pro 可以为每个用户提供部分低价服务，能够帮助企业经济高效地开展数据分析。

(3) Power BI 易上手，操作简单，使用方便，被视为除 Excel 之外最实用的数据分析入门工具。

(4) Power BI 拥有十分丰富的图库及强大的数据可视化功能，能够制作交互式的报表，让使用者在对企业实际数据进行分析的同时，还能呈现美观的可视化效果。

2.6.3 SPSS

SPSS 是 IBM 公司推出的一系列用于统计学分析运算、数据挖掘、预测分析和决策支持任务的软件产品及相关服务的总称。SPSS 可以在不需要编程的情况下，很好地进行回归分析、方差分析、多变量分析等。

SPSS 具有如下特点。

(1) 界面简单。SPSS 采用类似 Excel 表格的方式读入与管理数据。

(2) 功能强大。SPSS 集数据录入、整理、分析功能于一身，能够进行相关分析、回归分析、聚类分析、时间序列分析等。

(3) 有一定的门槛。SPSS 需要使用者有一些统计学基础，对统计分析模型有一定的理解。

(4) 有专门的绘图系统。SPSS 可绘制一些基本图形，但相对于其他可视化软件来说，其图形比较简单。

2.6.4 Python

Python 是一种跨平台的计算机程序设计语言，是结合了解释性、编译性、互动性和面向对象的脚本语言，常用于 Web 和 Internet 开发、人工智能、网络爬虫和大数据分析建模等。

在电商大数据背景下，Python 逐渐成为电商数据挖掘分析的热门软件工具。读者可以通过 Python 官方网站，选择 Python 3.8 及以上的版本进行安装。

相比 Excel、SPSS 等软件，Python 基于编程语言，具有更强的交互性和强大的数据处理能力，能够快速地通过网络爬虫抓取海量信息，如商品价格、客户评论、网页图片等，在爬虫基础上具有数据清洗、数据统计、数据导出和数据可视化等功能，一行代码就可以处理复杂的数据任务。

目前，在实战中，Python 可用于用户行为分析、竞争对手分析、市场潜力分析和新产品开发和营销等领域，有着广泛的应用场景，被越来越多的业内人士所认可，有更多的企业雇主希望员工掌握 Python 使用技能。

当然，由于涉及编程语言，对于初学者来说，Python 有一定的入门难度。

此外，也可以借助一些综合类跨境电商数据分析工具，如 Jungle Scout、卖家精灵、Keepa 等进行数据分析，做出科学决策。

本章习题

1．请简述跨境电商数据分析的目的。

2．请根据跨境电商数据分析常用指标，在跨境电商平台中查看并分析该指标数据。

3．请简述跨境电商数据分析基本流程。

4．请简述跨境电商数据分析的分析思维，并根据不同的场景进行分析。

5．请简述跨境电商数据分析常用方法，并举例说明。

6．请简述跨境电商数据分析常用工具，并比较不同工具的区别。

第3章

跨境电商大数据工具使用与分析

结构导图

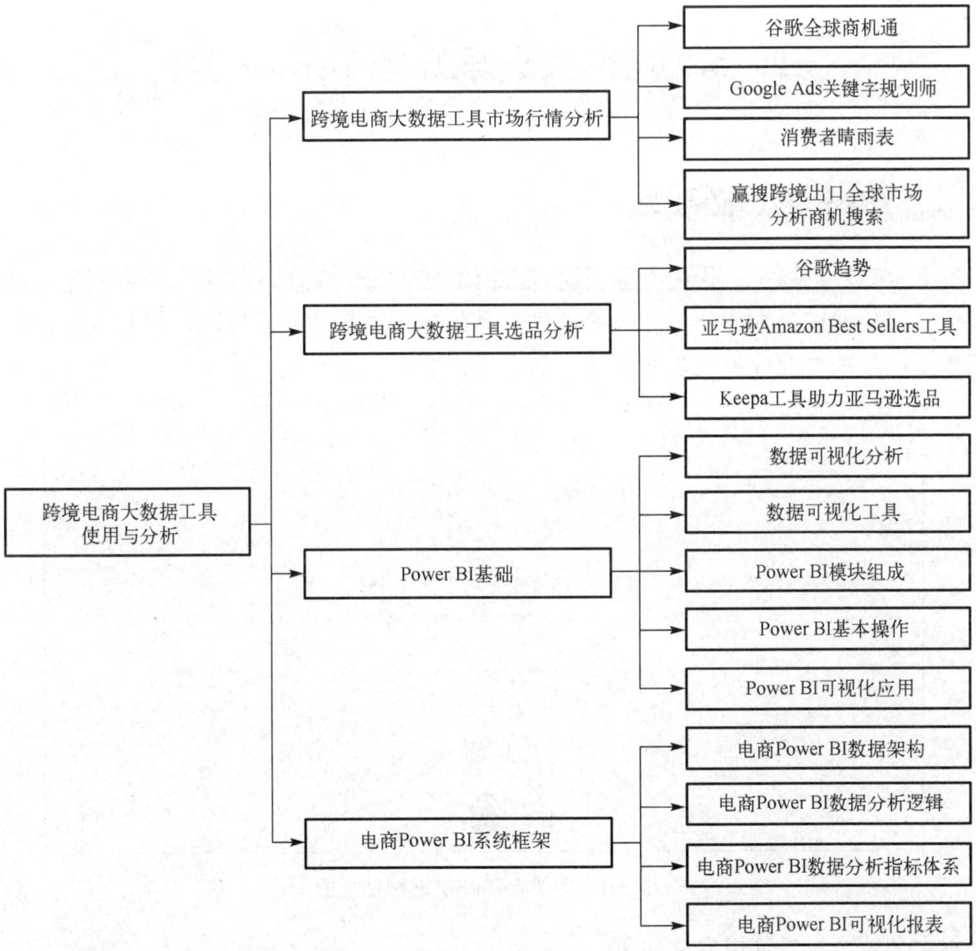

- 跨境电商大数据工具使用与分析
  - 跨境电商大数据工具市场行情分析
    - 谷歌全球商机通
    - Google Ads关键字规划师
    - 消费者晴雨表
    - 赢搜跨境出口全球市场分析商机搜索
  - 跨境电商大数据工具选品分析
    - 谷歌趋势
    - 亚马逊Amazon Best Sellers工具
    - Keepa工具助力亚马逊选品
  - Power BI基础
    - 数据可视化分析
    - 数据可视化工具
    - Power BI模块组成
    - Power BI基本操作
    - Power BI可视化应用
  - 电商Power BI系统框架
    - 电商Power BI数据架构
    - 电商Power BI数据分析逻辑
    - 电商Power BI数据分析指标体系
    - 电商Power BI可视化报表

学习目标

1. 知识目标

- 了解跨境电商大数据市场行情分析工具。
- 理解跨境电商大数据市场行情分析工具的适合场景。
- 了解跨境电商大数据选品分析工具。
- 理解跨境电商大数据选品分析工具的适合场景。
- 掌握 Power BI 电商数据分析的数据架构。

2. 能力目标

- 能够运用跨境电商大数据市场行情分析工具进行市场行情分析。
- 能够运用跨境电商大数据选品分析工具进行选品分析。
- 熟悉 Power BI 的界面，进行基本可视化操作。

3.1 跨境电商大数据工具市场行情分析

3.1.1 谷歌全球商机通

谷歌全球商机通是一款由谷歌公司在 2018 年推出的免费在线全球商机洞察工具。它可以帮助用户通过大数据分析，快速提供产品的市场排名和商业概况，提供全面而详细的完整报告，帮助企业分析合适的国外产品市场，洞察全球商机。网站页面如图 3-1 所示。

图 3-1 谷歌全球商机通网站页面

谷歌全球商机通使用方法如下。

(1) 登录谷歌全球商机通网站，在搜索框输入产品类别名称。如不清楚产品类别，可以单击“请从列表中选择您的类别”（见图 3-2），页面会显示“产品类别列表”（见图 3-3），根据需要选择即可。以“美容和个人护理”为例，单击“美容和个人护理”类别标签，即可查看细分类别。

图 3-2　产品类别检索框

图 3-3　产品类别列表详情

(2) 进入详情页面后，在页面中选择“剃须刀和刮胡刀”，单击“查看潜力市场”，可以看到谷歌全球商机通给出最适合“剃须刀和刮胡刀”品类的五个最具潜力的市场，并附有简要的市场情况分析，包括月搜索量、Google Ads 上建议的出价、在购物决策中使用各种搜索引擎作为信息来源的人群所占的百分比和物流绩效指数。

根据报告，美国、日本、德国、英国和法国为“剃须刀和刮胡刀”品类产品最具潜力的五个市场，在美国市场的建议价格是 1.04 美元，有 36%的人在购物决策中使用搜索引擎，物流绩效指数是 4。细项选择页面如图 3-4 所示，报告显示页面如图 3-5 所示。

(3) 单击“申请查看完整报告”，进入信息填写页面（见图 3-6），填写完成后，绑定微信后，即可查看完整报告（见图 3-7），包括“人口及经济情况”“商业概况”“购买行为分析”“互联网使用概况”“物流分析”等栏目，单击具体栏目后会看到更详细的数据信息。

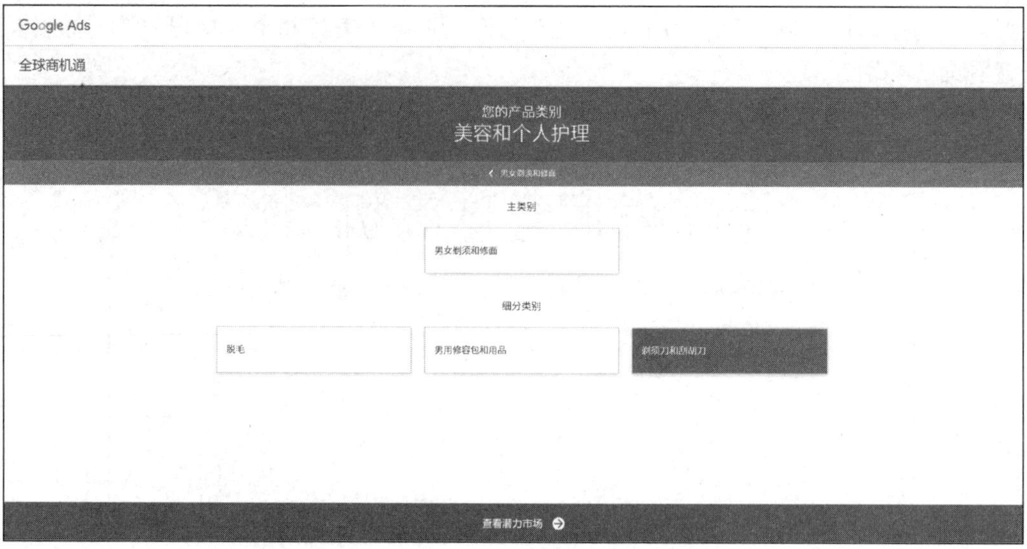

Google Ads

全球商机通

您的产品类别

美容和个人护理

主类别

男女剃须和修面

细分类别

脱毛

男用修容包和用品

剃须刀和剃胡刀

查看潜力市场

图 3-4　细项选择页面

图 3-5　报告显示页面

图 3-6　信息填写页面

图 3-7　完整报告页面

3.1.2　Google Ads 关键字规划师

Google Ads 关键字规划师是品牌出海的在线规划工具，同样由谷歌出品，界面如图 3-8 所示。通过该工具不仅可以查看关键字提示和广告组提示，了解一组关键字可能取得的效果，还可以将多组关键字组合在一起来制作新的关键字列表。此外，它还能为企业的广告计划选择具有竞争力的出价和预算。需要注意的是该工具仅针对谷歌广告用户或者谷歌受邀用户开放，必须登录账号才可以使用。

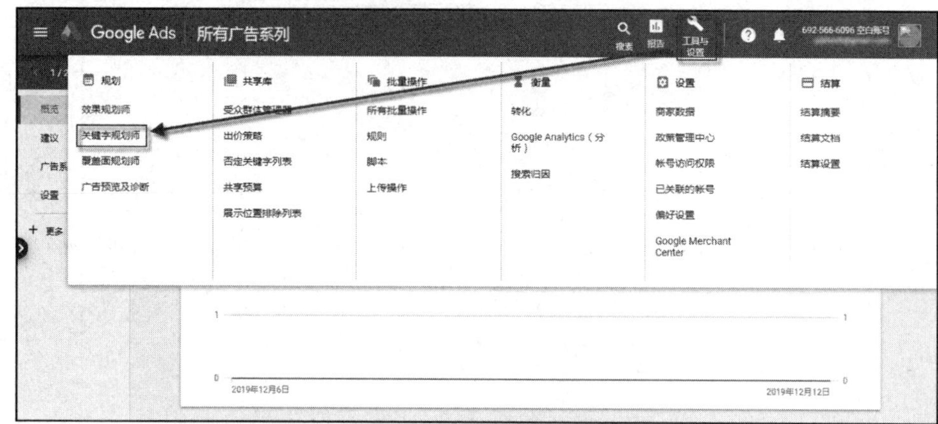

图 3-8　Google Ads 关键字规划师界面

例如，以“Electric shaver”为关键字，查看电动剃须刀在巴西市场的整体情况。Google Ads 提供该关键字在过去一段时间内的点击次数、展示次数，建议的出价费用、点击率等信息，同时还会给出未来一年的数据预测，如图 3-9 所示。

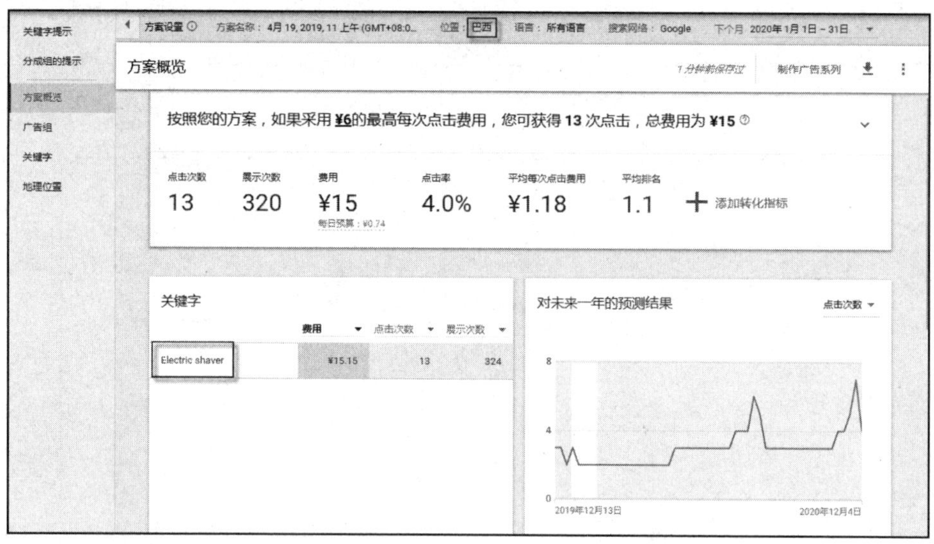

图 3-9　以“Electric shaver”为关键字显示的信息

3.1.3　消费者晴雨表

消费者晴雨表(Consumer Barometer)是一款通过大数据分析，专门研究消费者行为的

全书软件图中的“帐号”正确写法应为“账号”。

平台。该平台与谷歌合作帮助商业市场上的策略制定者和跨境电商卖家了解客户的内在需求，首页界面如图 3-10 所示。

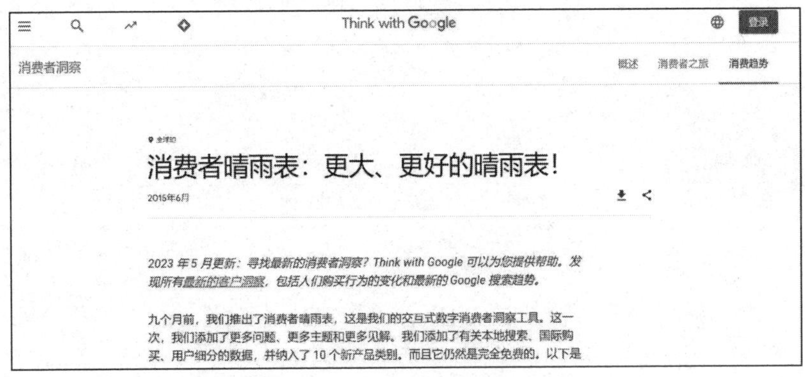

图 3-10　消费者晴雨表首页界面

例如，在新产品投放前，卖家想了解不同国家消费者的互联网使用习惯、网购频率、对网络视频的关注度等信息，以便为新产品投放提供决策参考。此时，消费者晴雨表是一个便捷的消费者网络行为分析平台。在页面单击相应的国家名称，可以看到包括“多屏网络时代”“智能时代的购物行为”“通过网络从本地商家购物的用户”“通过网络从国外购物的用户”“智能时代的观看行为”等信息。以消费者网购信息为例，通过消费者晴雨表分析可知，跨境网购占比最高的是爱尔兰，占 85%，其次是澳大利亚，占 84%，以及新加坡，占 83%，等。了解这些信息将有助于企业进行精准的产品投放。消费者晴雨表显示的各国跨境网购人群比例如图 3-11 所示。

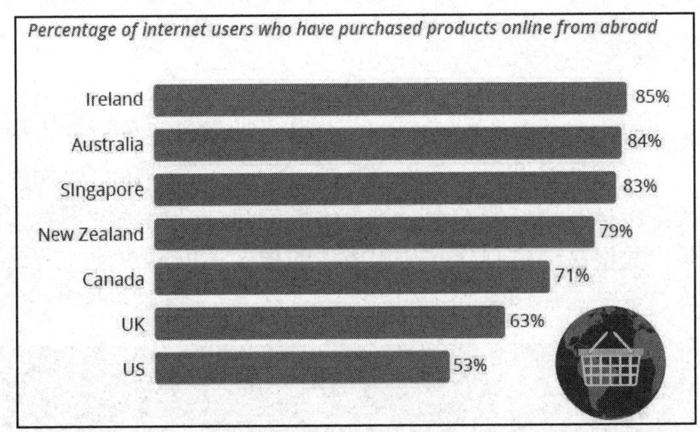

图 3-11　消费者晴雨表显示的各国跨境网购人群比例

3.1.4 赢搜跨境出口全球市场分析商机搜索

赢搜是一个跨境出口全球市场分析商机搜索在线平台，该平台仅向注册会员开放，主要是向我国跨境出口企业提供商机分析信息。以“电动剃须刀”出口新兴市场为例，在赢搜平台进行检索，赢搜搜索界面如图 3-12 所示。

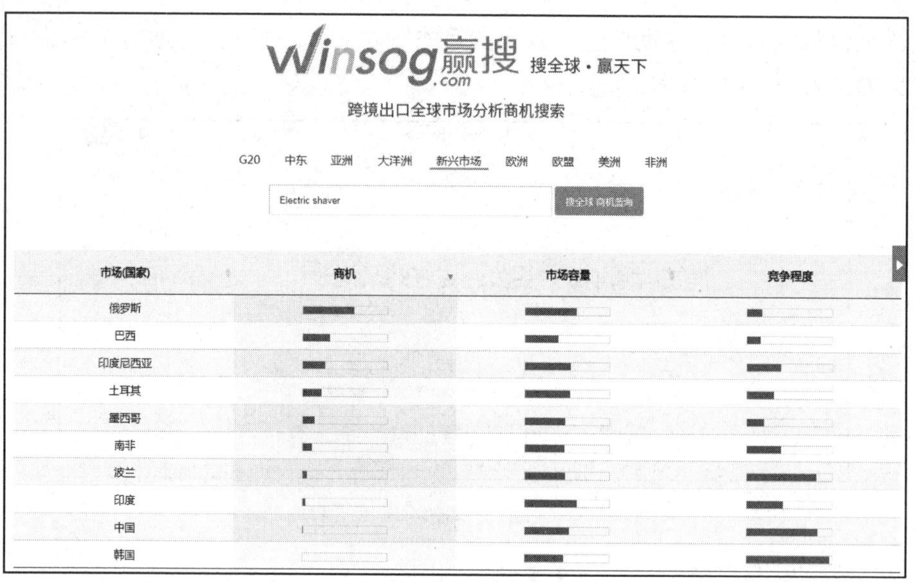

图 3-12 赢搜搜索界面

根据搜索结果可知，俄罗斯为首选市场，其次是巴西和印度尼西亚，为企业进入国外市场提供了一定参考。

3.2 跨境电商大数据工具选品分析

3.2.1 谷歌趋势

谷歌趋势(Google Trends)是谷歌推出的一款基于搜索日志分析的应用产品，它通过分析谷歌全球数以十亿计的搜索结果，告诉用户某一搜索关键词各个时期内在谷歌被搜索的频率和相关统计数据。打开浏览器并登录进入谷歌趋势，开始关键词搜索。登录后的界面为卡片式设计风格，数据呈现可视化，使用方式简单，该网站已成为跨境电商选品必备工具之一。谷歌趋势登录界面如图 3-13 所示。

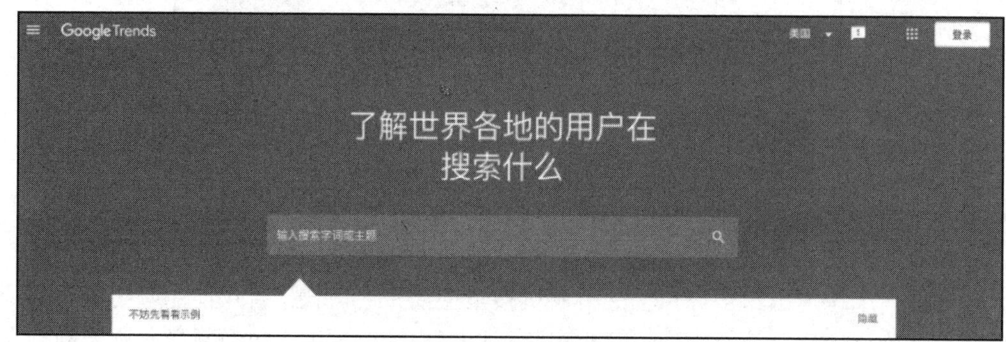

图 3-13 谷歌趋势登录界面

谷歌趋势有两个功能，一是查看关键词在谷歌的搜索次数及变化趋势，二是查看网站流量(Google trends for websites)。这些数据指标主要来自谷歌搜索、谷歌购物、YouTube等。谷歌趋势分析可以用来做关键调研，了解行业趋势、品牌和产品趋势分析等，对企业跟踪趋势并制定营销战略非常有利。

例如，以 overcoat(大衣)作为关键词进行搜索，可以看到过去 5 年内关于 overcoat 的热度趋势走向。谷歌趋势对于关键词热度采用的是计数方式衡量，数字代表相对于图标中指定区域和指定时间内最高点的搜索热度，热度最高得 100 分，分数随热度下降而下降。可以看到 overcoat 这个单品，具有显著的季节性热度周期，在每年的 9—12 月热度趋势持续上升，并在 11—12 月达到峰值。谷歌趋势关键词热度趋势界面如图 3-14 所示。

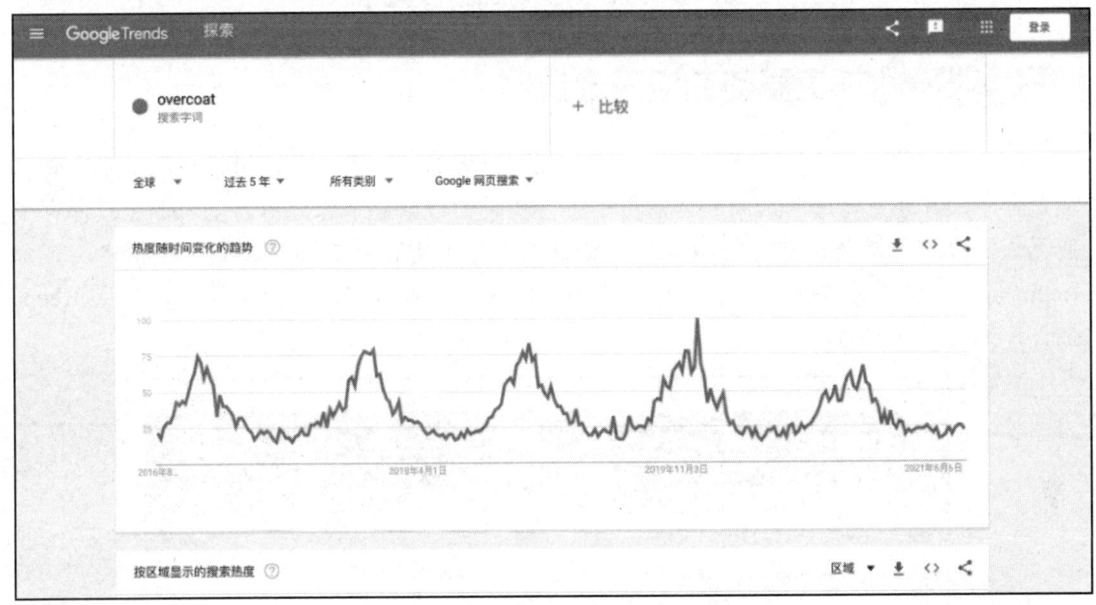

图 3-14　谷歌趋势关键词热度趋势界面

同时，用户还可以自己选择其他时间周期进行趋势查看，目前，可供选择的时间段从最短过去 1 小时到最长 2004 年至今，不同的时间周期选择，可以更好地帮助商家从不同时间维度分析热度趋势，以判断目标关键词的趋势波动周期，进而对目标市场、产品热度、销售周期等衍生数据进行分析，实现精准选品。

3.2.2　亚马逊 Amazon Best Sellers 工具

Amazon Best Sellers 是一款实用而且免费的亚马逊选品工具。登录网站，网页上会显示 100 条基于销售量而定的最受欢迎商品，并且每小时更新，同时可以按产品类型分类以便于过滤和搜索。该工具非常适合于想要了解应该在亚马逊上销售哪些产品的新手店铺，Amazon Best Sellers 搜索页面如图 3-15 所示。

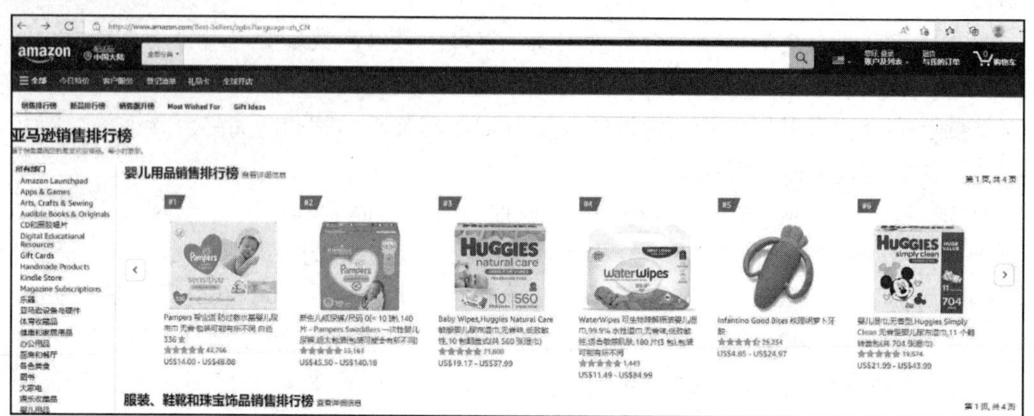

图 3-15　Amazon Best Sellers 搜索页面

3.2.3　Keepa 工具助力亚马逊选品

Keepa 工具是一款基于亚马逊的价格跟踪和分析的第三方工具，以插件的形式安装在浏览器中，并在亚马逊网站商品详情页中进行实时的数据显示和分析。Keepa 工具保存了亚马逊除具有严格营销规定的商品和电子书之外几乎所有可查询商品的历史价格。登录 Keepa 官网，在页面单击“应用”→“浏览器扩展程序”，选择对应的浏览器后，安装 Keepa 插件，如图 3-16 所示。

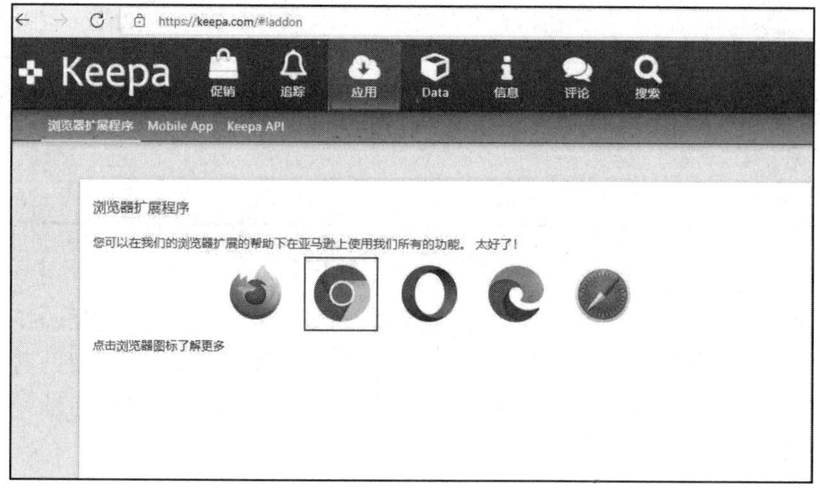

图 3-16　Keepa 插件安装

安装完成后，打开亚马逊网站的商品详情页，在商品主图下方会自动加载 Keepa 插件，以显示该商品价格的走势分析。加载好的 Keepa 插件会显示在浏览器的右边框中，如图 3-17 所示。

进入亚马逊平台，找到想要分析的产品详情页，在 bullet point 下，就可以看到 Keepa 显示的产品数据相关信息。以“背包”为例，Keepa 实时分析结果如图 3-18 所示。纵轴显示价格，横轴显示日期，坐标轴的右侧显示销售排名、新品卖家数量(全新品计数)、评论数量和评分等信息。分析结果显示，该款背包价格区间是 20～60 美元，其中自 2022 年一月中旬起至二月、二月中旬、三月上旬以来处于价格高位。因此，卖家通过分析近一年来亚马逊自营商品走势和库存数据，有针对性地上架销售，可以获得最佳的利润空间。

图 3-17　安装好的 Keepa 插件

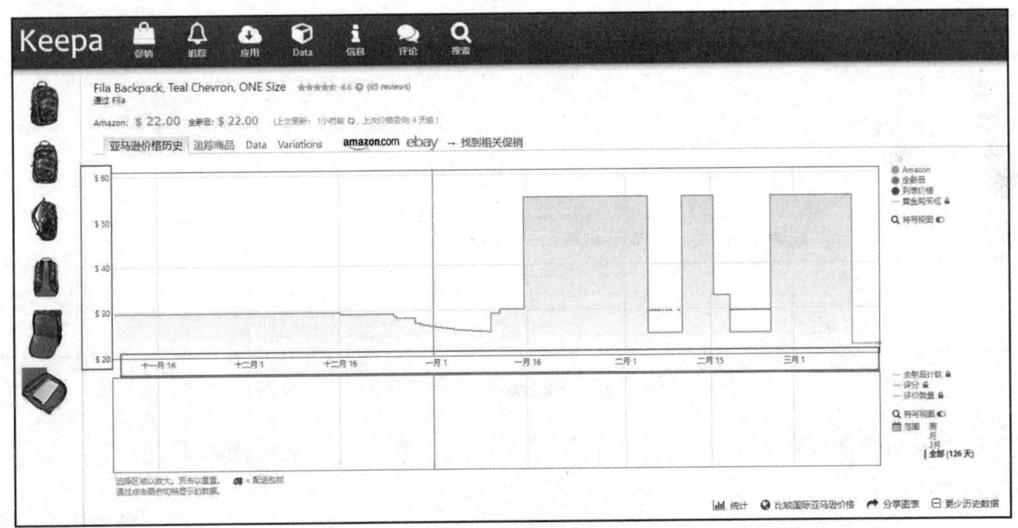

图 3-18　Keepa 实时分析结果

单击下方的“统计”按钮，弹出 90 天内该商品在亚马逊自营商品与第三方卖家全新品的价格统计信息，如图 3-19 所示。

在“追踪商品”面板中，用户可以设置商品的自定义追踪价格，并设置追踪时长。当出现低于或者高于用户设定的价格时，将会通过电子邮件等方式通知用户。Keepa 追踪商品界面如图 3-20 所示。当卖家收到高于自己设定的价格通知时，说明市场整体价格有向好的趋势，可以考虑适当提高客单价；当卖家收到低于自己设定的价格通知时，说明市场价格可能出现低谷，此时可能是买家入手的最佳时机。

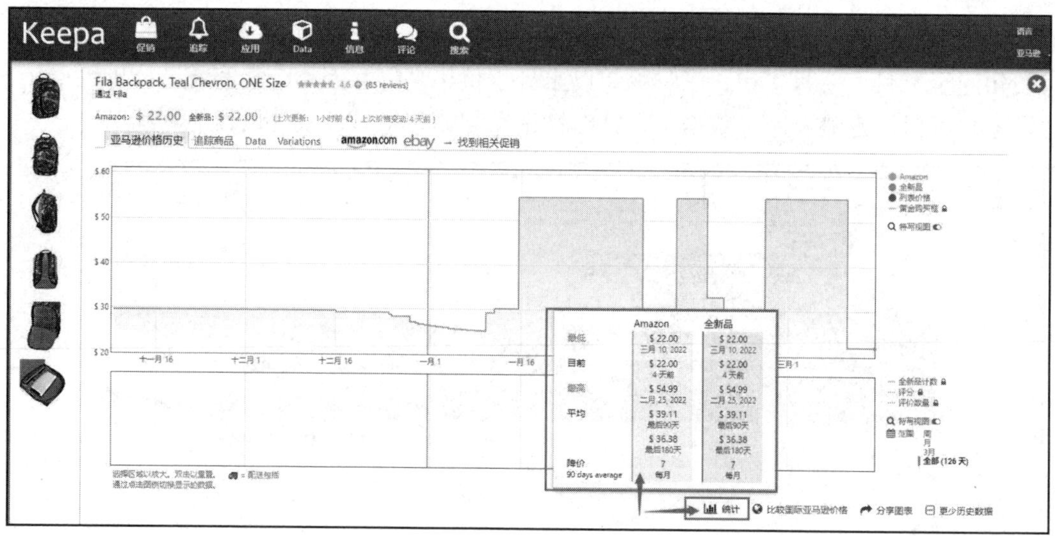

图 3-19 Keepa 统计分析结果界面

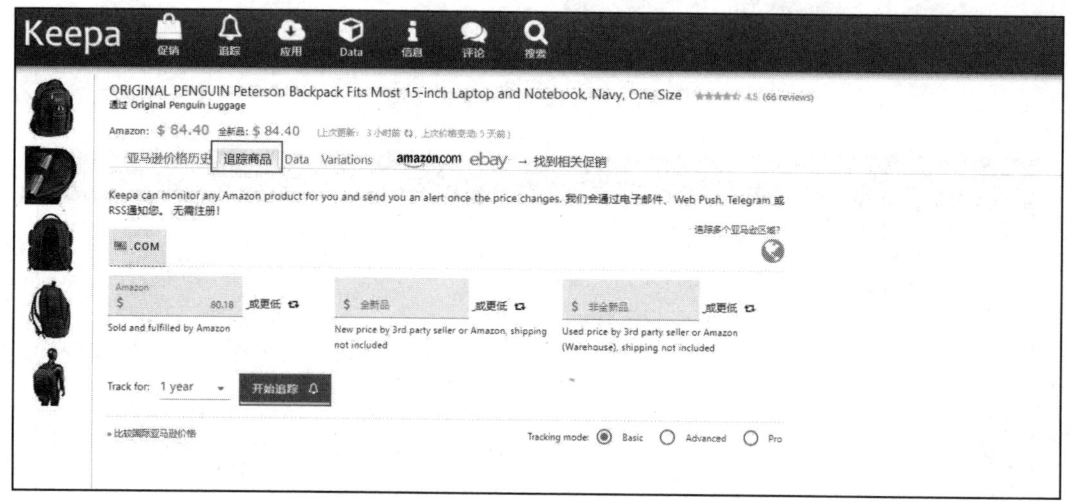

图 3-20 Keepa 追踪商品界面

在“Data”面板中，可以查看商品的详细信息、商品的排名情况以及售价总览。需要注意的是，使用该功能必须先注册登录。

3.3 Power BI 基础

3.3.1 数据可视化分析

面对大量庞杂的数据，如何快速解读出其内在的信息？数据的图形化表达就可以为数据分析提供直观的手段。数据可视化(Data Visualization)实质是通过相应的软件工具实现数据的图形化表达，直观呈现数据包含的内在信息，同时使信息易于理解和接受。数据可视化已经深入到我们的生活中，比如每年的淘宝“双 11”实时数据显示。

数据的可视化有众多的表现方式，体现为各种图形组合，可以是静态的或交互的。常见的如 Excel 里就能实现的柱状图、折线图、散点图、K 线图、饼图等，属于静态的，如图 3-21 所示。随着其他大数据工具的运用，数据可视化变得可交互。人们能够使用计算机和移动设备深入到图表的具体细节。交互式可视化更为先进，更能体现大数据分析的特征，满足大数据可视化分析需求。如某店铺在全国的店铺分布，当制作成交互式图表时，只要单击地图上相应的圆点，就能显示该地区的销售额。

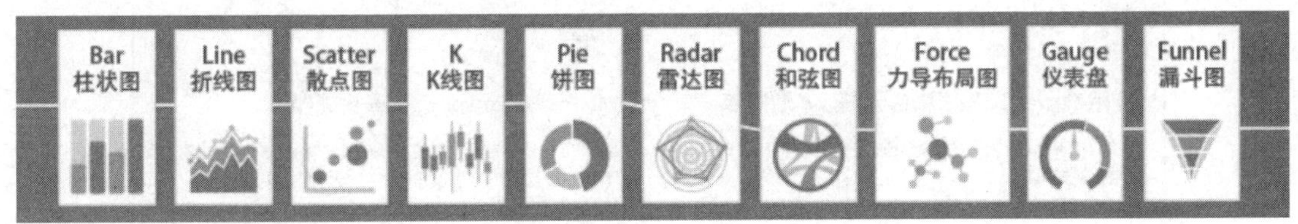

图 3-21　基础图表示例图

3.3.2　数据可视化工具

目前。市场上商务数据可视化工具较多。总体上可以分为两类：编程类和非编程类。非编程类工具使用的技术门槛相对较低，对非计算机专业出身的人员而言相对友好。接下来主要介绍几款主流的可视化工具。

1. Microsoft Power BI

Microsoft Power BI 是微软公司开发的一套数据可视化分析工具。用户可以自由导入任何数据，如文件、文件夹和数据库，并提供即席查询，并且可以方便地使用 Microsoft Power BI 桌面软件、网页、手机应用来查看数据。该工具提供包括 Microsoft Power BI Desktop、Microsoft Power BI 移动版和 Microsoft Power BI 报表生成器等应用。其中，桌面版的 Microsoft Power BI Desktop 是供个人用户免费使用的，进入微软的 Microsoft Power BI 官网就可以方便地下载。Microsoft Power BI 的官网下载页面如图 3-22 所示。该软件的优点是很好地集成了微软的 Office 软件，如 Excel，有使用 Excel 经验的用户，会很容易地掌握 Microsoft Power BI 的使用方法，快速上手。本书所采用的数据分析工具是 Microsoft Power BI Desktop。后续章节将重点介绍其操作方法和应用场景。

2. Tableau Desktop

Tableau 是全球知名的数据可视化产品和服务提供商，旗下的同名软件 Tableau 也是目前市场上知名度很高的商业智能和分析软件。Tableau 属于轻型的 BI 工具，优点是界面里的拖拽式操作非常简单直接，能够在数分钟内完成数据连接和可视化，快捷地制作出绚丽的仪表盘；同时，数据分析灵活多变，用户可以根据自身需求进行自定义；还可以实时连接，数据分析时效性很高。Tableau 提供的应用工具如下。

图 3-22　Microsoft Power BI 的官网下载页面

(1) Tableau Desktop：桌面分析软件，连接数据源后，可以进行拖拽操作，创建交互的视图和仪表盘；

(2) Tableau Server：发布和管理 Tableau Desktop 制作的仪表盘、管理数据源和信息安全等；

(3) Tableau Online：云端分析平台，可在 Web 上进行交互、编辑和制作；

(4) Tableau Reader：在桌面免费打开制作的 Tableau 打包工作簿；

(5) Tableau Mobile：移动端 App，iPhone、iPad 只支持查看功能。

目前，Tableau 提供的免费版本是 Tableau Public，与专业版本相比，无法连接所有的数据格式或者数据源，无法保存到本地工作簿，但是也能够完成基本的分析工作。Tableau Desktop 交互式仪表盘如图 3-23 所示。

3. RAWGraphs

RAWGraphs 诞生于 2013 年，是一个数据可视化开源工具，登录 RAWGraphs 官网即可在线使用，无须安装。数据分析人员只需将数据上传到 RAWGraphs 网页中，包括 CSV、TSV、Excel 等格式的数据，然后选取所需的图表，就可以自动生成各类图表。RAWGraphs 提供的图表元素非常丰富，除了常见图表，还包括冲击图、圆弧图、分箱图、矩阵图等精美图表，还可以将其导出为 SVG 格式或 PNG 格式的图片。制作过程非常简单、高效，图形导出便捷，而且免费。RAWGraphs 界面如图 3-24 所示。

4. Microsoft Excel 的可视化插件

Microsoft Excel 是日常表格制作和数据分析中常用的办公软件。Excel 比我们所知的要强大得多，在可视化方面有多款插件，能够实现惊艳的可视化效果。下面介绍 Excel 中比较常见的几款插件。

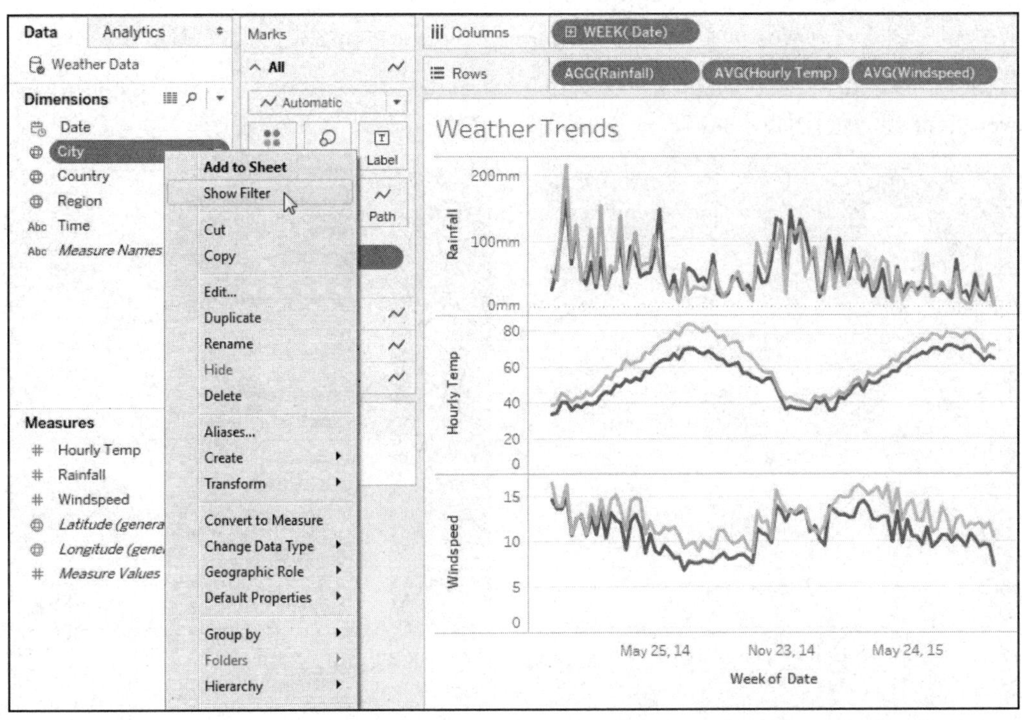

图 3-23　Tableau Desktop 交互式仪表盘

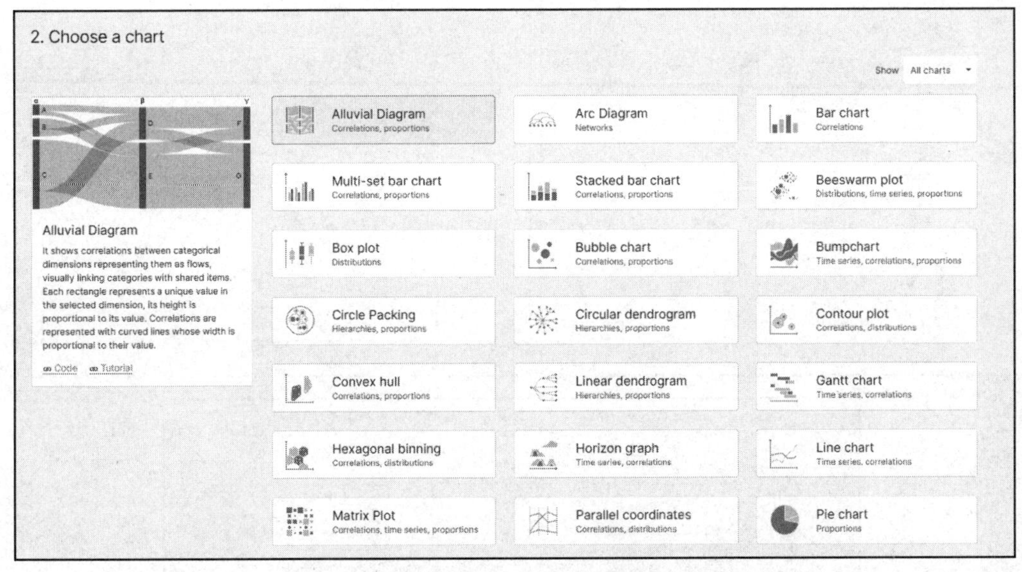

图 3-24　RAWGraphs 界面

1) Power Pivot

Power Pivot 是 Excel 的一个加载项，属于外接程序，可用于执行强大的数据分析功能和创建复杂的数据模型。在 Excel 工作簿中显示的数据模型与在 Power Pivot 中看到的数据模型相同。Power Pivot 加载项内置在某些版本的 Excel 中，但默认未启用。需要通过加载的方式进行启用。启用步骤：选择“文件”→“选项”→“加载项”→“COM 加载项”

→“转到”命令，在弹出的页面勾选“Microsoft Power Pivot for Excel”复选框，单击“确定”按钮完成 Power Pivot 启用。启用后能够在菜单栏显示“Power Pivot”项即可。加载 Power Pivot 步骤依次如图 3-25、图 3-26、图 3-27 所示。

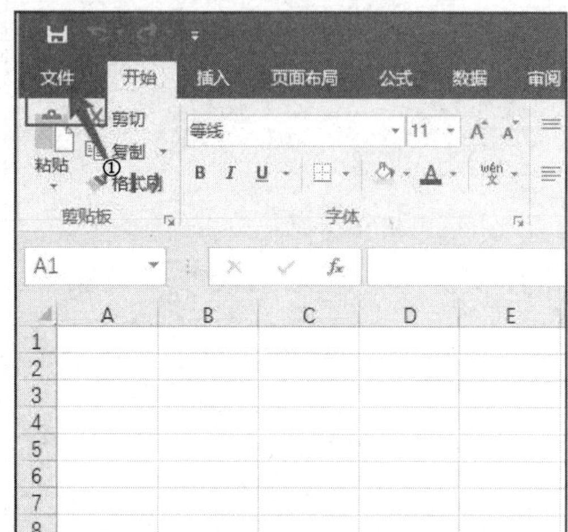

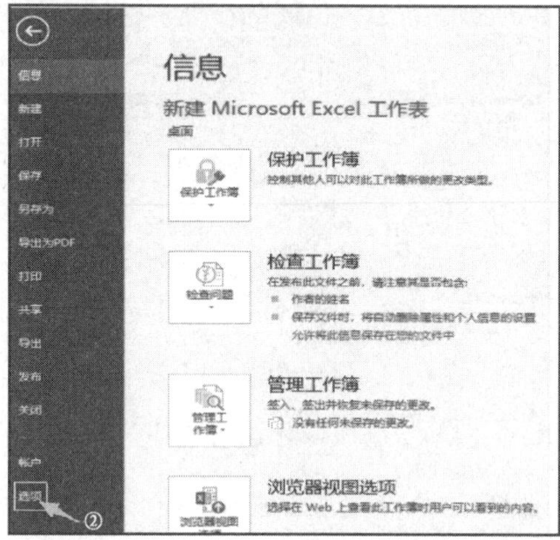

图 3-25　加载 Power Pivot 步骤①②

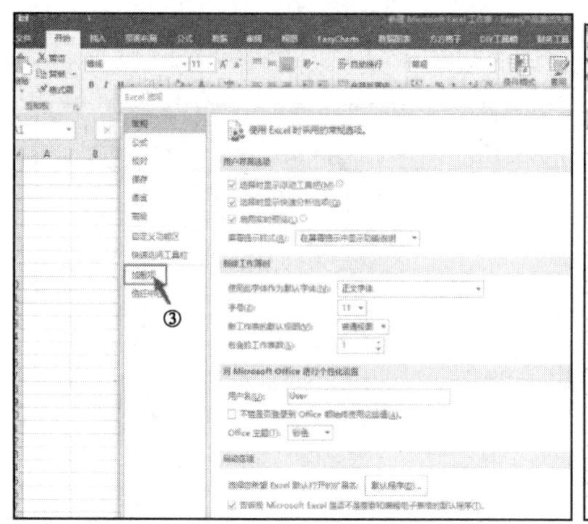

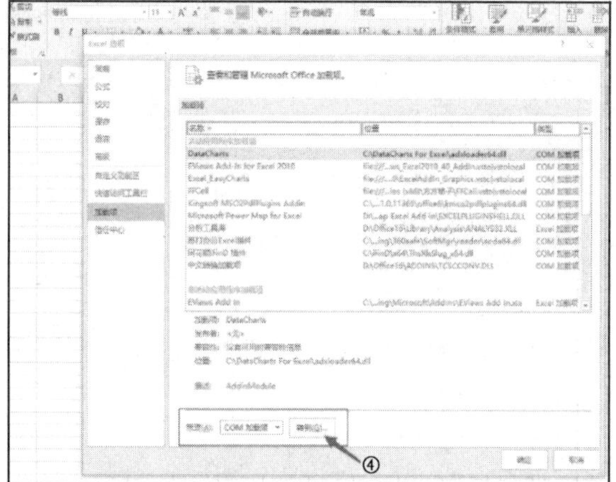

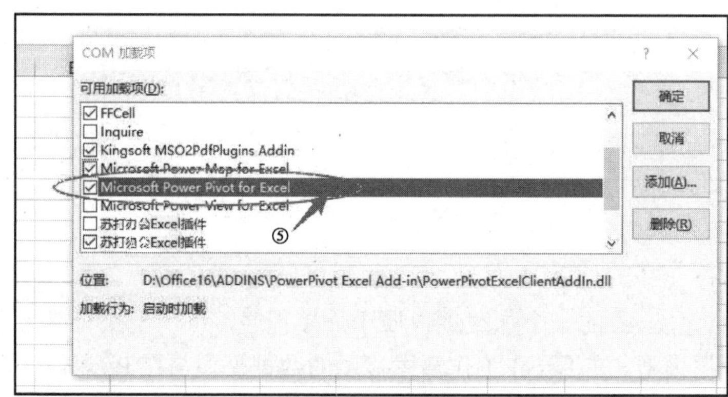

图 3-26　加载 Power Pivot 步骤③④⑤

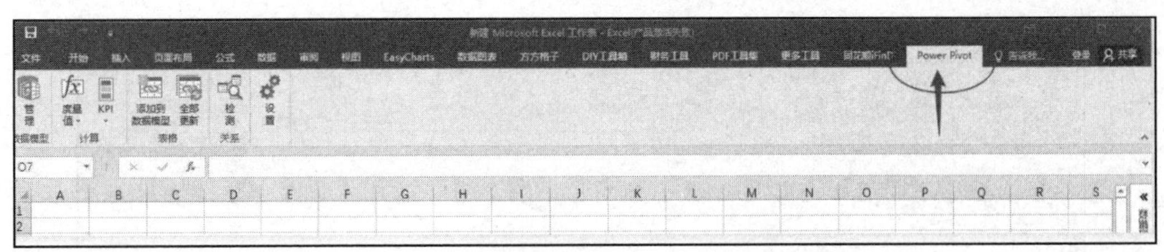

图 3-27　Excel 菜单栏显示“Power Pivot”项

加载 Power Pivot 后，单击“管理数据模型”菜单即可进入管理数据模型界面。在管理数据模型界面可以“获取外部数据”，对数据进行排序和筛选，创建数据视图等。在 Power Pivot 中可以进行关键性能指标(KPI)计算，创建相互链接的表，从而大大丰富了 Excel 数据处理的内容，其优点是能够查看和管理数据模型，清晰地显示数据之间的关联。Power Pivot 管理数据模型界面如图 3-28 所示。

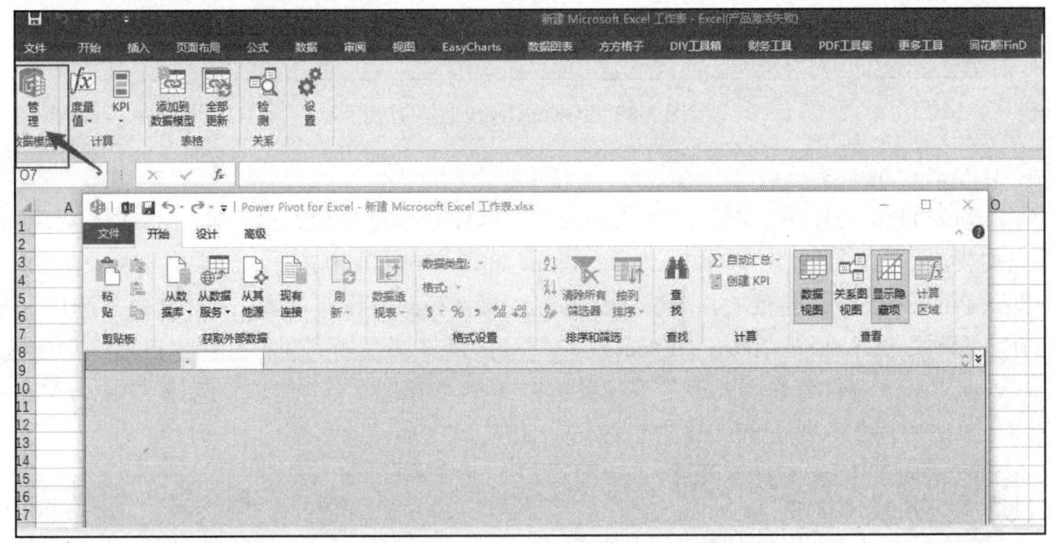

图 3-28　Power Pivot 管理数据模型界面

2) Power Query

Power Query 被誉为“超级查询”工具，是数据清洗、查找和记录的组件，允许撤销、恢复、更改顺序或修改任何步骤，可以按照所需的方式将视图连接到数据中。面对纷繁复杂的数据来源，使用 Power Query 将大大提升数据处理效率。该组件在 Excel 2016 及 Power BI Destop 中已经内置。Power Query 进入方式如图 3-29 所示。

使用 Power Query 进行数据清洗通常包括四步。

(1) 连接：使用 Power Query 连接单个数据源，也可以连接分散在云端的多个数据源，使用汇集数据源。

(2) 转换：可以删除列、更改数据类型或合并表格，将数据按照一定的要求进行转换。

(3) 组合：可以合并或追加查询，将查询转化为可重复使用的模块，基于多个数据源创建数据模型。

(4) 共享：保存包含查询的 Excel 工作簿时，也将自动保存该查询。

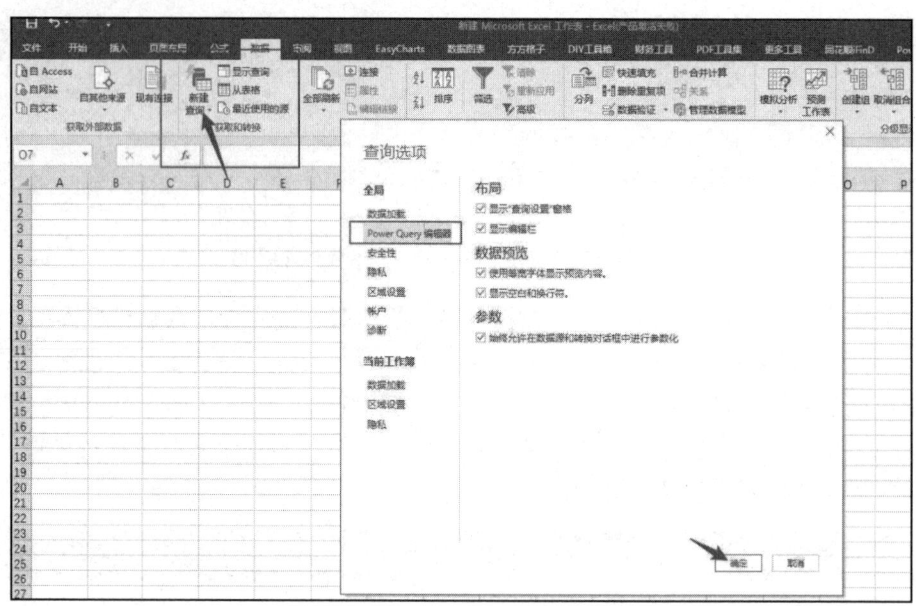

图 3-29　Power Query 进入方式

3) Power View

Power View 可以用于制作交互式仪表盘，以便直观地呈现数据。使用 Power View 需要先加载，手动进行设置，步骤同 Power Pivot 加载，如图 3-30 所示。加载完毕后，在 Excel 中默认 Power View 是隐藏的，需要将其设置成显性模式。设置步骤：在"文件"选项卡中选择"选项"菜单命令，弹出"Excel 选项"对话框，在左侧列表框选择"自定义功能区"选项，在"从下列位置选择命令"下拉菜单中选择"主选项卡"选项，选择"Power View"选项，单击"添加"按钮和"确定"按钮，如图 3-31 所示。

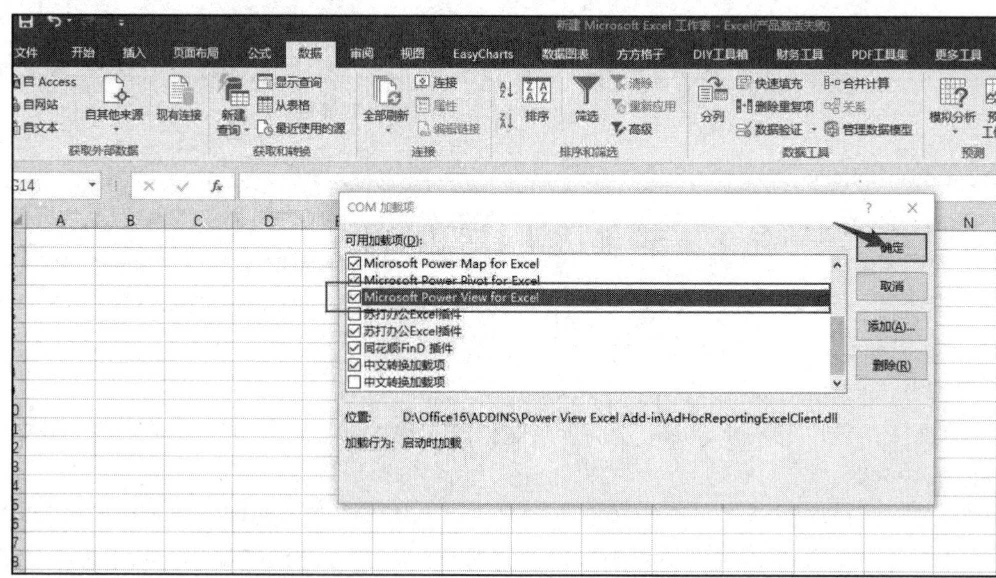

图 3-30　Power View 加载示意图

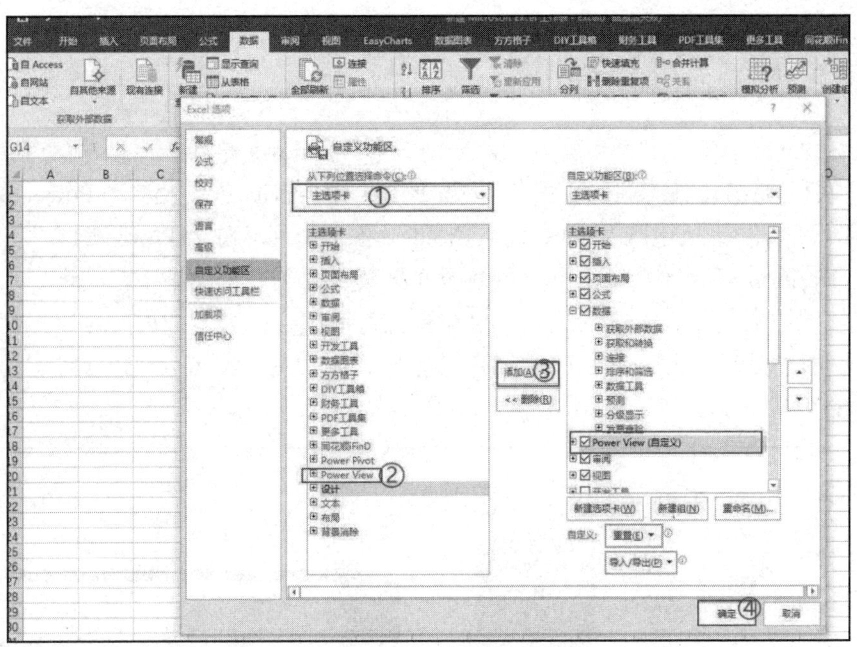

图 3-31　Power View 手动添加示意图

4) Power Map

Power Map 是 Excel 的地图可视化插件，可以制作 3D 地图，可用于探索具有地理维度的数据。插件内置在 Office 365 或 Office 2016 等以上版本中，可以通过加载的方式启用。步骤同 Power Pivot、Power View 等插件的加载。加载完毕后，打开需要分析的数据源，然后选择“插入”→“三维地图”→“打开三维地图”菜单命令，对相应的字段进行设置。Power Map 加载示意图如图 3-32 所示。

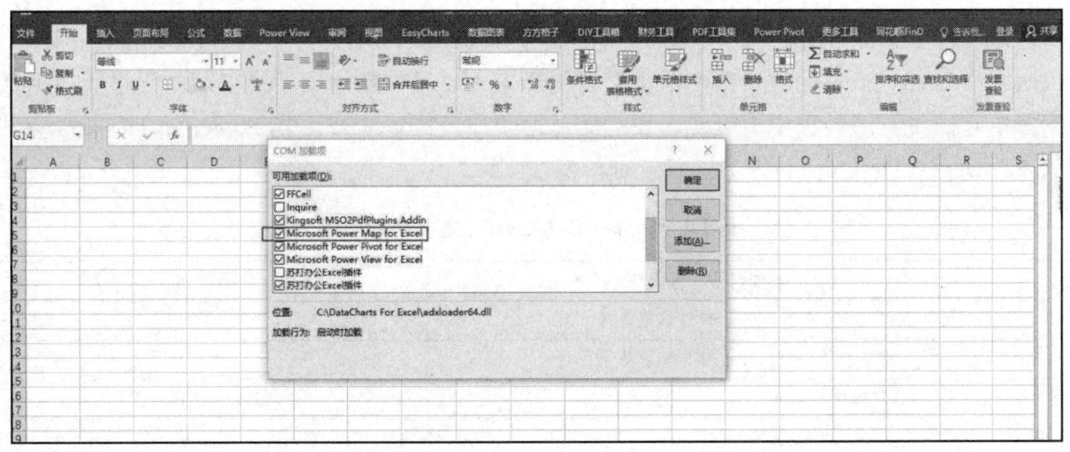

图 3-32　Power Map 加载示意图

随着商务数据可视化分析需求的增加，可视化的工具也随之增加，可选面非常广。用户需要结合自身的计算机操作水平和数据特点、成本等进行选用。就简便性和实用性而言，Microsoft Power BI 是较好的工具之一。

3.3.3 Power BI 模块组成

微软对 Power BI 有三种运营方式，分别包含 Windows 桌面应用程序(称为 Power BI Desktop)、联机 SaaS(软件即服务)服务(称为 Power BI service)，以及移动 Power BI 应用(可在 Windows 手机和平板电脑及 iOS 和 Android 设备上使用，称为 Power BI Mobile)。其中 Power BI Desktop 可以连接多个不同数据源并将其合并到数据模型中，允许用户生成可作为报表与组织内的其他人共享的视觉对象和视觉对象集合。大多数用户是首先使用 Power BI Desktop 创建报表，然后使用 Power BI 服务与其他人共享。Power BI 三种运用方式示意图如图 3-33 所示。

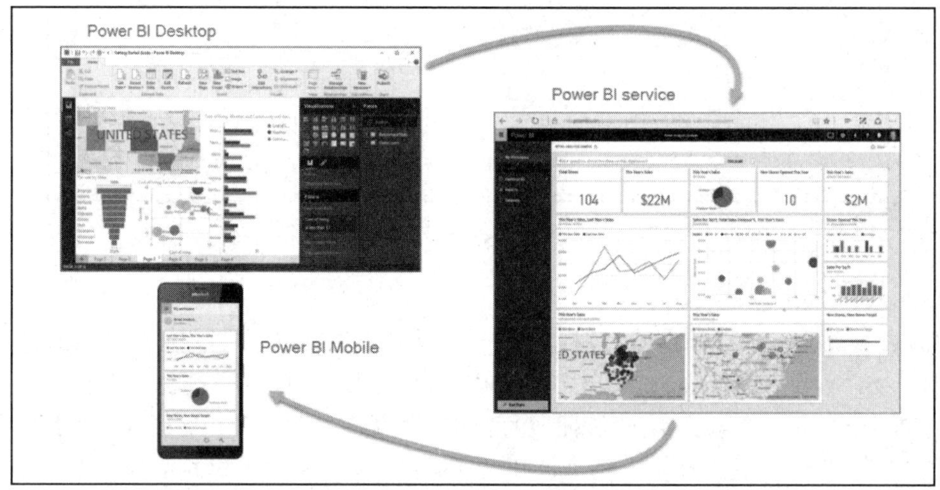

图 3-33　Power BI 三种运用方式示意图

微软对 Power BI 有三种授权方式，即免费版(Power BI)、专业版(Power BI Pro)和增值版(Power BI Premium)。前两种主要适用于个人以及中小企业，增值版主要适用于对数据分析有高度需求的大中型企业。在初始使用阶段，Power BI 专指 Power BI Desktop 免费版。Power BI Desktop 主要功能描述如表 3-1 所示。

表 3-1　Power BI Desktop 主要功能描述

功能描述	是否支持
将报表发布到 Power BI 在线服务器	√
将报表发布到 Power BI 本地服务器	×
连接所有 Power BI 支持的数据源	√
自定义交互式报表	√
使用自定义视觉对象	√
使用第三方应用	√
导出到 Power Point、Excel 和 CSV	√
使用“在 Excel 中分析”功能	×
使用“Power BI 服务活动连接”功能	×

3.3.4　Power BI 基本操作

接下来主要介绍 Power BI Desktop 的基本操作。

1．Power BI Desktop 下载与安装

用户可以到微软的官方网站下载 Power BI Desktop，根据计算机配置选择 64 位或 32 位系统安装包。微软官网下载 Power BI Desktop 界面如图 3-34 所示。

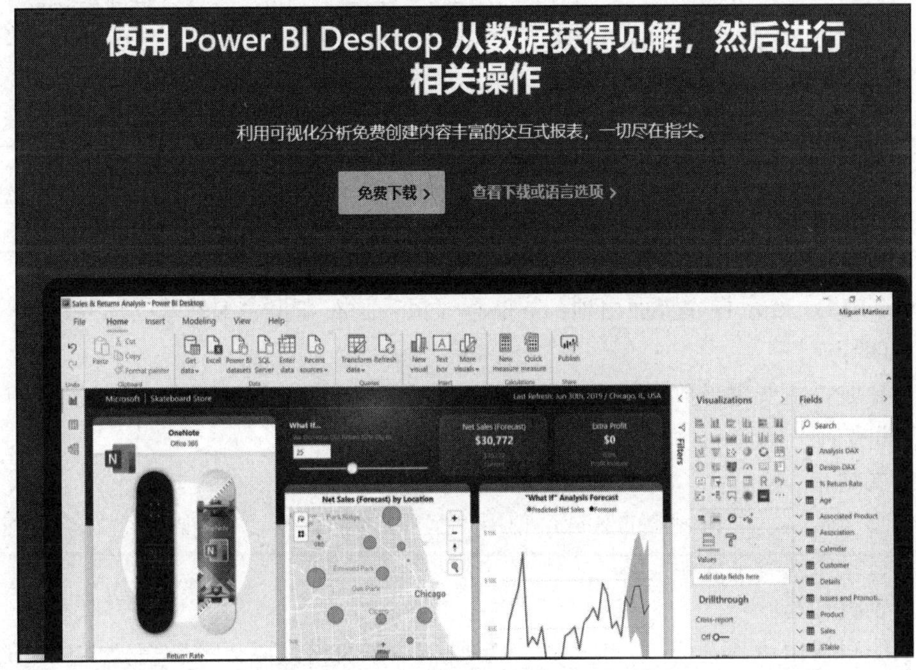

图 3-34　微软官网下载 Power BI Desktop 界面

进入下载程序界面，如图 3-35 所示，下载完成后，双击“PBIDesktopSetup_x64”安装包，根据安装提示完成安装。安装完成后的操作界面如图 3-36 所示。

选择您要下载的程序

文件名	大小
☑ PBIDesktopSetup_x64.exe	362.8 MB
☐ PBIDesktopSetup.exe	330.7 MB

下载列表：
KBMBGB
1. PBIDesktopSetup_x64.exe

总大小：362.8 MB

Next

图 3-35　进入下载程序界面

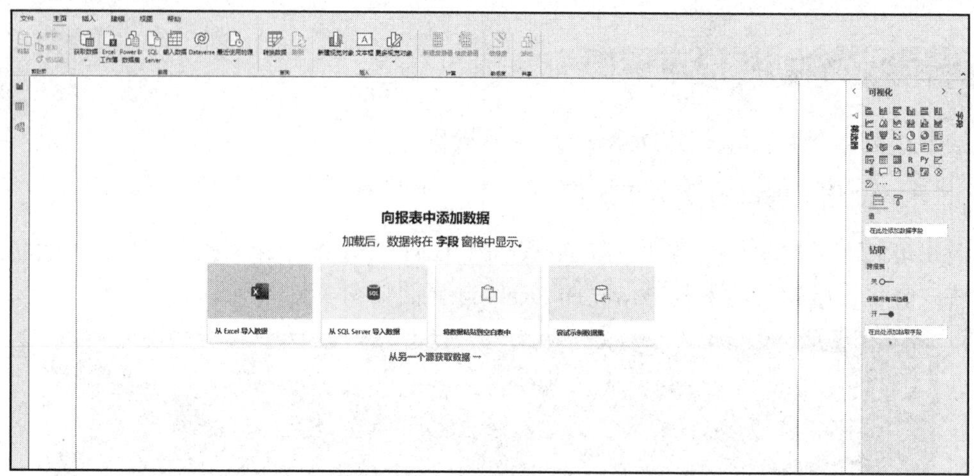

图 3-36　Power BI Desktop 安装完成后的操作界面

2．Power BI Desktop 操作界面介绍

Power BI Desktop 操作界面由顶部导航栏、报表画布和报表编辑器三部分组成。

1) 顶部导航栏

顶部导航栏主要用于数据的可视化操作，包含“文件”“主页”“插入”“建模”“视图”和“帮助”选项。

2) 报表画布

报表画布是显示工作内容的区域，使用“字段”“筛选器”“可视化”窗格创建视觉对象时，会在画布区域生成和显示。

3) 报表编辑器

报表编辑器由“筛选器”“可视化”“字段”三个窗格组成。“筛选器”和“可视化”控制可视化图的外观，包括类型、字体、格式设置，“字段”用于管理可视化的基础数据。Power BI Desktop 基本界面如图 3-37 所示。

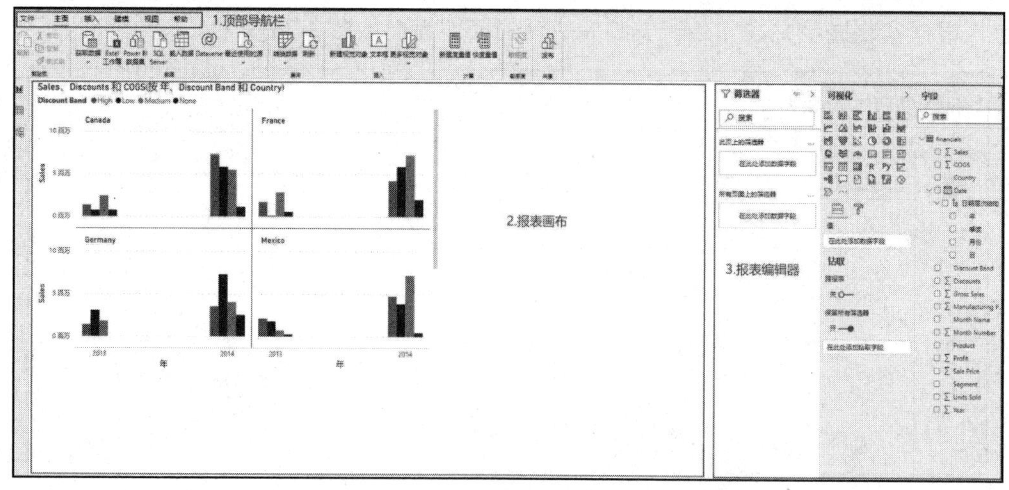

图 3-37　Power BI Desktop 基本界面

3. Power BI Desktop 的三种视图

Power BI Desktop 包含报表视图、数据视图和模型视图三种，可以通过单击左侧导航栏的图标进行三种视图之间的切换。在报表视图中，可以创建任意数量的报表页，可移动可视化内容，还可以进行复制、粘贴和合并操作。数据视图有助于检查、浏览和了解当前模型中的数据。模型视图显示模型中的所有表及其连接关系。Power BI Desktop 三种视图如图 3-38 所示，图 3-39 为 Power BI Desktop 报表视图界面，图 3-40 为 Power BI Desktop 数据视图界面，图 3-41 为 Power BI Desktop 模型视图界面。

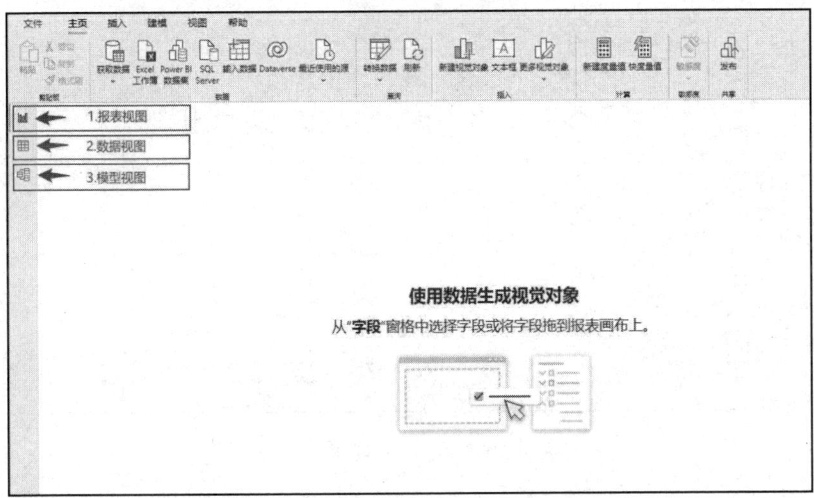

图 3-38　Power BI Desktop 三种视图

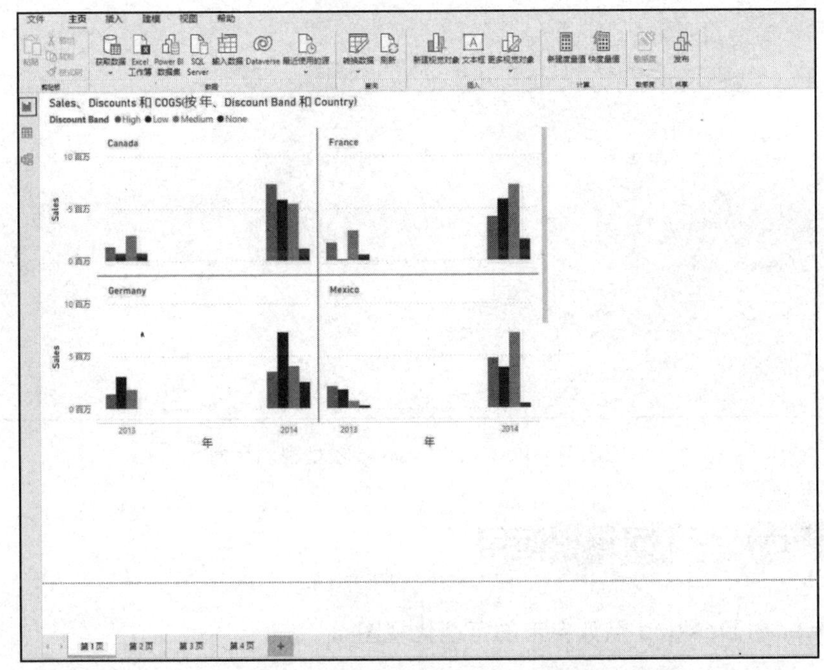

图 3-39　Power BI Desktop 报表视图界面

Segment	Country	Product	Discount Band	Units Sold	Manufacturing Price	Sale Price	Gross Sales	Discounts	Sales	COGS	Profit	Date	Month Number	Month Name	Year
Government	Germany	Carretera	None	1513	3	350	529550	0	529550	393380	136170	2014年12月1日	12	December	2014
Government	Germany	Paseo	None	1006	10	350	352100	0	352100	261560	90540	2014年6月1日	6	June	2014
Government	Canada	Paseo	None	1725	10	350	603750	0	603750	448500	155250	2013年11月1日	11	November	2013
Government	Germany	Paseo	None	1513	10	350	529550	0	529550	393380	136170	2014年12月1日	12	December	2014
Government	Germany	Velo	None	1006	120	350	352100	0	352100	261560	90540	2014年6月1日	6	June	2014
Government	France	VTT	None	1527	250	350	534450	0	534450	397020	137430	2013年9月1日	9	September	2013
Government	France	Amarilla	None	2750	260	350	962500	0	962500	715000	247500	2014年2月1日	2	February	2014
Government	Mexico	Carretera	Low	1210	3	350	423500	4235	419265	314600	104665	2014年3月1日	3	March	2014
Government	Mexico	Carretera	Low	1397	3	350	488950	4889.5	484060.5	363220	120840.5	2014年10月1日	10	October	2014
Government	France	Carretera	Low	2155	3	350	754250	7542.5	746707.5	560300	186407.5	2014年12月1日	12	December	2014
Government	France	Paseo	Low	2155	10	350	754250	7542.5	746707.5	560300	186407.5	2014年12月1日	12	December	2014
Government	Canada	VTT	Low	943.5	250	350	330225	3302.25	326922.75	245310	81612.75	2014年4月1日	4	April	2014
Government	Mexico	VTT	Low	1397	250	350	488950	4889.5	484060.5	363220	120840.5	2014年10月1日	10	October	2014
Government	Canada	Carretera	Low	2852	3	350	998200	19964	978236	741520	236716	2014年12月1日	12	December	2014
Government	Canada	Paseo	Low	2852	10	350	998200	19964	978236	741520	236716	2014年12月1日	12	December	2014
Government	Germany	Velo	Low	2966	120	350	1038100	20762	1017338	771160	246178	2013年10月1日	10	October	2013
Government	Germany	Velo	Low	2877	120	350	1006950	20139	986811	748020	238791	2014年10月1日	10	October	2014
Government	Germany	VTT	Low	2877	250	350	1006950	20139	986811	748020	238791	2014年10月1日	10	October	2014
Government	United States of America	VTT	Low	266	250	350	93100	1862	91238	69160	22078	2013年12月1日	12	December	2013
Government	Mexico	VTT	Low	1940	250	350	679000	13580	665420	504400	161020	2013年12月1日	12	December	2013
Government	Germany	Amarilla	Low	2966	260	350	1038100	20762	1017338	771160	246178	2013年10月1日	10	October	2013
Government	Germany	Montana	Low	1797	5	350	628950	18868.5	610081.5	467220	142861.5	2013年9月1日	9	September	2013
Government	Mexico	VTT	Low	1642	250	350	574700	17241	557459	426920	130539	2014年8月1日	8	August	2014
Government	United States of America	Carretera	Low	274	3	350	95900	3836	92064	71240	20824	2014年12月1日	12	December	2014
Government	United States of America	Paseo	Low	3450	10	350	1207500	48300	1159200	897000	262200	2014年7月1日	7	July	2014
Government	United States of America	Paseo	Low	274	10	350	95900	3836	92064	71240	20824	2014年12月1日	12	December	2014
Government	France	Velo	Low	2177	120	350	761950	30478	731472	566020	165452	2014年10月1日	10	October	2014
Government	United States of America	VTT	Low	349	250	350	122150	4886	117264	90740	26524	2013年9月1日	9	September	2013
Government	France	VTT	Low	2177	250	350	761950	30478	731472	566020	165452	2014年10月1日	10	October	2014
Government	Mexico	Amarilla	Low	1865	260	350	652750	26110	626640	484900	141740	2014年2月1日	2	February	2014
Government	Germany	Amarilla	Low	1907	260	350	667450	26698	640752	495820	144932	2014年9月1日	9	September	2014
Government	Canada	Amarilla	Low	1778	260	350	622300	24892	597408	462280	135128	2013年12月1日	12	December	2013
Government	France	Montana	Medium	1384.5	5	350	484575	24228.75	460346.25	359970	100376.25	2014年1月1日	1	January	2014
Government	Mexico	Montana	Medium	720	5	350	252000	12600	239400	187200	52200	2013年9月1日	9	September	2013
Government	United States of America	Paseo	Medium	602	10	350	210700	10535	200165	156520	43645	2014年6月1日	6	June	2014
Government	Canada	Paseo	Medium	1228	10	350	429800	21490	408310	319280	89030	2013年10月1日	10	October	2013
Government	United States of America	Velo	Medium	602	120	350	210700	10535	200165	156520	43645	2014年6月1日	6	June	2014
Government	Germany	Amarilla	Medium	1350	260	350	472500	23625	448875	351000	97875	2014年2月1日	2	February	2014

图 3-40 Power BI Desktop 数据视图界面

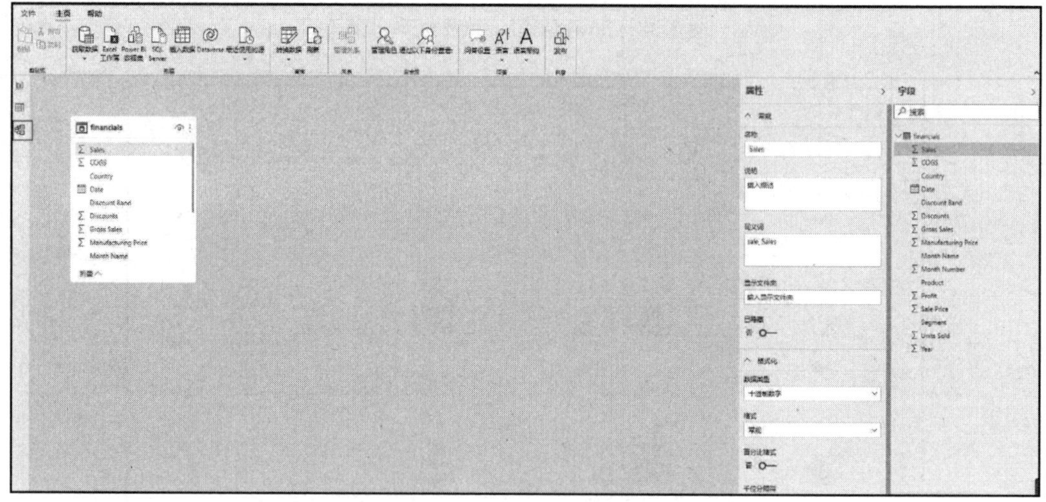

图 3-41 Power BI Desktop 模型视图界面

3.3.5 Power BI 可视化应用

1. Power BI Desktop 默认自带的可视化视图

Power BI Desktop 安装后，默认自带的可视化视图主要有条形图、折线图、散点图和面积图等共计 31 种，以小图标的形式显示在操作界面中，如图 3-42 所示。只需要在可视化窗格单击需要创建的图表类型，例如堆积条形图，然后设定字段，就可以在画布区域显示可视化图像。在“格式”设置项下，可以对可视化对象进行调整，包括“图例”“坐标轴”“数据颜色”“数据标签”“标题”和“背景”等。

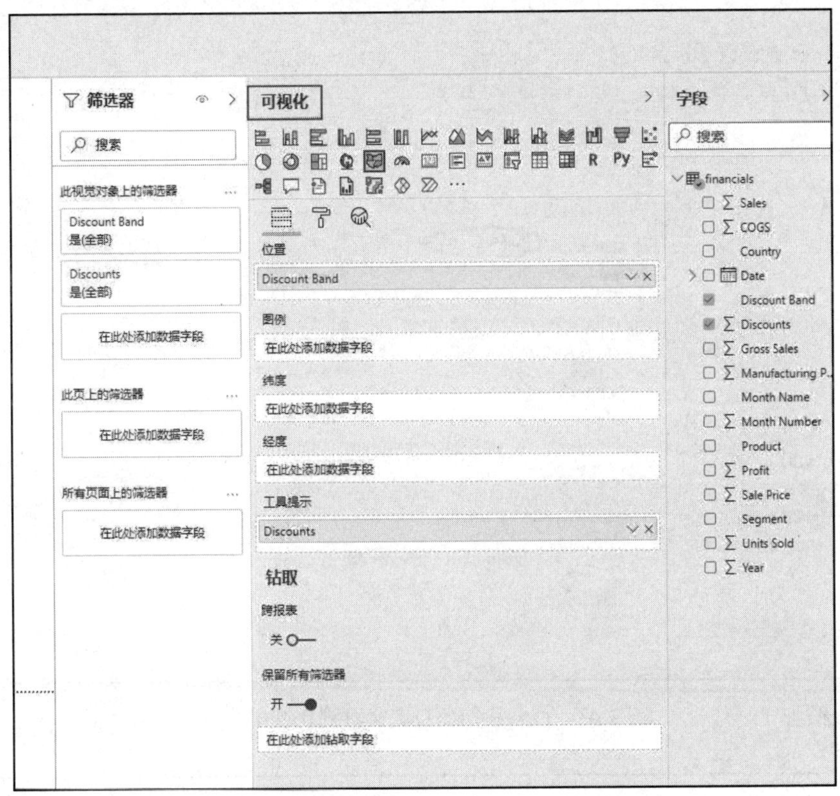

图 3-42　Power BI Desktop 自带的可视化视图

可视化视图可以分为如下几类，如表 3-2 所示。

表 3-2　Power BI Desktop 可视化视图类型

类型	典型图表
条形图类	堆积条形图、簇状条形图、百分比堆积条形图
柱形图类	堆积柱形图、簇状柱形图、百分比堆积柱形图
折线图类	折线图、折线和堆积柱形图、折线和簇状柱形图、KPI
面积图	分区图、堆积面积图、功能区图表、饼图、环形图、树状图、仪表
脚本类	Python 视觉对象、R 脚本 Visual
表格类	卡片图、多行卡、表、矩阵、切片器
其他类	瀑布图、散点图、漏斗图、关键影响因素

2. Power BI Desktop 自定义可视化视图

除 Power BI Desktop 默认自带的可视化视图外，用户还可以定义更加丰富的视图效果。可以通过“主页”选项卡中的“来自应用商店”选项搜索和加载所需要的可视化视图。在

“Power BI 视觉对象”页面，将会显示所有可用的视图效果，分为以下 10 类：KPI、Power BI 认证、仪表、信息图、地图、数据可视化、时间、筛选、编辑者精选和高级分析。搜索和加载自定义可视化视图页面如图 3-43 所示，从应用商店选择可视化视图页面如图 3-44 所示。

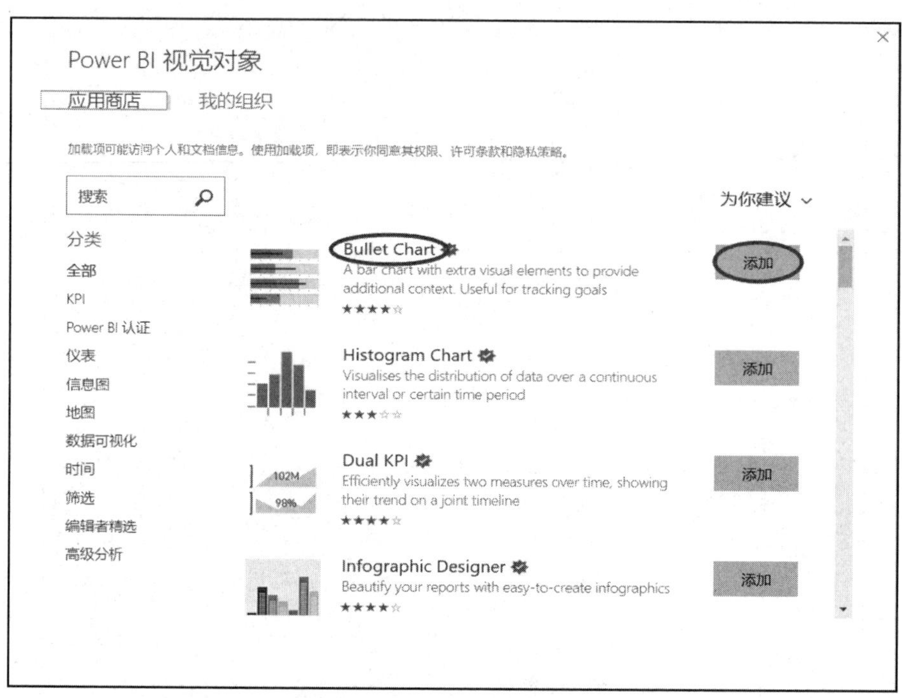

图 3-43　搜索和加载自定义可视化视图页面

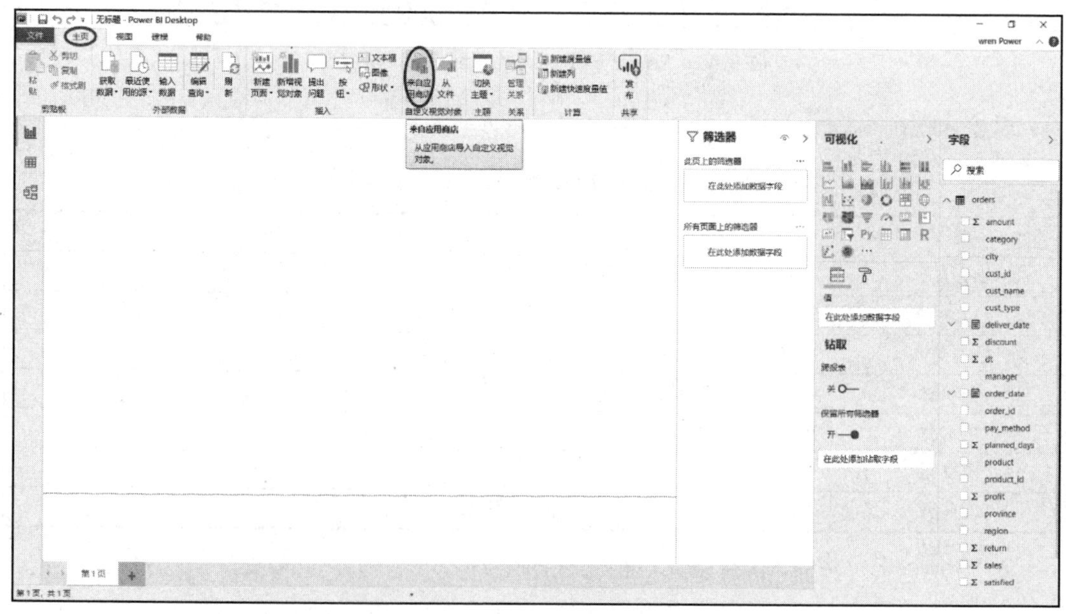

图 3-44　从应用商店选择可视化视图页面

除了从应用市场直接导入可视化视图模板，用户还可以到微软官网下载需要的模板进行后续分析。需要注意的是，自定义可视化视图功能，必须先注册 Power BI Desktop 的账户，登录后才能使用。

3.4　电商 Power BI 系统框架

3.4.1　电商 Power BI 数据架构

作为一套商业数据分析系统软件，Power BI 的数据架构总体上可分四层，分别如下。

(1) 数据采集层：主要确定要采集的数据字段、采集的周期、采集的标准等。

(2) 数据存储层：结构化数据，存储在结构化数据库中(如 MySQL、SQL Server 等)。非结构化数据(如图片、音频等)，存储在非结构化数据库中(如 MongoDB、NoSQL、Hadoop 等)。

(3) 数据处理和分析层：主要面向分析师。用于数据预处理、统计分析和算法建模等。数据预处理是指将数据处理成结构化数据，计算出新的派生指标。统计分析通过数据变换透视、可视化、建立多表关系模型等来进行数据全方位分析。算法建模基于数学方法，将显示问题抽象成数学问题来分析。

(4) 应用层：主要面向业务人员。业务人员基于 IT、DT 部门设计好的数据产品进行实务操作应用，如 BI 分析、商业预测和客户分析等。

Power BI 数据架构如图 3-45 所示。

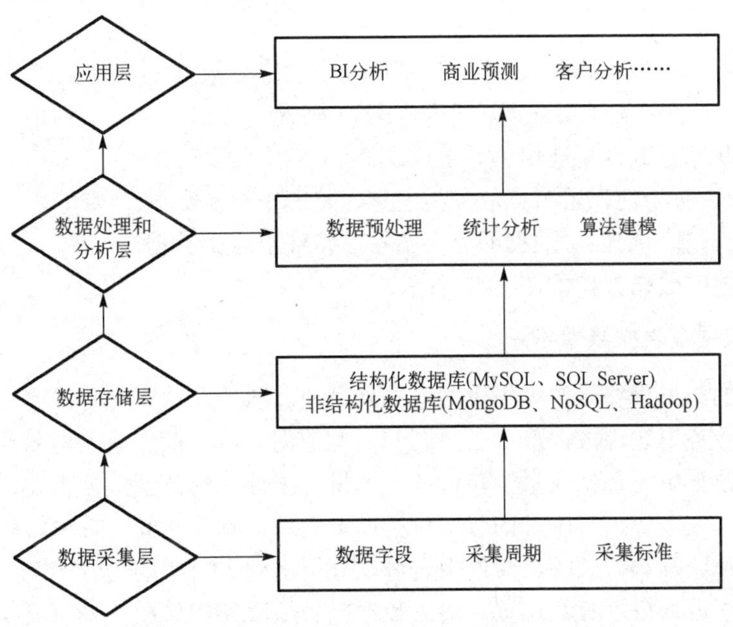

图 3-45　Power BI 数据架构

3.4.2 电商 Power BI 数据分析逻辑

运用 Power BI 可以分析电商的哪些数据呢？数据之间存在什么样的结构关联呢？总体上，电商数据来源于电商经营场景所产生的数据，包括企业内部数据、行业层面数据和竞争对手数据，可分为三个模块。在分析上以企业内部经营数据为主。

1. 电商数据分析模块组成

(1) 运维数据：企业内部数据，是店铺在运营过程中产生的数据，如访客数、转化率、销售额等。

(2) 行业数据：店铺企业自身所处行业数据。通常是指行业大盘数据分析，将自身经营数据与行业总体数据进行对比，发现优劣和市场机会等。

(3) 竞争对手数据：与店铺经营直接相关的同行数据。通常可将自身经营数据与竞争对手数据进行对比，分析竞争力。

三个模块的数据既相互独立又相互关联，构成了电商数据分析的三个主要着眼点。三个分析模块之间的关联如图 3-46 所示。

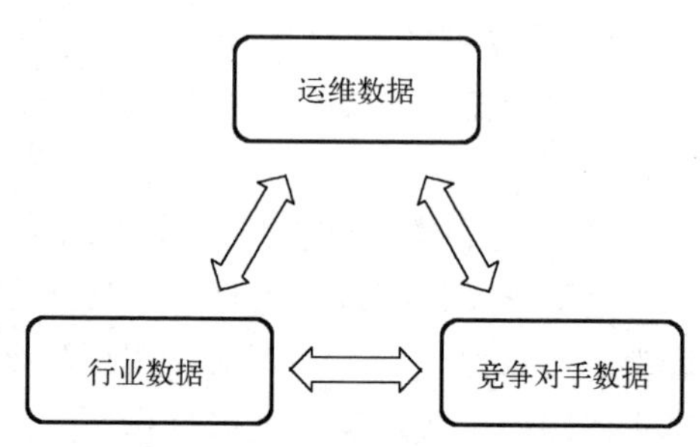

图 3-46　电商数据分析模块

2. 电商零售企业内部数据架构

从企业内部数据的产生渠道和分析目的出发，可以将内部运维数据划分为五个层次。

(1) 第一层：底层流量数据。流量数据记录用户浏览行为，是后期数据加工和分析的素材来源。

(2) 第二层：用户交易数据、用户下单后产生的库存数据。

(3) 第三层：基于前两层数据的分类归整，从流量数据和交易数据中清洗出用户数据和商品数据，从库存数据清洗出售后数据。

(4) 第四层：基于前三层数据的分类归整，整理出财务数据。

(5) 第五层：基于前四层数据的分类归整，整理出店铺数据。

电商企业内部数据架构如图 3-47 所示。

3. 电商数据报表权限架构

平台运行的结果最终以数据报表的形式来呈现。从企业内部管理维度上划分，电商数据报表由各个业务模块组成，产生了不同归口的数据流，由此形成了电商数据报表权限结构。运营端的数据主要包括流量、转化率、销量等指标，财务端数据主要包括交易额、售后、广告支出、成本等，客服端的数据包括询单人数、响应时间、询单转化等，仓库端的数据包括错发率、发货时长等。通过报表可以分析出整个店铺的运营情况，帮助企业及时调整经营方向、占据市场有利位置。电商数据报表权限架构如图 3-48 所示。

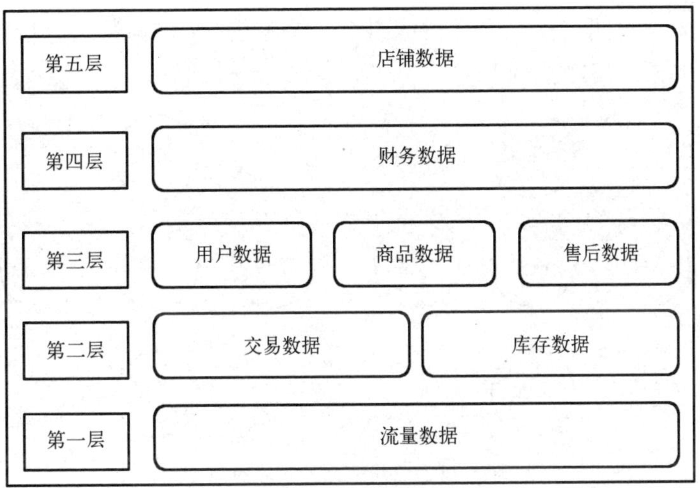

图 3-47　电商零售企业内部数据架构

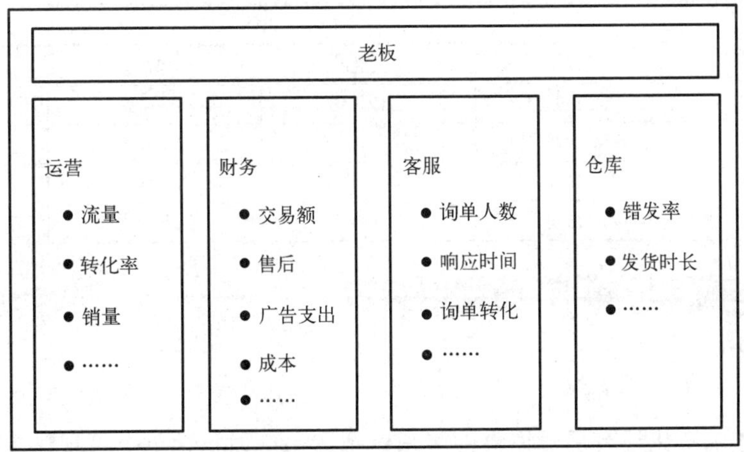

图 3-48　电商数据报表权限架构

3.4.3 电商 Power BI 数据分析指标体系

电商数据分析基于店铺经营业务而展开。围绕“店”“货”“物”“人”四个对象，数据分析指标可以分为四个维度：店铺维度、产品维度、渠道维度、人群维度。

(1) 店铺维度的分析：掌握店铺的运营细节，挖掘销售增长点；

(2) 产品维度的分析：洞察每个产品的表现情况，调整产品的市场战略；

(3) 渠道维度的分析：洞察渠道效果，优化渠道策略；

(4) 人群维度的分析：洞察不同人群的喜好，调整广告营销策略。

与四个维度相对应的指标有流量、转化、销售和服务四类指标。因此，数据分析可以视为维度和指标之间的切换过程。电商数据分析指标体系如图 3-49 所示。

根据数据指标体系的“维度-指标”元素，可以进行维度与指标之间的两两组合分析，如店铺维度与四类指标的组合，分别形成了店铺流量、店铺转化、店铺销售和店铺服务等指标，其余维度同样与四类指标进行对应组合，从而形成了电商数据分析指标的整体框架。指标体系总体构成如表 3-3 所示。

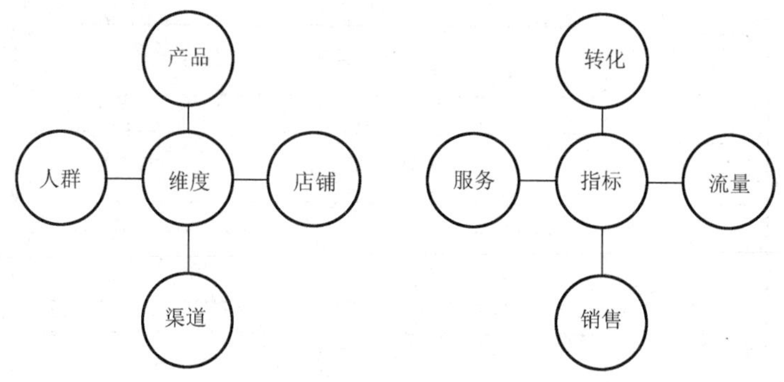

图 3-49　电商数据分析指标体系

表 3-3　指标体系总体构成

维度	指标			
	流量	转化	销售	服务
店铺	店铺流量	店铺转化	店铺销售	店铺服务
产品	产品流量	产品转化	产品销售	产品服务
渠道	渠道流量	渠道转化	渠道销售	渠道服务
人群	人群流量	人群转化	人群销售	人群服务

3.4.4　电商 Power BI 可视化报表

1. 可视化报表与仪表盘

Power BI 可视化报表是数据集的多角度视图，可以包含单个可视化视图，也可以包含设置了可视化视图的多个页面。可视化报表以数据集为基础，其中每个视图表示数据信息的一个方面，如店铺月销量、月销售额增长率、每日访客数等。可视化视图不是静态的，可以添加和删除数据、更改可视化视图类型，从而根据数据分析需要挖掘有价值的隐藏信息。

以亚马逊某卖家提供的经营日报数据为例，运用 Power BI 生成数据可视化报表。该店铺经营音控设备，经营日报数据记录的指标包括商品的(父)ASIN、(子)ASIN、会话、页面浏览量、已订购商品数量、已订购商品销售额、订单商品总数等。原始数据如表 3-4 所示。可以根据该原始数据表，生成可视化报表，如图 3-50 所示。可视化报表可以是多个视图的组合，如包括柱状图、环形图和地图等。

可视化报表与仪表盘有一定的相似性，但不完全相同。两者都是可视化图片的组合。主要区别是仪表盘具有高度的交互性和定制性，并且仪表盘是 Power BI 服务的一个功能，而 Power BI Desktop 中无此功能。仪表盘上的可视化效果来源于报表，每个报表基于一个数据集，而仪表盘可以来自多个数据集。同时，在仪表盘中的数据和视图是只读的，不可操作，但在报表中是可以编辑视图的。

表 3-4　某亚马逊卖家经营日报原始数据示例表

(父)ASIN	(子)ASIN	会话	页面浏览量	订购商品数量	已订购商品销售额	已订购商品销售额-B2B	订单商品总数
B09DKXMS1V	B03BQC3GNL	3,349	4,933	119	8,545.53	778.92	118
B08JND5B96	B036XSBCCL	2,632	3,747	102	5,617.67	329.82	102
B01VDQQY95	B03VDQQY95	2,552	3,468	42	2,643.17	419.92	39
B08RSFCGSP	B03BQC3GNL	1,889	2,789	40	3,366.33	640.54	35
B016P2VS9H	B036P2VS9H	1.846	2,374	32	2,188.84	299.15	31
B08JND5B96	B03KSWPCS4	945	1,264	31	1,821.83	63.11	31
B081WV31N1	B063FG33Z3	686	935	34	1,115.74	0.00	28
B01L3VMCRD	B03L4VMCRD	524	696	28	1,653.73	158.33	26
B01Q26T5N1	B03Q26T5N3	2,192	2,987	26	2,533.95	181.95	26
B092ZXKH12	B03XNTHHBP	1,202	1,576	24	2,000.90	140.14	24
B08RSFCGSP	B06RRXR56Y	268	396	24	1,889.24	79.99	23
B09DKXMS1V	B06RRXR56Y	287	393	16	1,113.30	117.18	16
B01K1NJ3QN	B03K3NJ4QN	1,973	2,666	15	1,499.34	84.42	15
B01Y89R12P	B03Y69R32P	1,284	1,772	14	1,930.93	130.06	14
B096LKSXJP	B03G2NQYLX	567	898	11	813.89	0.00	11
B081WV31N1	B063FG2YGB	586	776	10	241.47	0.00	10
B083SGSCZL	B031XQGYRJ	562	711	11	589.70	91.79	9
B01K1MYTXX	B03K3MYTXX	488	641	9	1,578.38	327.52	9
B081WV31N1	B063FSGRLY	101	131	8	190.90	20.48	7
B096TL5BV1	B06RDK49X1	96	133	6	150.37	21.30	6
B083SGSCZL	B06XZL2PQD	613	781	4	207.13	107.15	4

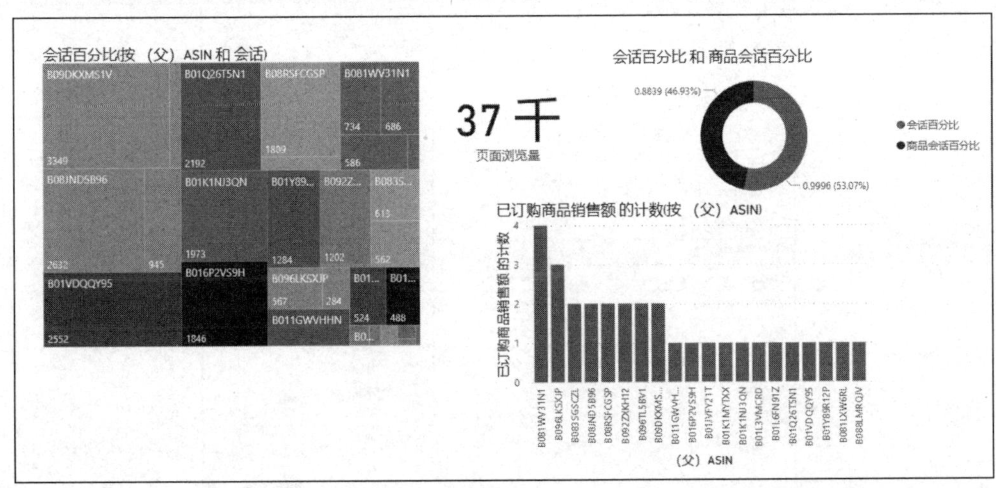

图 3-50　Power BI 可视化报表

2．可视化报表的基本操作

1) 报表视图的创建

在已有数据集的情况下，在 Power BI Desktop 中创建视图，只需要导入数据和进行字段的拖拽即可。下文以 Excel 数据集为例。

第一步，单击如图 3-51 所示的“Excel 工作簿”图标，选择计算机中的相应数据集。加载完数据后，在“字段”窗格将会出现相应的字段。

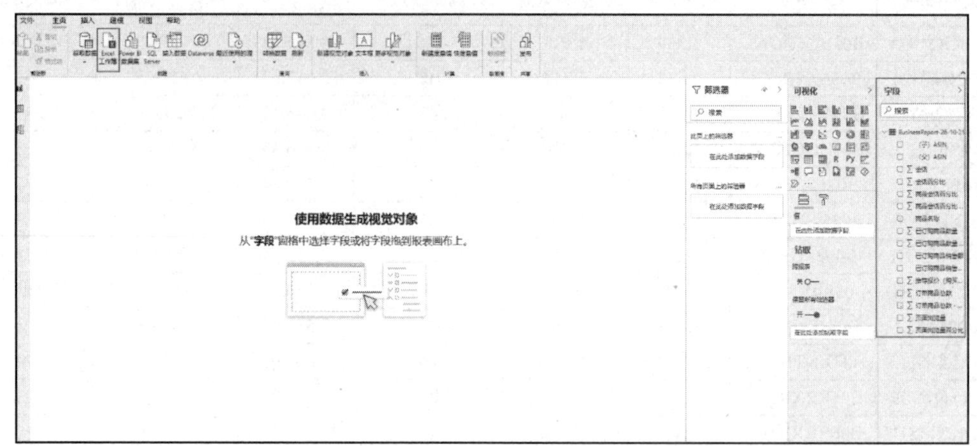

图 3-51　Power BI Desktop 视图创建界面

第二步，在“字段”窗格根据需要分析的问题勾选相应的字段。例如，需要分析(父)ASIN(指亚马逊产品标准识别码)下的商品销量，则可以勾选该复选框，以(父)ASIN 作为分组的依据，以商品销量作为数值，选择“树状图”，即可生成相应的树状视图，清晰地展现每类商品的销量情况。视图类型与字段选择界面如图 3-52 所示，树状视图生成效果如图 3-53 所示。

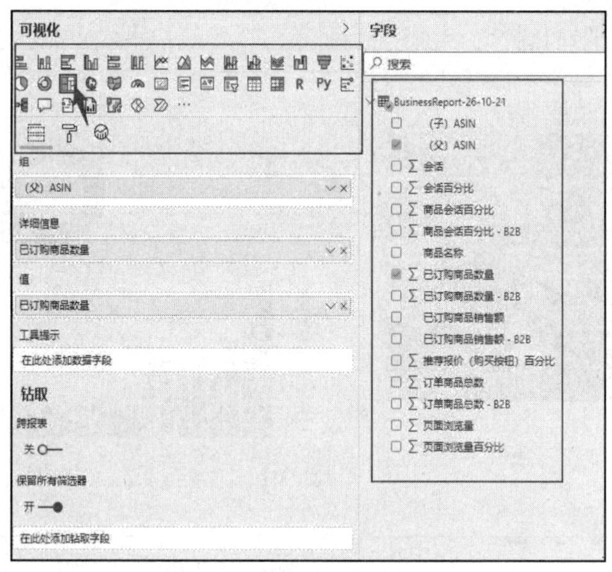

图 3-52　视图类型与字段选择界面

第三步，单击生成的视图，可以为视图添加筛选器。筛选器的类型有“基本筛选”“高级筛选”“前 N 个筛选”。以“基本筛选”为例，勾选前三个字段复选框，视觉对象会随着筛选器选项的变化而变化，使报表分析具有了一定的交互性。Power BI Desktop 可以向单个报表页面和所有报表页面添加筛选器。“此视觉对象上的筛选器”选项实现向单个报表页面添加筛选器，“所有视觉对象上的筛选器”选项实现向所有报表页面添加筛选器。视觉对象上的筛选器如图 3-54 所示。

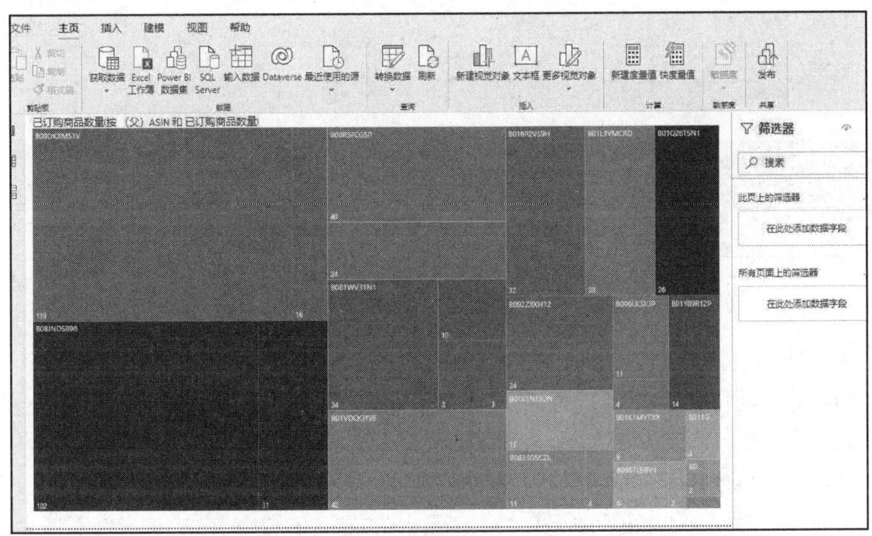

图 3-53　树状视图生成效果

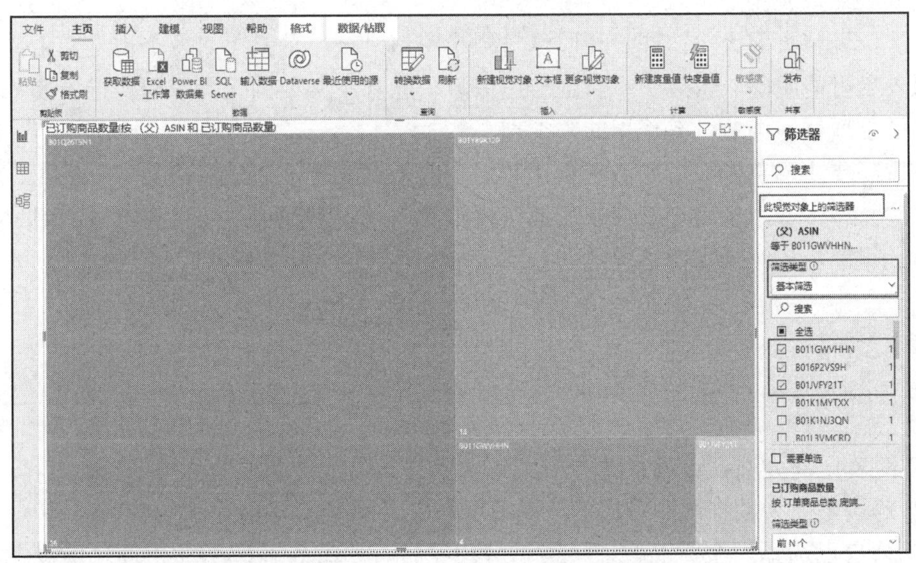

图 3-54　视觉对象上的筛选器

第四步，依照同样的步骤，可以在同一页面上添加其他视觉对象，如本例中的柱状图、卡片图和地图等。最终在同一页面上实现各种视觉对象的组合，从不同角度挖掘和呈现数据信息，为科学决策提供依据。

2) 发布和共享可视化报表

制作完成的可视化报表可以进行发布和共享。首先需要注册一个 Microsoft Power BI 账户，注册是免费的，登录账户，软件右上方会显示登录名。单击 Power BI 主页上的“发布”按钮，即可进入发布流程，如图 3-55 所示。报表和数据等都会被上传到 Microsoft Power

BI 服务。发布完成后，会提示发布成功，并提供一个链接地址。单击链接地址，在浏览器中可以打开制作完成的可视化报表。

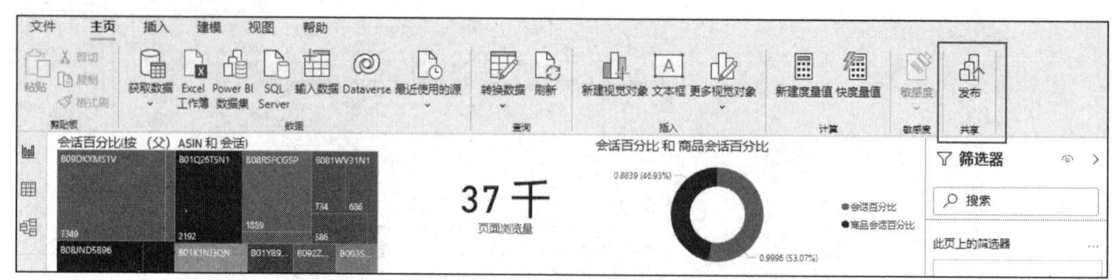

图 3-55　可视化报表的发布

3）报表设计的注意事项

Power BI 报表画布的空间有限，使用一个页面就能呈现整个报表是最好的，但如果无法在一个报表页面上呈现整个报表，就需要将报表分成多个页面，这样就必须注意各个页面所展示内容的逻辑性。

首先，要合理布局报表页面视图。报表元素的布局不仅是用户浏览页面时的导引，而且还会影响用户对报表的理解，元素的布置方式也会向用户传达信息。一般而言，最重要的元素应放在报表左上角。

其次，调整页面大小，在设计时尽量减小空白区域，尽量不对各个视觉元素使用滚动条。报表尽可能明确、快速、一致地传达信息，删除不必要的元素，切勿过于凌乱，不要添加对信息理解或浏览没有作用的附加项。

最后，要注意兼顾数据的清晰表达和报表的美观大方。通过调整文本框标签、形状、大小、颜色和字号，使用户能够快速地获取重要信息。美观大方的报表可以给用户一个良好的第一印象，从而提高信息传达的效率。

本 章 习 题

1．跨境电商大数据市场行情分析工具有哪些？各有什么样的适用场景？

2．跨境电商大数据选品分析的工具有哪些？各有什么样的适用场景？

3．请自己选择一个商品，通过数据分析平台分析其行业趋势、市场环境以及选品和定价策略，给出具体入市策略，撰写分析报告。

4．Power BI 电商数据分析的架构是怎样的？有哪些具体的功能模块？

5．下载并安装 Power BI，熟悉课堂案例。

第二篇　实　战　篇

第4章 海外行业数据采集

结构导图

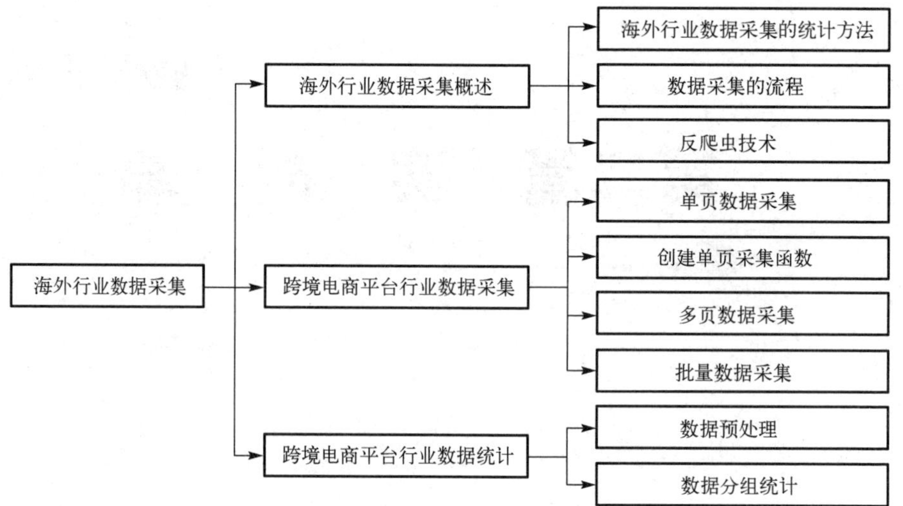

学习目标

1. 知识目标

- 理解海外行业数据采集的统计方法。
- 了解数据采集的基本流程和反爬虫技术。
- 掌握跨境电商平台行业数据采集的方法。
- 掌握跨境电商平台行业数据统计的方法。

2. 能力目标

- 掌握运用 Power BI 采集跨境电商平台行业单页数据的方法。
- 掌握运用 Power BI 构建采集函数的方法。
- 掌握运用 Power BI 进行批量数据采集的方法。

● 掌握运用 Power BI 进行行业数据统计的方法。

4.1　海外行业数据采集概述

4.1.1　海外行业数据采集的统计方法

第三方公司统计行业数据的方法通常是基于统计学原理，根据某个行业的销量排序，从高到低采集固定数量的样本，统计样本的销量或者销售额来代表整个行业的数据。

以亚马逊网站行业数据为例，在亚马逊网站中，搜索品类关键词，采集综合排名靠前的 4800 个样本。按照亚马逊网站每页搜索查看 48 个商品数据，共需查看 100 页的商品数据。剔除类目不符的样本后，汇总固定数量的样本数据。

如果需要更加精细的行业大数据，则应当根据关键词联想出多个关键词。如需要查看连衣裙行业数据，则根据连衣裙关键词联想出多个相关关键词，如连衣裙雪纺、连衣裙欧根纱等，每个关键词采集 4800 个样本，进行商品数据去重后，汇总固定数量的样本数据。

在统计数据时常用到统计学的原理。为了了解某方面的情况，需要收集一些数据，并通过对数据的分析整理，归纳做出某种判断，这就是统计学要解决的问题。统计学研究的对象包括以下 4 个方面。

(1) 总体：包含所研究的全部个体(数据)的集合。

(2) 个体：总体中每一个考察对象称为个体。

(3) 样本：研究中实际观测或调查的一部分个体称为样本。

(4) 样本容量：样本中个体的数目称为样本容量。

统计的基本思想是从总体中抽出一部分个体作为总体的样本，根据样本的性质来估计和推测总体的性质。

例如，为了研究某商品买家的年龄分布，从某商品全部买家中抽取了 200 名买家的年龄。本例中的总体是指某商品买家年龄的全体；个体是指某商品每个买家的年龄；样本是指被抽取的 200 名买家的年龄；样本容量是 200。

虽然行业数据量庞大，同时就商品数据而言，每个商品又有多种不同的属性。通常对数据整体进行抽样采集，获取具有代表性的、能够尽可能地代表整体趋势的数据，再选择不同的属性特点作为研究对象，以分析不同的趋势特征。

4.1.2　数据采集的流程

完整的数据采集包括以下 3 个流程。

(1) 采集：将整个 HTML 或者 JS 文件下载到本地，此时数据在文件中，可转换成文本等可读数据类型。

(2)存储：一般将下载的文件或者文本完整的存入数据库。

(3)清洗：从文件或者文本中提取目标资料，并组织成表格形式，形成可供分析的原始资料。

4.1.3 反爬虫技术

电商平台为了避免被第三方大量采集数据，造成数据泄露等严重后果，或给服务器带来巨大压力影响正常用户的使用体验，一般会给自己的平台数据设置反爬虫机制。

反爬虫机制一般三种方式。

(1)IP 限制：这是最基础的反爬虫方式，通过 IP 地址限制来防止数据被访问。

(2)密钥匹配：密钥匹配是通过密码学中密钥的算法，自行生成密钥和服务器匹配。

(3)账号权限限制：平台必须登录账号才可以访问，且账号可能存在访问权限限制，如限制页面或者限制访问次数。

一般电商平台主要通过以上三种反爬虫技术，避免平台数据被大量采集和获取。

4.2 跨境电商平台行业数据采集

跨境电商平台是卖家进行商品销售的主要渠道。通过对跨境电商平台中的数据进行分析，可以了解到该行业在该平台中的销售情况，为跨境电商企业进行选品或运营提供数据参考。

在跨境电商平台中，一般会通过搜索行业关键词采集商品的标题、价格、评价数等公开信息，再对商品信息进行汇总分析，来获取该行业畅销商品的均价排名、销售数量及销售额等信息。

4.2.1 单页数据采集

本案例运用 Power BI 软件对亚马逊平台数据进行单页数据采集。

(1)在浏览器打开亚马逊平台网站，搜索相关产品，亚马逊网站界面如图 4-1 所示。复制浏览器地址栏中的网页地址。

(2)打开 Power BI Desktop 软件，在“主页”选项卡中单击“获取数据”按钮，选择“Web”选项，如图 4-2 所示。在打开对话框中的“URL”中粘贴网页地址，并单击“确定”按钮，如图 4-3 所示。

(3)在“导航器”对话框中，单击左下方的“使用示例添加表”按钮，如图 4-4 所示。根据网页预览中的产品顺序，在列表中输入产品名称、单价及评价数。当输入两条信息后，其他信息将会自动进行填充。双击列头，依次修改列名为“产品名称”“单价”和“评价数”，完成后单击“确定”按钮，如图 4-5 所示。

图 4-1　亚马逊网站界面

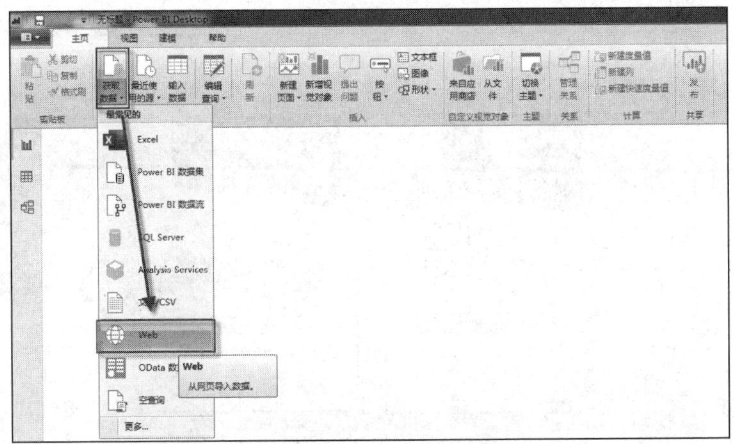

图 4-2　从 Web 获取数据

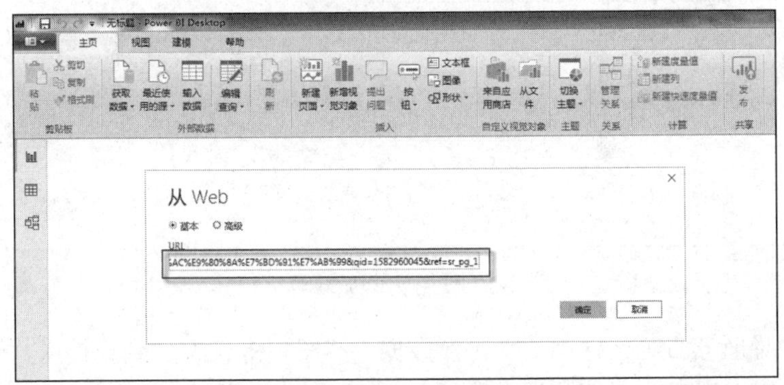

图 4-3　填写 URL 地址

图 4-4 “导航器”对话框

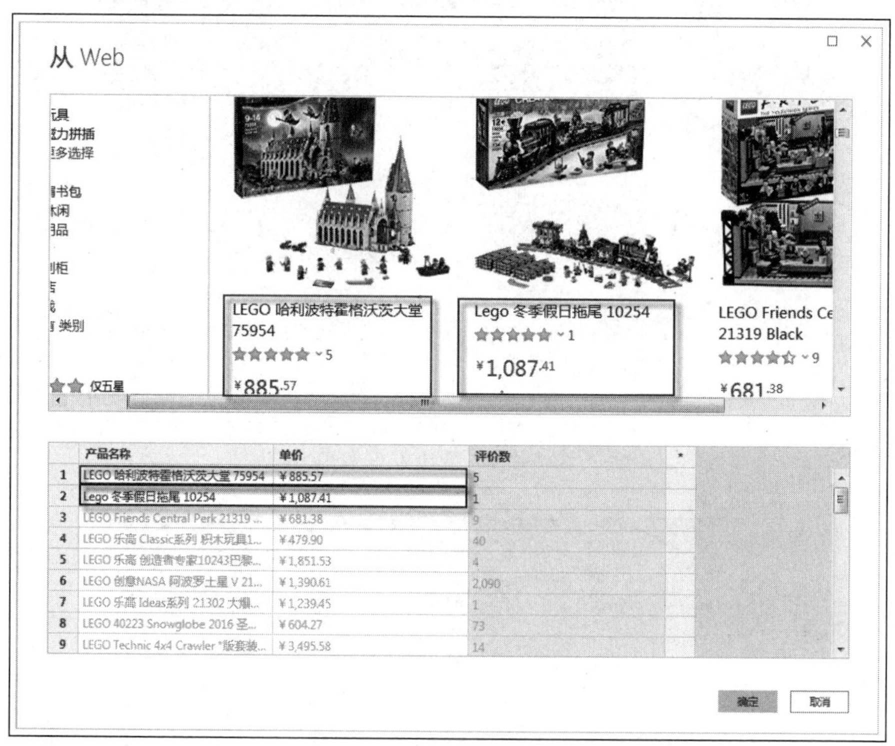

图 4-5 使用示例加载对话框

(4) 单击“导航器”对话框中的“转换数据”按钮，将表添加到查询中，如图 4-6 所示。双击“表 1”，修改表名为“亚马逊单页采集”，如图 4-7 所示。

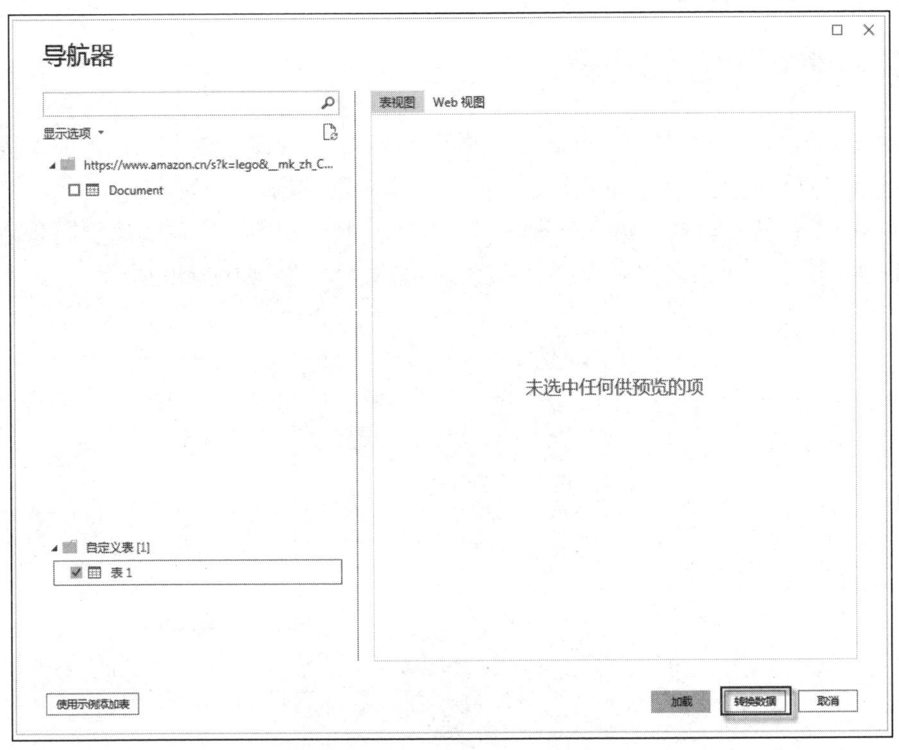

图 4-6　将表添加到查询中

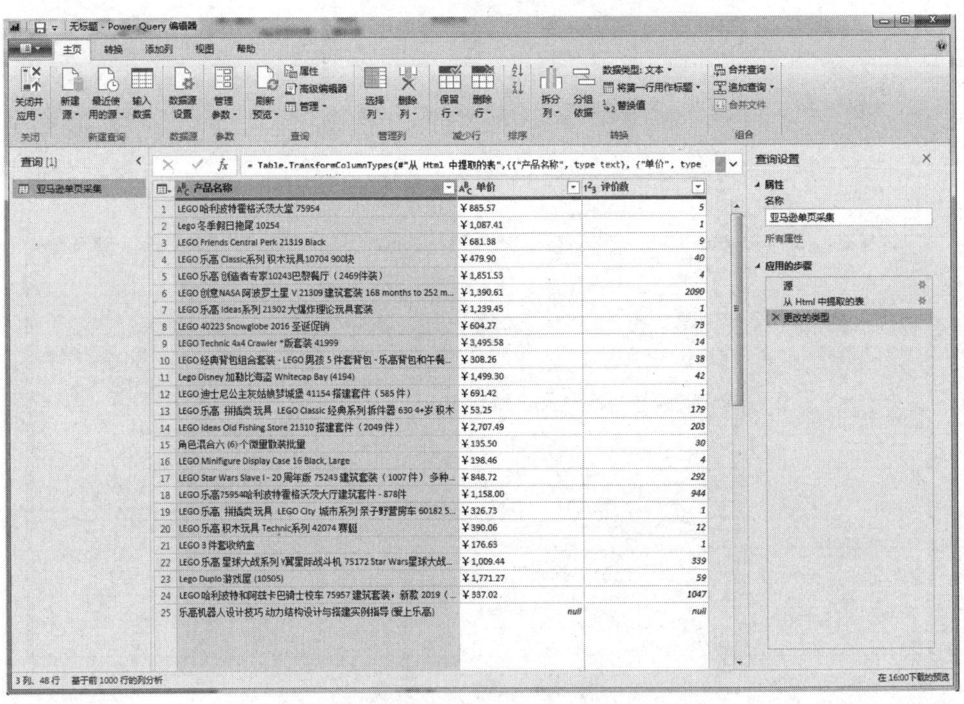

图 4-7　修改表名为“亚马逊单页采集”

【实操题 1】 请选择合适的行业关键词，在亚马逊平台中实现单页数据采集。

4.2.2 创建单页采集函数

本案例运用 Power BI 软件，对采集到的单页数据表代码进行分析，以形成单页采集函数，为之后多页数据采集和批量数据采集提供基本函数依据，步骤如下。

(1)右击“亚马逊单页采集”查询表，选择“复制”命令，实现快速复制和粘贴表功能，如图 4-8 所示。重命名表名为“亚马逊单页采集函数”，如图 4-9 所示。

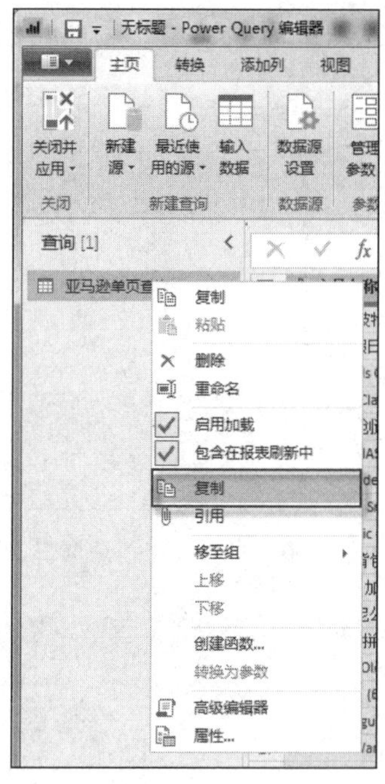

图 4-8　复制查询表

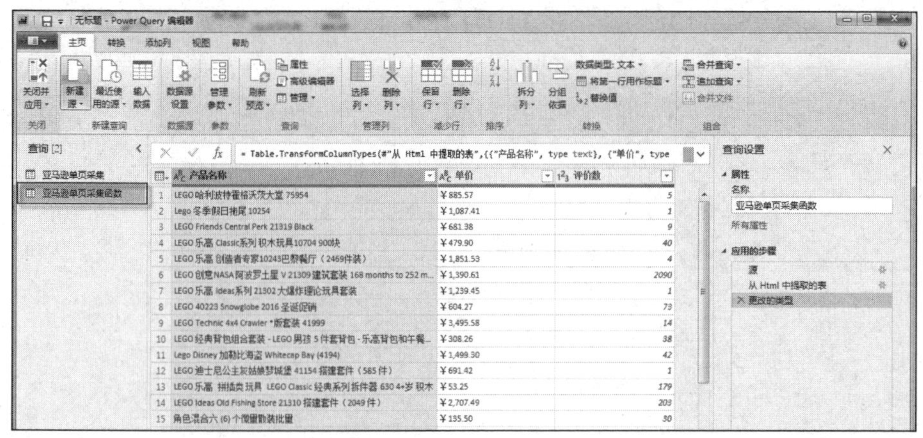

图 4-9　重命名查询表

(2)右击“亚马逊单页采集函数”查询表，选择“高级编辑器”命令。调用高级编辑器，如图 4-10 所示，“高级编辑器”对话框如图 4-11 所示。

图 4-10　调用高级编辑器

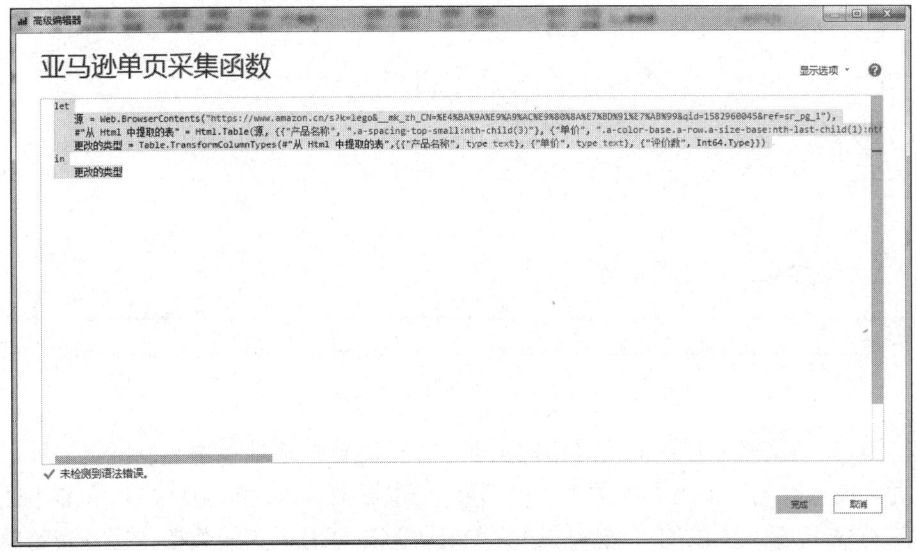

图 4-11 “高级编辑器”对话框

(3) 删除第 1 行的 Web.BrowserContents 函数，只保留“源 =”部分，如图 4-12 所示。将第 2 行的“#"从 Html 中提取的表"”修改为“(x)=>”，如图 4-13 所示。

```
let
    源 =
    #"从 Html 中提取的表" = Html.Table(源, {{"产品名称", ".a-spacing-top-small:nth-child(3)"}, {"单价", ".a-color-base.a-row.a-size-base:nth-last-child(1):nt
    更改的类型 = Table.TransformColumnTypes(#"从 Html 中提取的表",{{"产品名称", type text}, {"单价", type text}, {"评价数", Int64.Type}})
in
    更改的类型
```

图 4-12　删除 Web.BrowserContents 函数

```
let
    源 =
    (x)=>Html.Table(源, {{"产品名称", ".a-spacing-top-small:nth-child(3)"}, {"单价", ".a-color-base.a-row.a-size-base:nth-last-child(1):nth-child(1) > DIV.a-r
    更改的类型 = Table.TransformColumnTypes(#"从 Html 中提取的表",{{"产品名称", type text}, {"单价", type text}, {"评价数", Int64.Type}})
in
    更改的类型
```

图 4-13　修改第 2 行函数(1)

(4) 将第 2 行的"源"修改为"Web.BrowserContents(x)"，并删除第 2 行最后的","，如图 4-14 所示。删除第 3 行代码，将 in 下面的语句替换为"源"，单击"完成"按钮，如图 4-15 所示。

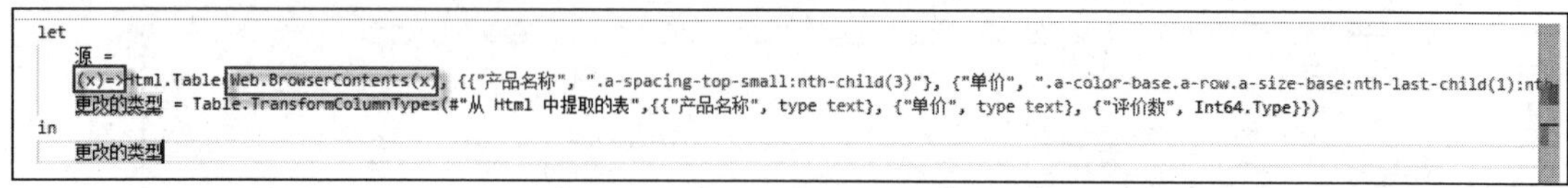

图 4-14　修改第 2 行函数(2)

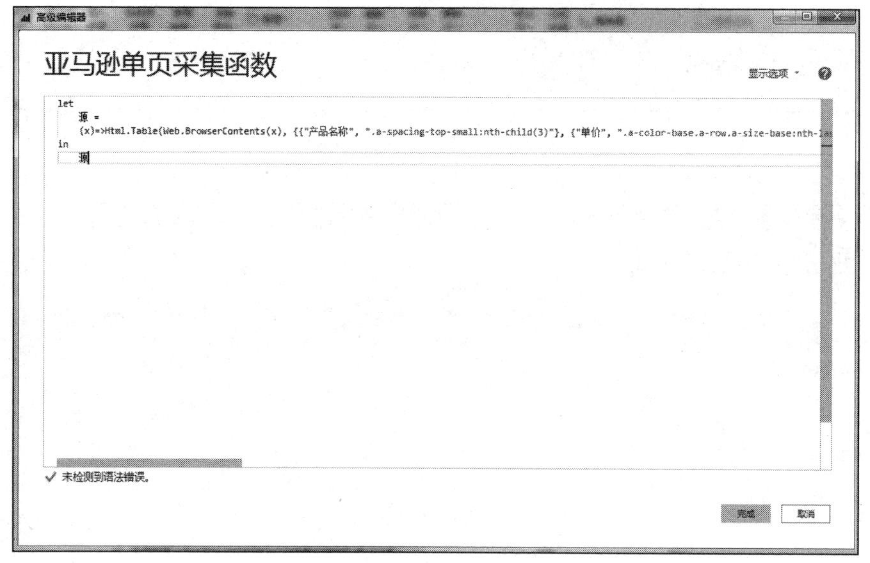

图 4-15　修改第 3 行函数

(5) 重新在浏览器中打开需要采集的页面，并在浏览器地址栏中复制网页地址。在"亚马逊单页采集函数"查询表右侧的"x(可选)"文本框中输入网页地址，并单击"调用"按钮，如图 4-16 所示。生成的"调用的函数"表即为该页面采集的数据。在该表的单价中，单击右侧的下拉按钮，去除勾选"null"数据复选框，保证数据的正确性，如图 4-17 所示。重新命名该表为"调用函数生成的单页采集"。

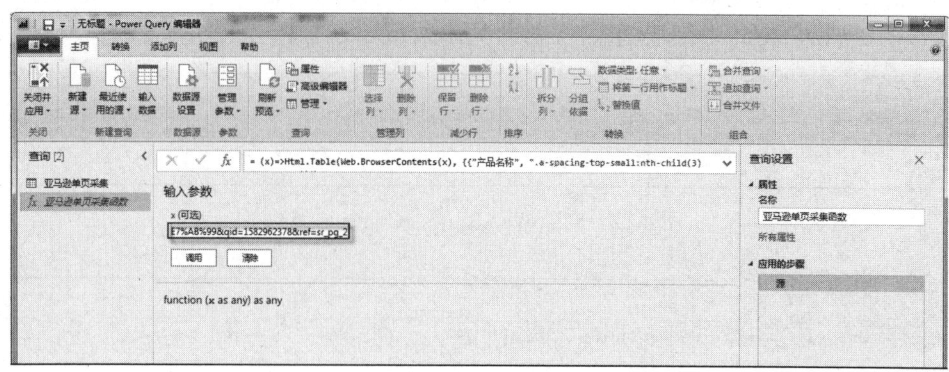

图 4-16　调用函数界面

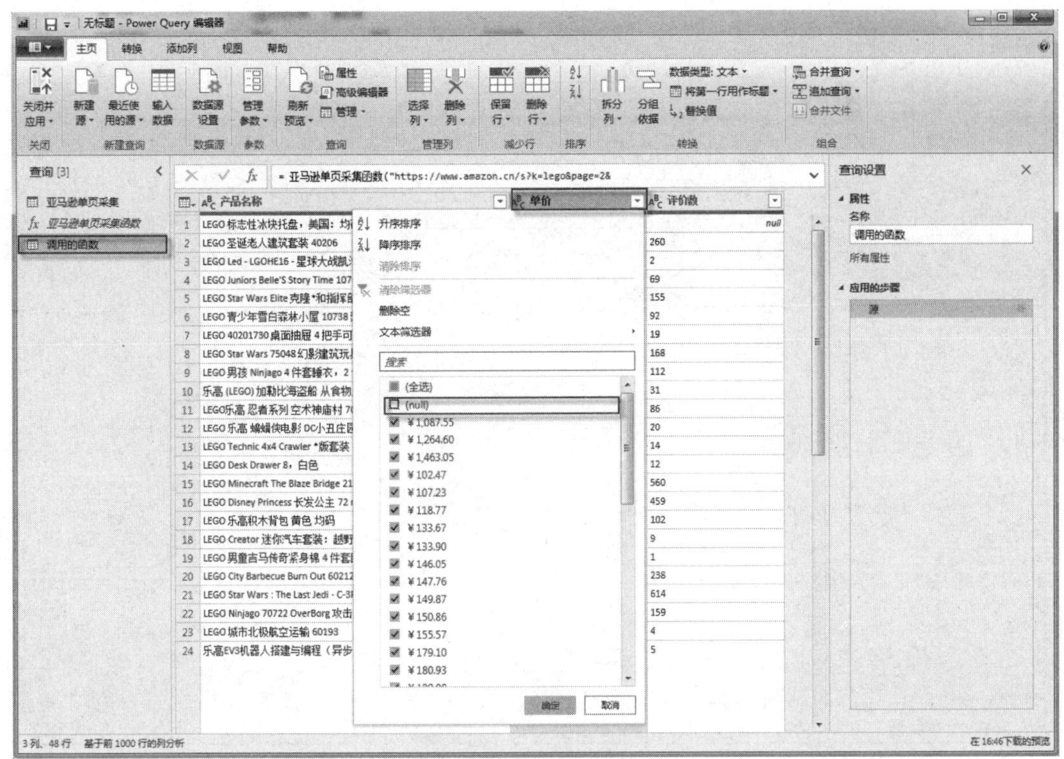

图 4-17　筛选数据

注意： 创建的单页采集函数只针对同一个平台不同搜索结果页面有效。不同电商平台的采集函数并不通用，需要重新创建针对该平台的采集函数。

【实操题 2】 请根据实操题 1 的单页采集的数据，创建单页采集函数。

4.2.3 多页数据采集

本案例运用 Power BI 软件，利用创建好的单页采集函数，对多个页面数据进行快速采集。

(1) 在"主页"选项卡中单击"输入数据"按钮，在创建表对话框中，修改列名为"URL"，修改名称为"多页数据采集"。打开浏览器，分别获取不同采集页面地址，并将网页地址粘贴到表格行中，如图 4-18 所示。

(2) 在"添加列"选项卡中单击"调用自定义函数"按钮，修改新列名为"数据"，在"功能查询"下拉列表中选择"亚马逊单页采集函数"选项，在"x"下拉列表中选择"URL"选项，设置后单击"确定"按钮，如图 4-19 所示。

(3) 单击数据列头右侧的下拉按钮，单击"加载更多"按钮，并单击"确定"按钮，如图 4-20 所示。在生成的数据表中，筛选单价为非 null 的数据，如图 4-21 所示。

【实操题 3】 请根据实操题 2 的单页采集函数，实现多页数据采集。

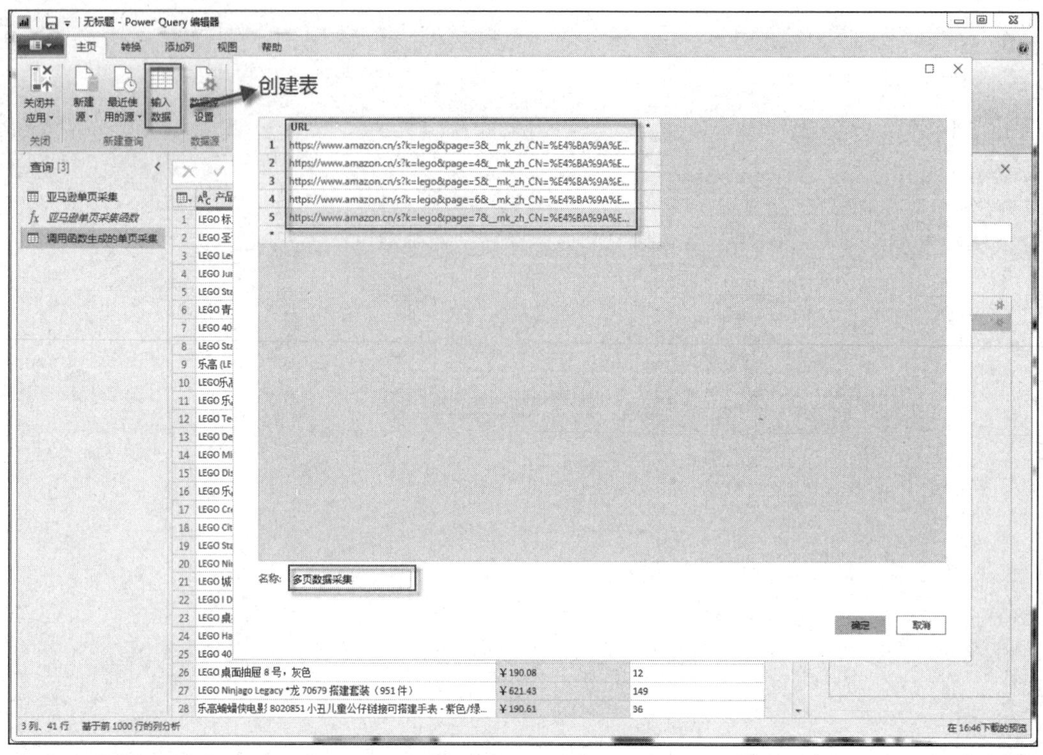

图 4-18 创建多页数据采集表

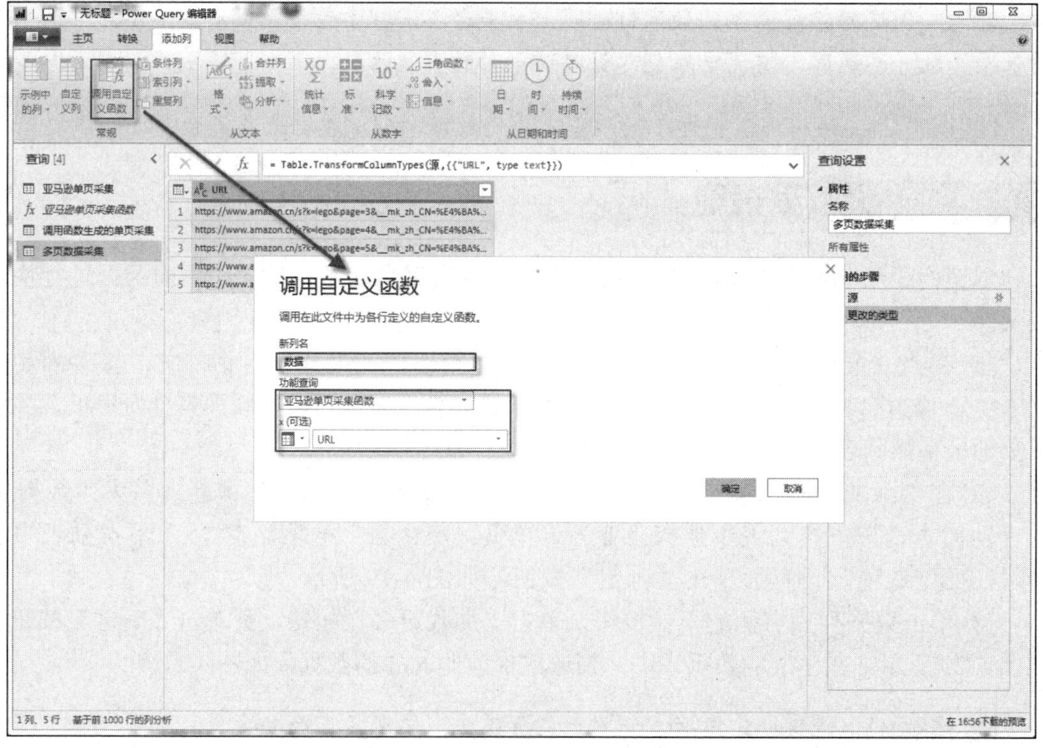

图 4-19 调用自定义函数

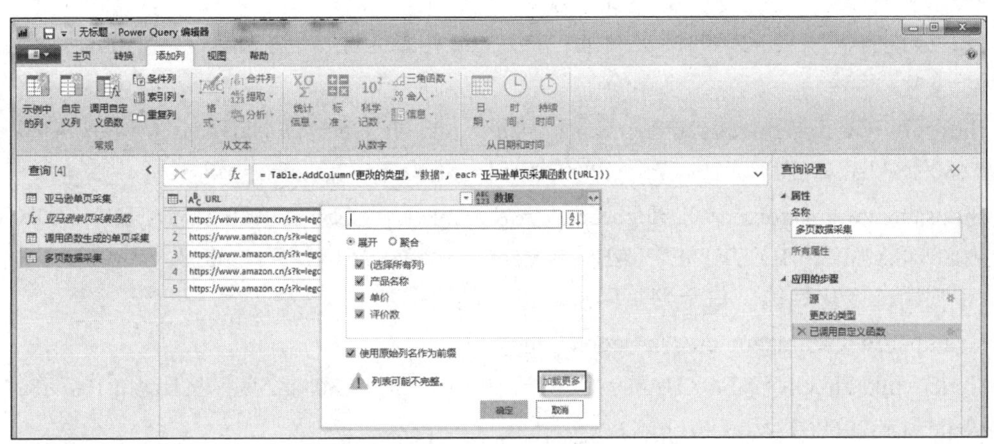

图 4-20　加载生成的数据

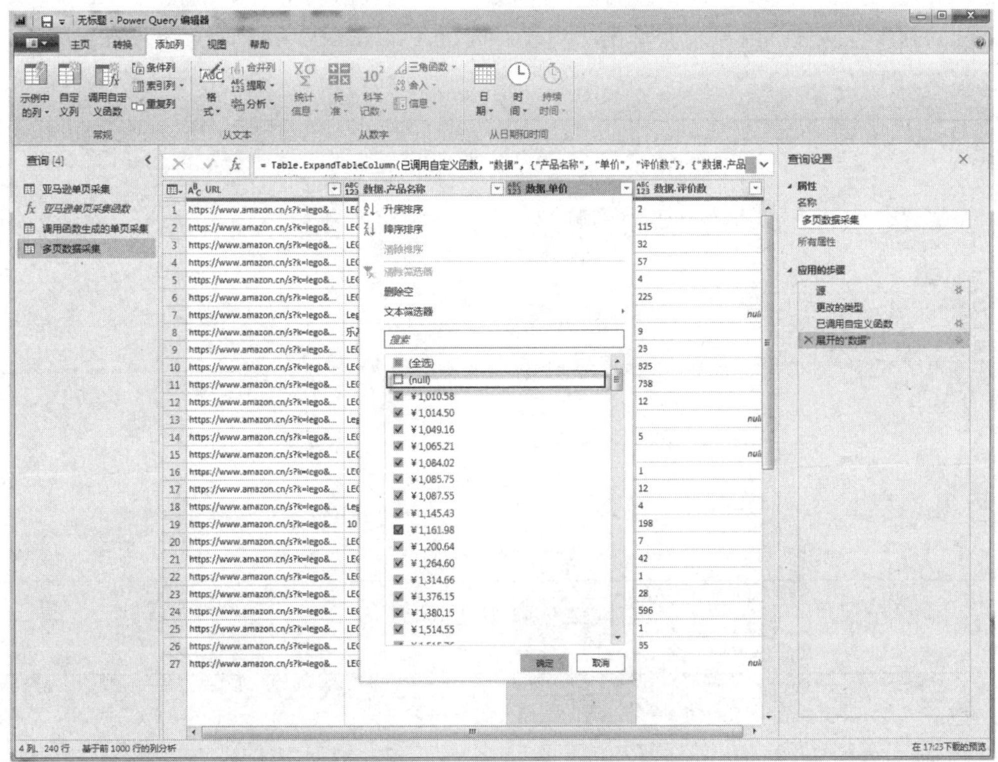

图 4-21　筛选单价为非 null 的数据

4.2.4　批量数据采集

本案例运用 Power BI 软件，通过分析搜索页面的网址规律批量创建搜索页面地址，再用创建好的单页采集函数实现批量数据采集，步骤如下。

(1) 打开亚马逊网站，搜索行业关键词信息，选择数据的排序规则，如综合、价格、用户评分和上架时间等。数据的排序规则将影响最后的数据统计和分析结果。

(2) 分别打开需要采集的网页网址(平台搜索页面地址)，复制至少两个网址，查看网页网址变化规律：

https://www.amazon.cn/s?k=lego&page=**2**&__mk_zh_CN=%E4%BA%9A%E9%A9%AC%E9%80%8A%E7%BD%91%E7%AB%99&qid=1582968692&ref=sr_pg_**2**；

https://www.amazon.cn/s?k=lego&page=**3**&__mk_zh_CN=%E4%BA%9A%E9%A9%AC%E9%80%8A%E7%BD%91%E7%AB%99&qid=1582968713&ref=sr_pg_**3**。

根据网址变化规律，一个网页网址可以分成两个部分：

①https://www.amazon.cn/s?k=lego&page=；

②&__mk_zh_CN=%E4%BA%9A%E9%A9%AC%E9%80%8A%E7%BD%91%E7%AB%99&qid=1582968692&ref=sr_pg_。

(3) 在“主页”选项卡中单击“新建源”按钮，在下拉列表中选择“空查询”命令，创建新的查询页面，如图 4-22 所示。在函数页面中，输入网址第 1 部分“https://www.amazon.cn/s?k=lego&page=”，并单击“到表”按钮，如图 4-23 所示。修改查询表中第 1 列列名为“URL1”。

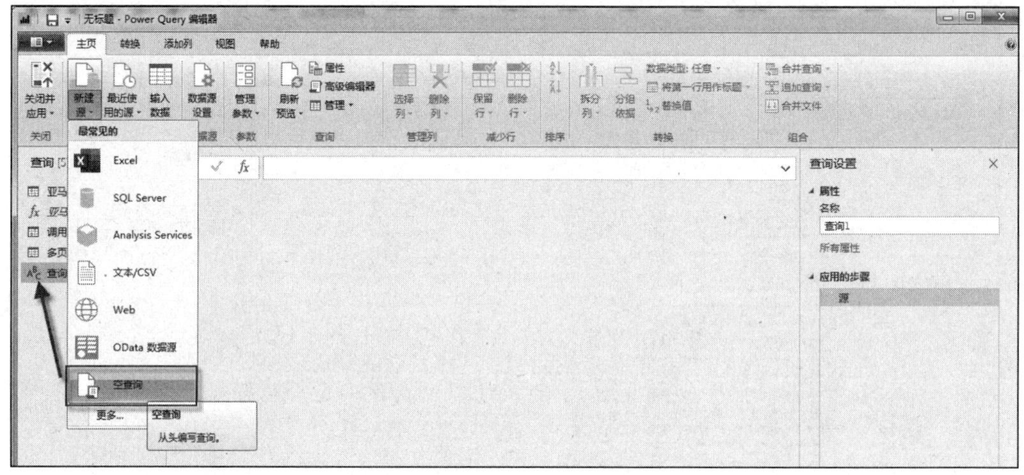

图 4-22　创建新的查询页面

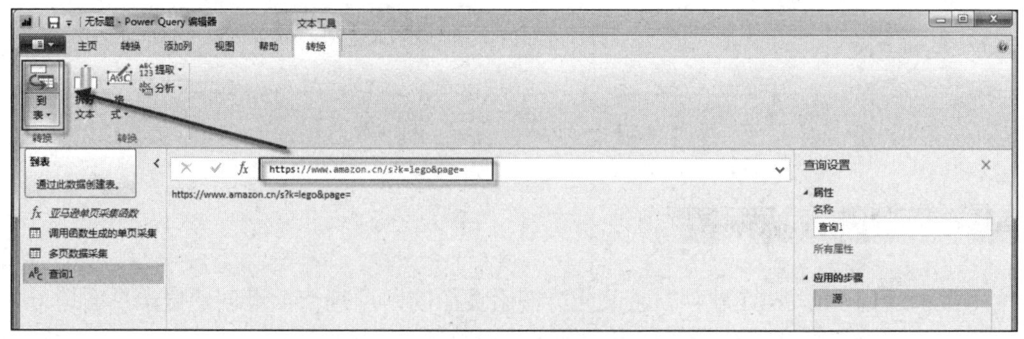

图 4-23　添加 URL1 列

(4) 在“添加列”选项卡中单击“自定义列”按钮，修改“新列名”为“URL2”，在“自定义列公式”文本框中填写网址的第 2 部分“&__mk_zh_CN=%E4%BA%9A%E9%A9%AC%E9%80%8A%E7%BD%91%E7%AB%99&qid=1582968692&ref=sr_pg_”，并为“=”后内容添加半角格式双引号，单击“确定”按钮，如图 4-24 所示。

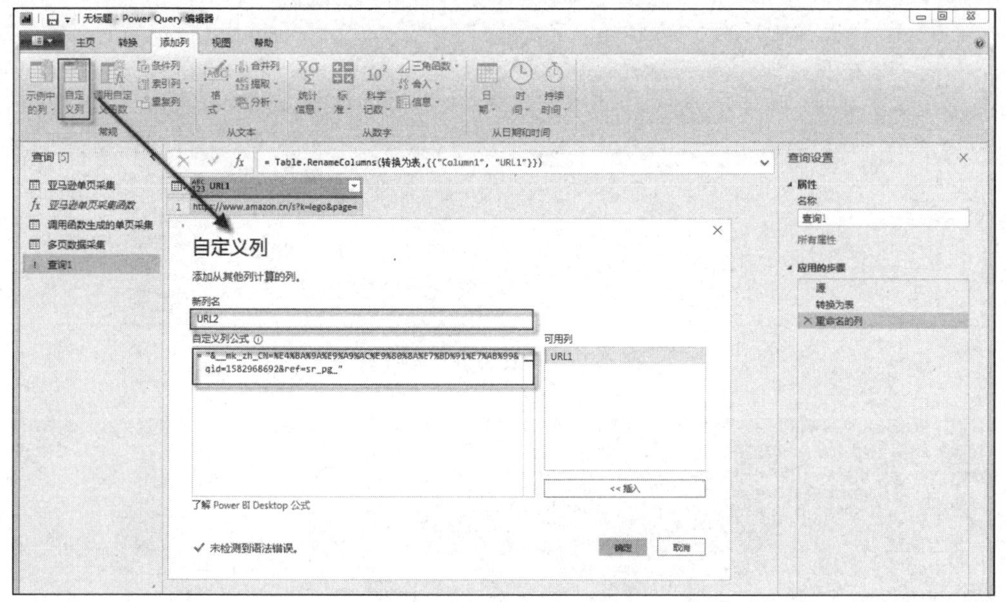

图 4-24　添加 URL2 列

(5) 在“添加列”选项卡中单击“自定义列”按钮，修改“新列名”为“页码序列”，在“自定义列公式”文本框中填写序列函数“{1..10}”代表数组 1～10，单击“确定”按钮，添加“页码序列”列如图 4-25 所示。

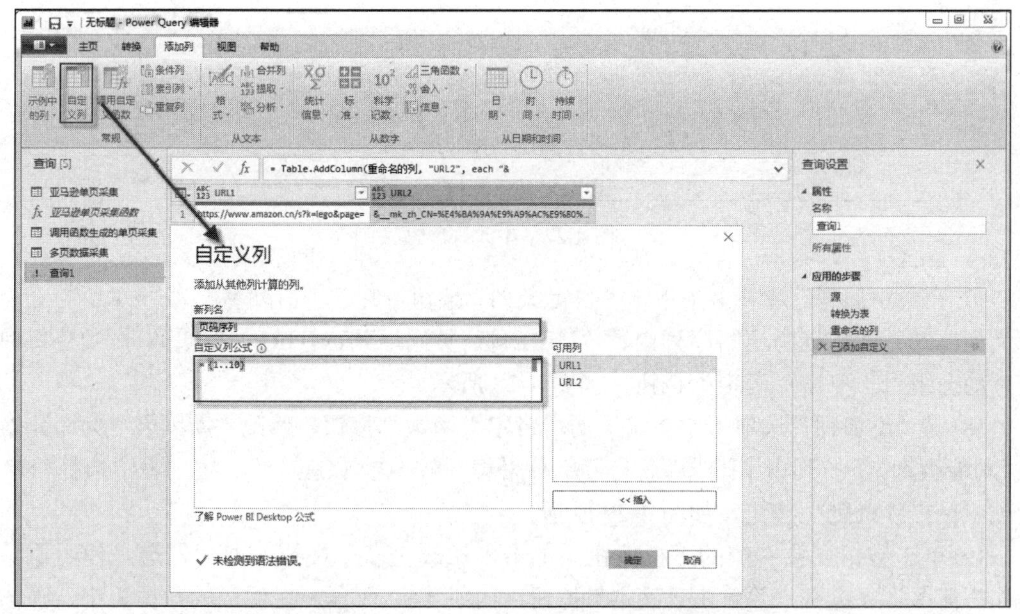

图 4-25　添加“页码序列”列

(6) 单击表中“页码序列”列头右侧的下拉按钮，选择“扩展到新行”命令，表格数据会被扩展为 10 行，如图 4-26 所示。右击列头，更改列属性为“文本”，如图 4-27 所示。

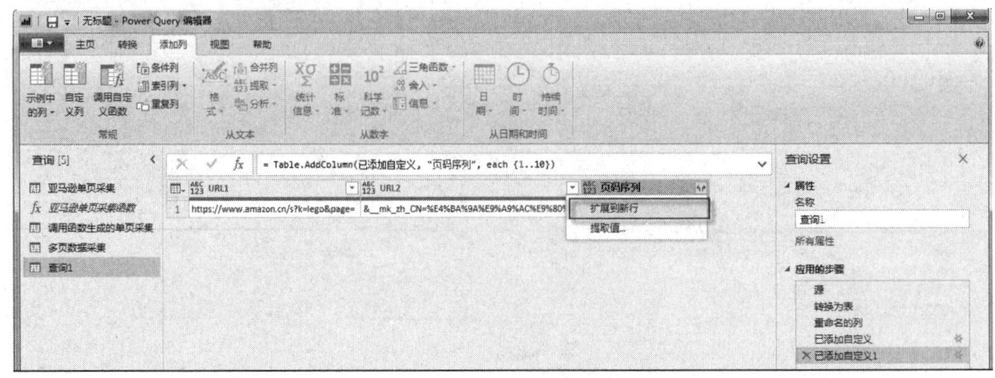

图 4-26　扩展表格数据行数

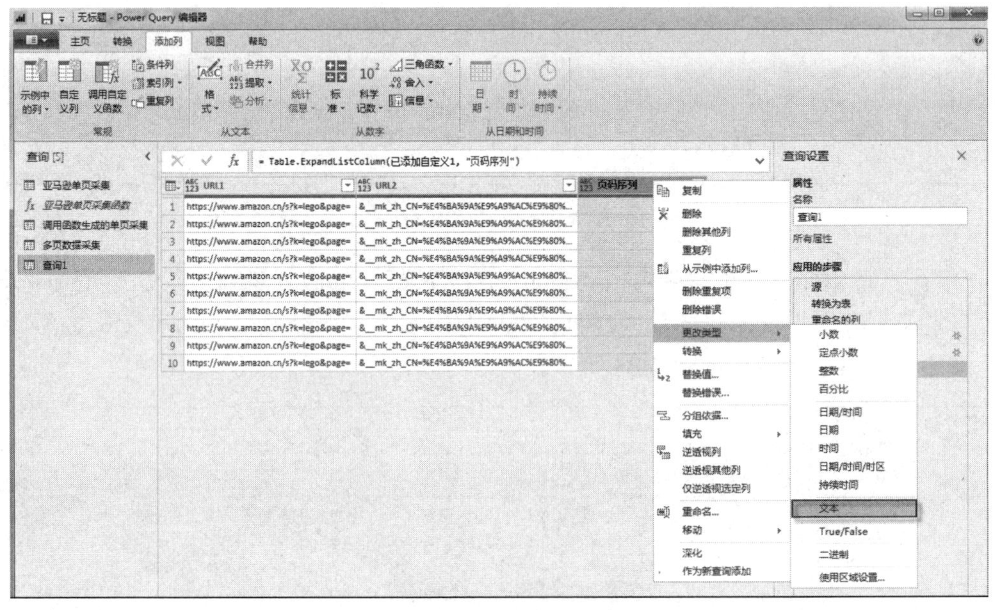

图 4-27　更改列属性

(7) 在“添加列”选项卡中单击“自定义列”按钮，修改“新列名”为“URL”，在“自定义列公式”文本框中填写序列函数“[URL1]&[页码序列]&[URL2]&[页码序列]”将网址进行动态组合，单击“确定”按钮，如图 4-28 所示。

(8) 在“添加列”选项卡中单击“调用自定义函数”按钮，修改“新列名”为“数据”，在“功能查询”下拉列表中选择“亚马逊单页采集函数”选项，在“x”下拉列表中选择“URL”选项，单击“确定”按钮，如图 4-29 所示。

(9) 单击数据列头右侧的下拉按钮，单击“加载更多”按钮，取消勾选“使用原始列名作为前缀”复选框，并单击“确定”按钮，如图 4-30 所示。在生成的数据表中，筛选单价为非 null 的数据，如图 4-31 所示。

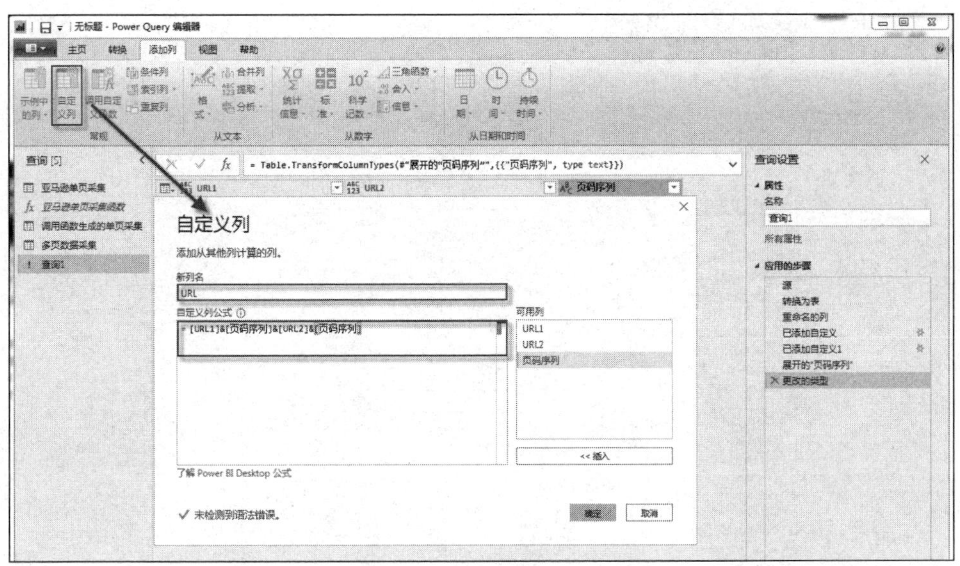

图 4-28　添加自定义函数 URL 列

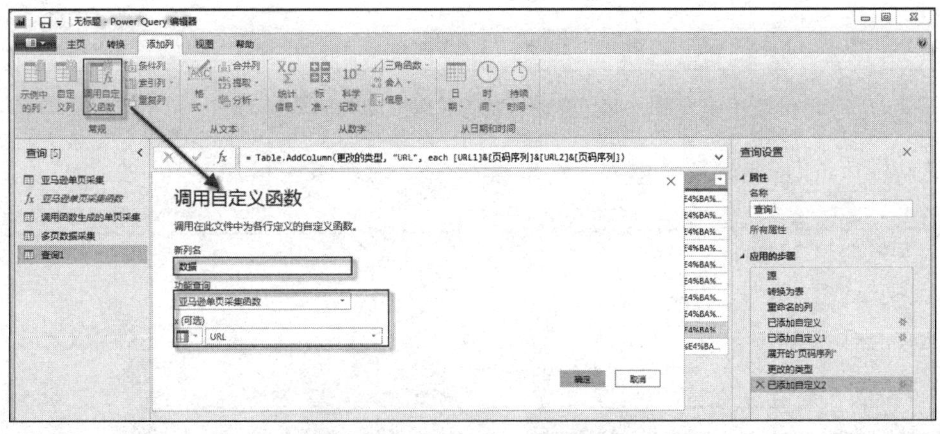

图 4-29　添加自定义函数数据列

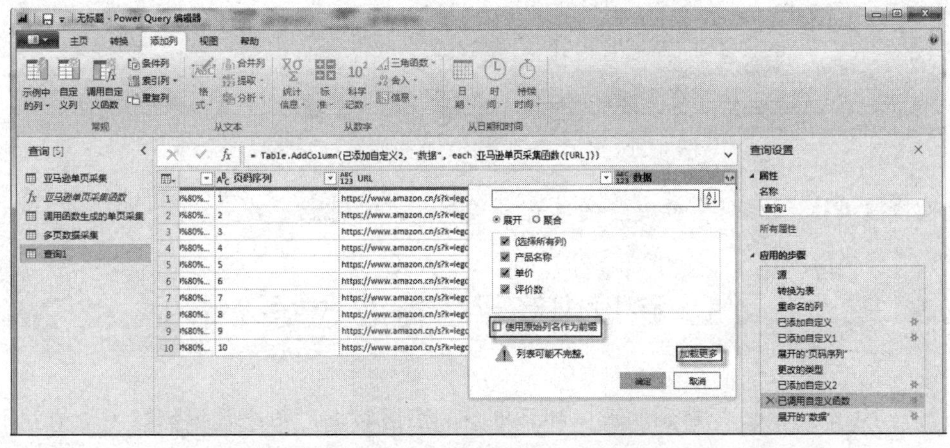

图 4-30　取消勾选“使用原始列名作为前缀”复选框

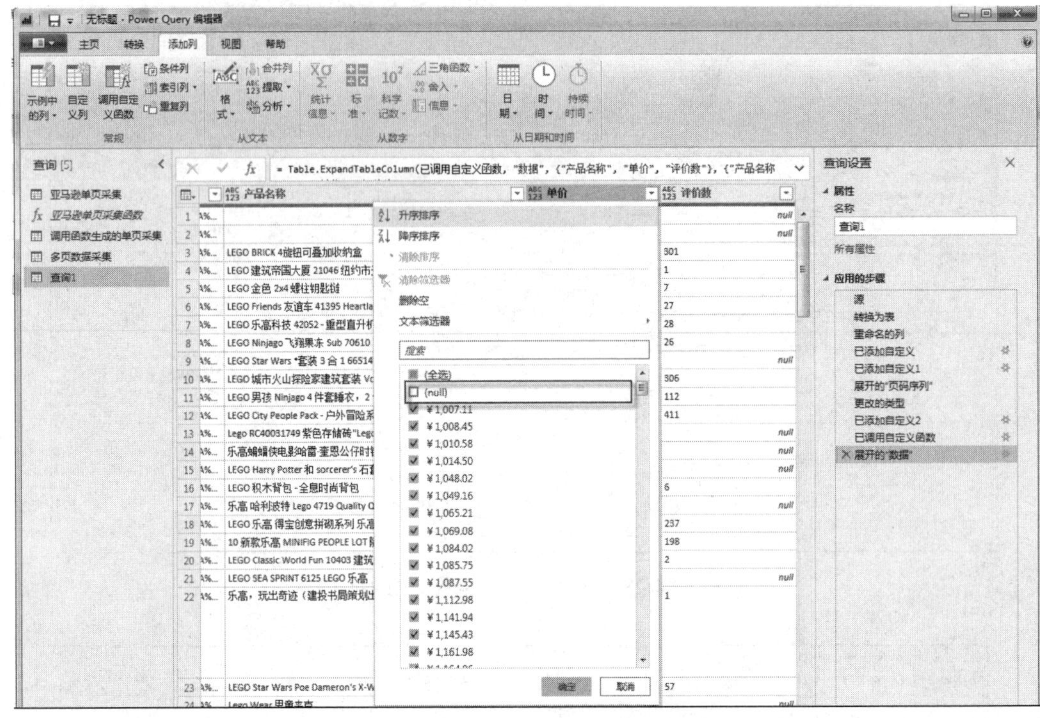

图 4-31　数据筛选单价为非 null 的数据

(10)将表名“查询 1”修改为“批量数据采集”，如图 4-32 所示。

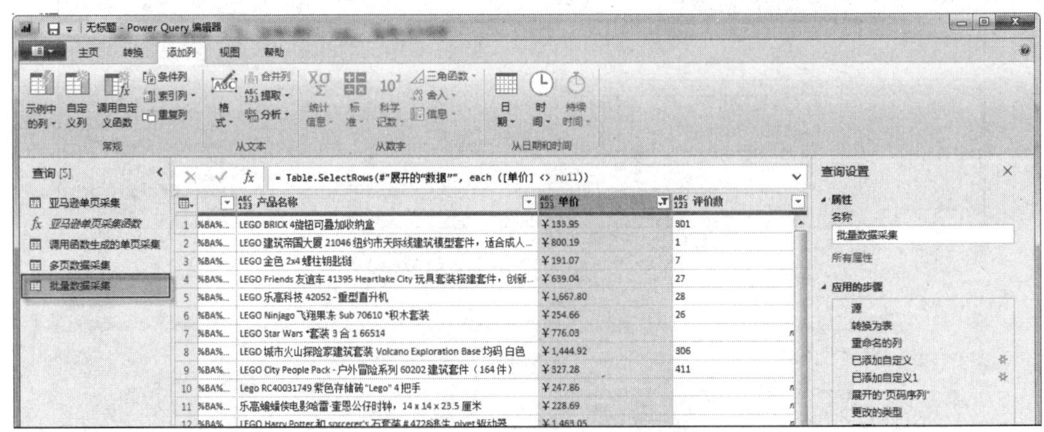

图 4-32　修改查询表名为“批量数据采集”

【实操题 4】 请根据实操题 2 的单页采集函数，实现批量数据采集。

4.3　跨境电商平台行业数据统计

通过跨境电商平台采集到的数据都是批量的离散数据，单个数据的参考价值并不大，需要对这些数据进行重新加工整理，统计出有价值的数据信息。

从跨境电商平台中，可以获取到的字段信息包括评价数、单价和页码序列等，通过这些字段，以页码序列为依据分组统计出每页的评价数、销售额和均价等信息。

4.3.1 数据预处理

在平台中采集到的数据会携带一些附加信息，如“20 条评论”“1.4 万”等非数值信息，进行数据统计前，需要对这些非数值信息进行数据预处理操作，步骤如下。

(1) 对数据采集表中的评价列数据进行预处理，选中“评价人数”列，在“主页”选项卡中单击“替换值”按钮，设置要查找的值为“条评价”，替换为空，如图 4-33 所示。

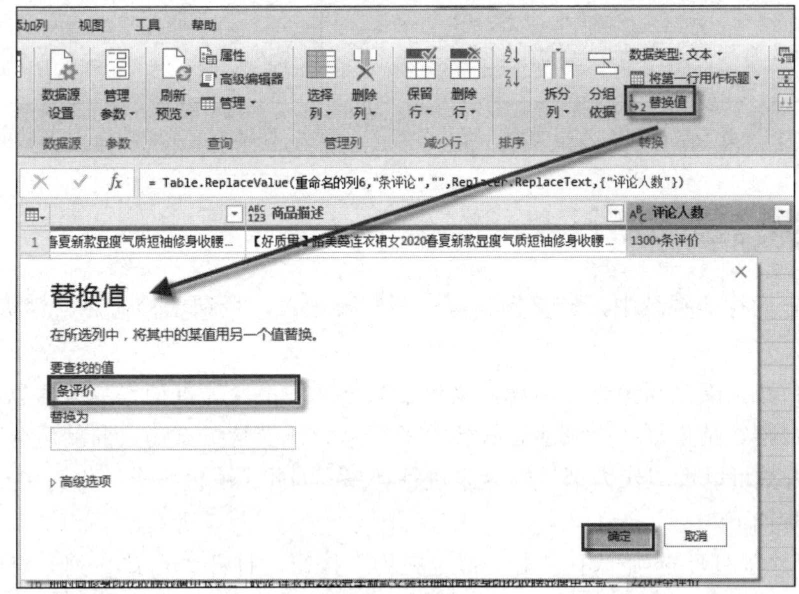

图 4-33　替换值对话框

(2) 观察“评价人数”列中其他非数值文本，依次替换为空。如“评价人数”列中包含表示数值的字符，如“1.4 万”，则需要将其替换为 14000，如图 4-34 所示。

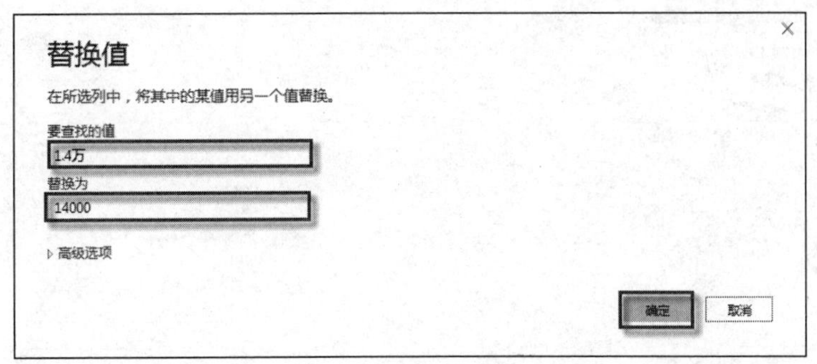

图 4-34　替换非数值文本

(3) 修改“评价人数”列的类型为“整数”，修改“单价”列的类型为“小数”，如图 4-35 所示。

(4) 在“评价人数”列中筛选出非 null 的数据，如图 4-36 所示。

图 4-35　更改数据列的数据类型

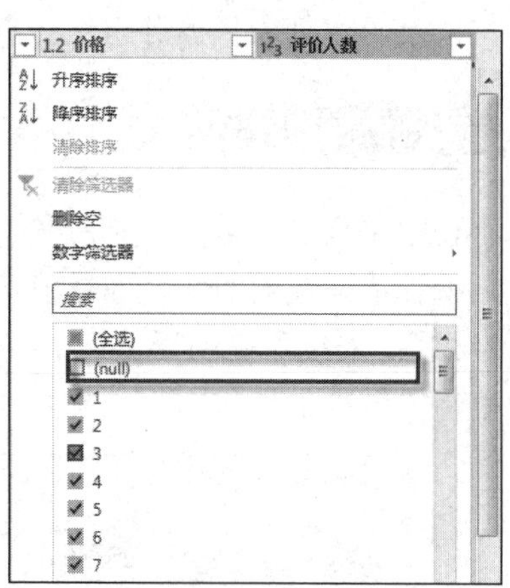

图 4-36　筛选非 null 的数据

4.3.2 数据分组统计

在跨境电商行业领域中，计算销售额一般需要销售数量和单价信息，销售额=销售数量*单价。

出于平台数据安全和保密性考虑，平台公共页面中不会提供销售数量信息。但是，大部分电商平台搜索结果页面中都包含评价人数信息。评价是买家购买商品后对商品的整体看法，评价人数可以近似作为销售数量来进行计算。因此，销售额≈评价人数*单价。数据分组统计步骤如下。

(1) 在“添加列”选项卡中单击“自定义列”按钮，打开“自定义列”对话框，设置新列名为“销售额”，自定义列公式为“[评价人数]*[单价]”，如图 4-37 所示。修改“销售额”列属性为“小数”，如图 4-38 所示。

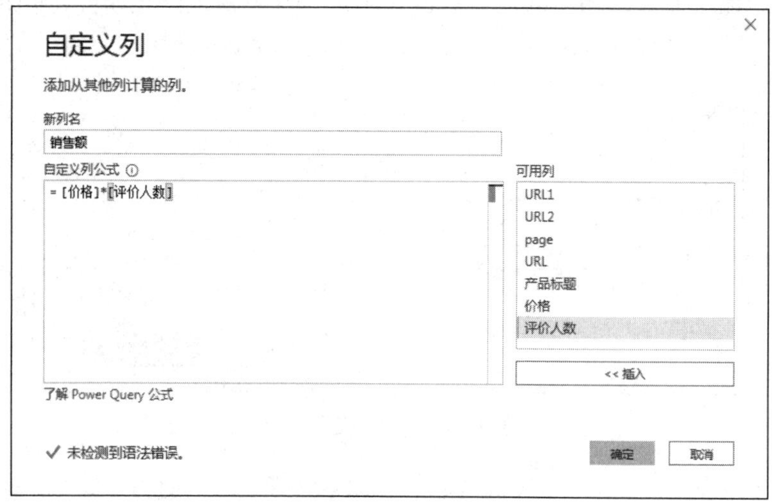

图 4-37　添加销售额列

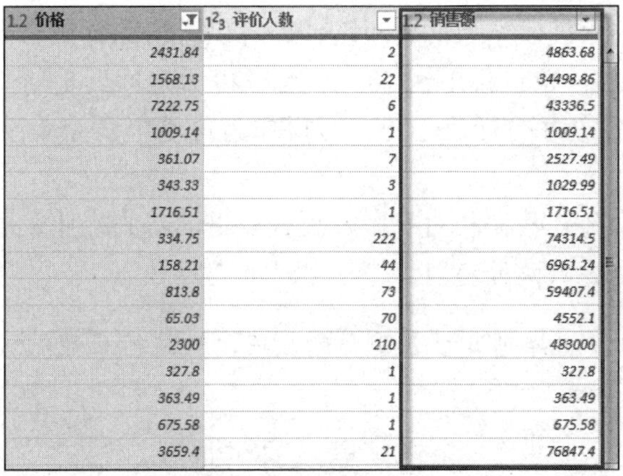

1.2 价格	1²3 评价人数	1.2 销售额
2431.84	2	4863.68
1568.13	22	34498.86
7222.75	6	43336.5
1009.14	1	1009.14
361.07	7	2527.49
343.33	3	1029.99
1716.51	1	1716.51
334.75	222	74314.5
158.21	44	6961.24
813.8	73	59407.4
65.03	70	4552.1
2300	210	483000
327.8	1	327.8
363.49	1	363.49
675.58	1	675.58
3659.4	21	76847.4

图 4-38 修改销售额列属性

(2) 在“主页”选项卡中选择“分组依据”命令，打开分组依据对话框，如图 4-39 所示。单击“高级”单选按钮，按“page”分组。新建“平均价格”列，计算“价格”的平均值；新建“评价总数”列，对“评价人数”进行求和；新建“销售总额”列，对“销售额”进行求和，如图 4-40 所示。

分组依据

指定要按其进行分组的列以及一个或多个输出。

○基本 ◉高级

page

添加分组

新列名	操作	柱
平均价格	平均值	价格
评价总数	求和	评价人数
销售总额	求和	销售额

添加聚合

确定 取消

图 4-39 分组依据对话框

	ABC page	1.2 平均价格	1.2 评价总数	1.2 销售总额
1	1	1120.355	10366	6928756.4
2	2	714.8981579	20520	7318269.11
3	3	373.7529032	7990	4678073.54
4	4	951.9488889	10339	11276183.02
5	5	1240.037097	6028	8389359.53
6	6	875.0941667	23439	11712576.7
7	7	1142.633636	5572	9950961.44
8	8	917.0147059	9071	7325176.68
9	9	782.93	10103	9203698.71
10	10	480.0078947	6887	4842883.73

图 4-40 分组统计结果

通过对跨境电商平台搜索结果的分组统计，可以看出综合排名靠前的商品的评价总数(销售数量)在 5000 以上，单价集中在 780 元至 1120 元之间。

这些数据代表当前实时的行业趋势，可以作为跨境电商企业选品和定价的重要参考依据。

由于跨境电商平台公开数据相对有限，要获取更丰富的行业发展数据，还需要从行业发展白皮书或专业数据提供商处获取。

【实操题 5】 请根据实操题 4 批量采集的数据，对该行业数据进行分组统计。

本章习题

1．请简述统计的基本思路。
2．请简述数据采集的流程。
3．请简述目前常见的反爬虫技术。
4．请简述行业数据采集的意义。

海外市场分析

结构导图

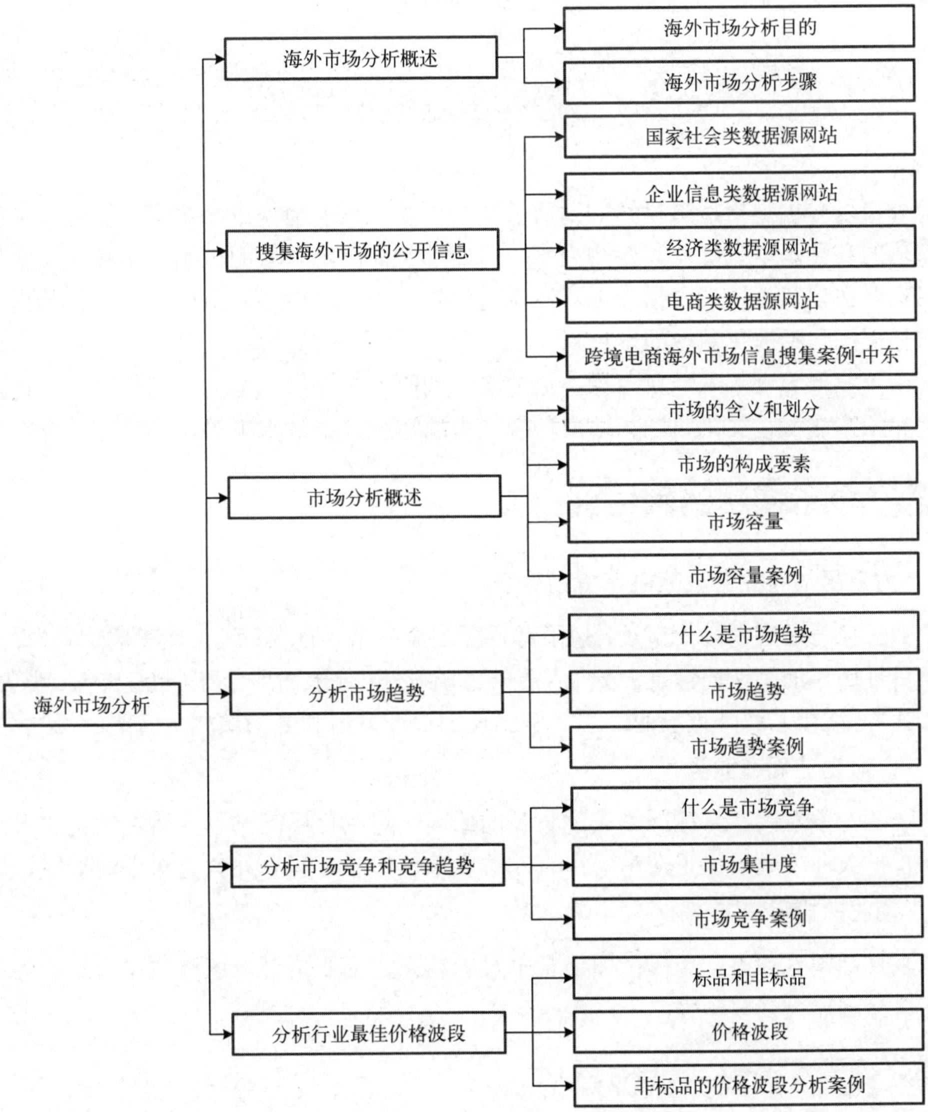

- 海外市场分析
  - 海外市场分析概述
    - 海外市场分析目的
    - 海外市场分析步骤
  - 搜集海外市场的公开信息
    - 国家社会类数据源网站
    - 企业信息类数据源网站
    - 经济类数据源网站
    - 电商类数据源网站
    - 跨境电商海外市场信息搜集案例-中东
  - 市场分析概述
    - 市场的含义和划分
    - 市场的构成要素
    - 市场容量
    - 市场容量案例
  - 分析市场趋势
    - 什么是市场趋势
    - 市场趋势
    - 市场趋势案例
  - 分析市场竞争和竞争趋势
    - 什么是市场竞争
    - 市场集中度
    - 市场竞争案例
  - 分析行业最佳价格波段
    - 标品和非标品
    - 价格波段
    - 非标品的价格波段分析案例

学习目标

1. 知识目标

- 学习了解电商企业市场分析的工作及模型、市场行情分析技能、分析市场规模的方法。
- 熟练市场趋势分析。
- 掌握分析市场竞争以及竞争趋势的方法；掌握市场集中度的计算方法。
- 掌握价格波段的相关知识，掌握分析行业最佳价格波段的方法。

2. 能力目标

- 学习了解市场分析报告的相关要点。
- 综合分析市场，并撰写系统的市场分析报告。

5.1 海外市场分析概述

海外市场分析是指运用科学的调研方法与手段，系统地搜集、记录、整理、分析有关国际市场的各种基本状况及其影响因素，以帮助企业制定有效的市场营销决策，实现企业经营目标。在现代营销观念指导下，以满足消费者需求为中心，海外市场分析的内容从生产领域拓展到包括消费领域的全过程。

一个企业要想进入某一新市场，往往要求调研人员提供相关的一切信息——该国的政治局势、法律制度、文化属性、地理环境、市场特征、经济水平等。

5.1.1 海外市场分析目的

1．为自身的新业务战略制定提前准备

企业正在考虑进入海外市场，想了解目标国家的市场规模；或正在考虑进入海外市场，想了解目标国家的制造商情况；或进入海外市场时，想寻求当地合作(制造委托、销售委托、维修委托)；或进入海外市场时，想了解当地的商业习俗和分销结构。

2．扩大企业现有业务

想了解竞争对手在目标国家表现强劲的原因；想在目标国家寻找潜在的销售目的地，以进一步扩大业务成果；正在考虑审查制造成本，但想了解海外竞争对手的情况。

3．企业的投资决策

未来目标国家的市场规模；如果竞争对手领先，企业是否应该继续原来的业务；竞争对手在目标国家投资数额等。

5.1.2 海外市场分析步骤

具体步骤如下：

(1) 搜索公开信息；

(2) 分析海外电子商务终端市场，调研国外消费习惯，获取产品热卖元素，挖掘客户的潜在需求；

(3) 在海外电商平台进行产品市场分析，开发有畅销潜力的产品；

(4) 分析用户购买心理，以打造爆款为目的，构思符合国外客户偏好的外文产品详情图和产品卖点文案；

(5) 关注海外市场动态，跟进产品上架销售各阶段进度，确保新品开售时间节点，并对跨部门工作安排进行督查协调；

(6) 汇集所有数据源，交叉验证，形成各部分的结论，编制报告。

5.2　搜集海外市场的公开信息

5.2.1　国家社会类数据源网站

1. 中华人民共和国国家统计局网站

中华人民共和国国家统计局(以下简称国家统计局)是国务院直属机构，成立于 1952 年 8 月，主管全国统计和国民经济核算工作，拟定统计工作法规、统计改革和统计现代化建设规划以及国家统计调查计划，组织领导和监督检查各地区、各部门的统计和国民经济核算工作，监督检查统计法律法规的实施。

国家统计局网站可以获得具有权威的数据，而且覆盖面很广，如农业、生产、经济、教育等，如图 5-1 所示。可以找到很多宏观层面的信息，GDP、人口、就业、收支等。

国家统计局网站提供的国家统计数据库有以下服务：

(1) 翔实的月度、季度、年度数据及普查、地区、部门、国际数据；

(2) 提供多种文件输出、制表、绘图、指标解释、表格转置、可视化图表、数据地理信息系统等多种功能。

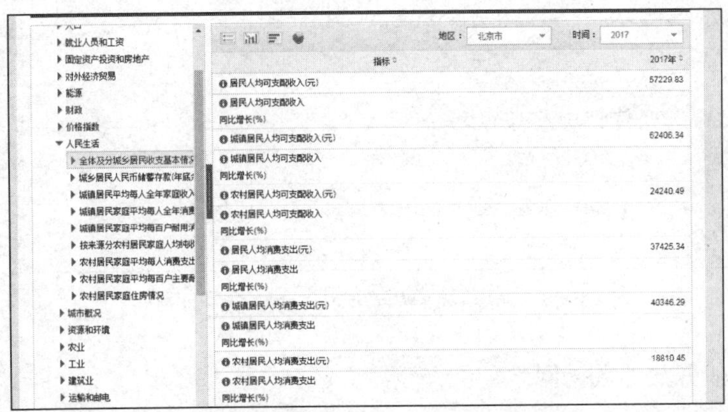

图 5-1　国家统计局网站数据查询页面

此外，它还可以链接到其他国家的统计局，如图 5-2 所示。

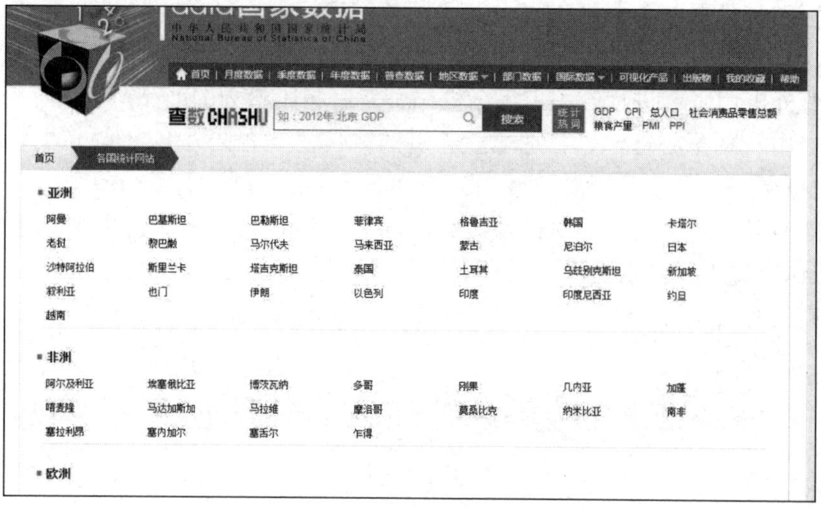

图 5-2 其他国家统计局链接

国家统计局的数据虽然全面，但是不够精准，如果想查某一个细分领域的数据需配合其他渠道进行。

2. 香港政府数据中心

香港政府数据中心网站是香港特别行政区政府公共部门信息门户，该门户网站由政府首席信息官办公室负责维护，其中的数据集由不同的政府部门和公共或私人组织提供，如图 5-3 所示。该网站内的数据信息可免费用于下载、分发、复制。

香港政府数据中心网站的数据虽然全面，但仍然不够精准。该网站的数据有中英文双语多种格式可供直接下载。相较于国家统计局，其分类更加多样化，数据更加精细。

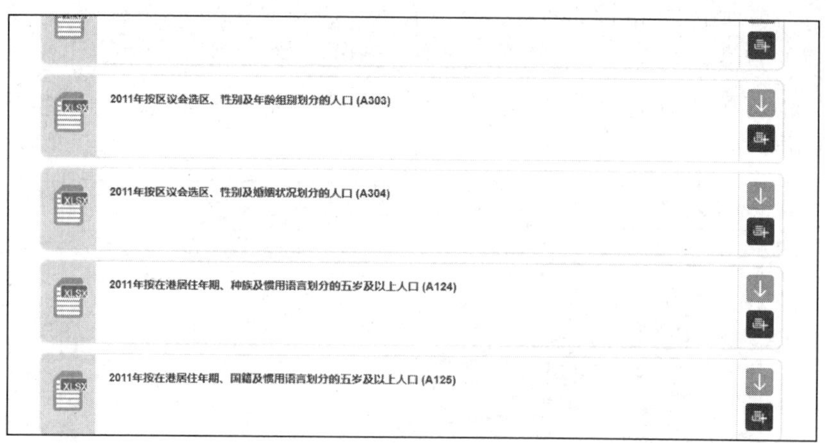

图 5-3 香港政府数据中心网站数据下载页面

3. 经合组织开放的数据网

经济合作与开发组织（Organization for Economic Co-operation and Development，

OECD)，简称经合组织。经合组织拥有自己的研究机构，其研究的部分数据对社会公众开放。因中国不属于经合组织成员国，所以数据库不提供官方的汉语版本。“OECD 数据库”网站如图 5-4 所示，打开后默认是英文，但可以用翻译程序实现汉化阅读。

经合组织开放的数据网站参与经济合作与发展组织的 36 个国家的数据。数据库的筛选维度首先是国家维度，更多详细信息可以下拉显示，包括农业、教育、经济、政府、金融、健康、环境等多个大维度的数据，每个维度下提供非常多的细化指标。

ORGANISATION FOR ECONOMIC CO-OPERATION AND DEVELOPMENT　OECD.Stat

Click here to Login | Contact us | User Guide
English | França

Fossil Fuel Support - CHN

Customise　Export　Draw chart　My Queries

Measure	Incidence	Indicator	Stage	Fuel Type		2007	2008	2009	2010	2011	2012	2013	2014	2015
Petroleum Fuels Price Reform Support Programmes	Direct Consumption	Consumer Support Estimate	Other end uses of fossil fuels	Petroleum	Motor gasoline excl. biofuels	5 334 430 136	13 886 700 000	14 073 600 000	8 943 083 388	1 447 811 082	12 596 600 000	12 394 500 000	13 031 100 000	9 664 193 82
					Gas/diesel oil excl. biofuels	37 265 600 000	94 213 300 000	94 026 400 000	92 397 900 000	99 869 200 000	190 591 000 000	183 327 000 000	147 952 000 000	135 666 000 00
2000-12 Government Grants to Sinopec and PetroChina	Capital	Producer Support Estimate	Refining or processing stage		Motor gasoline excl. biofuels	0	658 330 086	526 255 690	590 126 755	587 917 615	604 250 933	9 607 836	0	0
					Kerosene type jet fuel excl. biofuels	0	145 671 853	113 704 562	121 862 298	118 934 047	123 200 926	2 509 929	0	0
					Gas/diesel	0	816 926 038	630 903 758	657 044 048	639 519 936	665 055 079	15 020 666	0	0

Data extracted on 23 Jan 2019 06:25 UTC (GMT) from OECD.Stat

图 5-4　经合组织开放的数据网站页面

5.2.2　企业信息类数据源网站

1. EDGAR

EDGAR(Electronic Data Gathering, Analysis and Retrieval System)，即电子化数据收集、分析及检索系统，如图 5-5 所示。1996 年，美国证券交易委员会规定所有的信息披露义务人(美国上市公司)都必须进行电子化入档。在 EDGAR 网站上可以找到这些上市公司的数据，该数据源信息严谨，界面语言为英文。

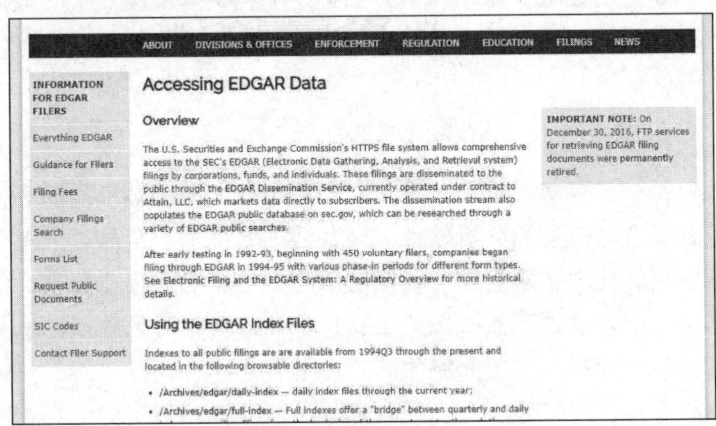

图 5-5　EDGAR 网站页面

2. 巨潮资讯

巨潮资讯，如图 5-6 所示，是中国证券监督管理委员会指定的上市公司信息披露网站，创建于 1995 年，是国内最早的证券信息专业网站，同时亦是国内首家全面披露深沪 2500 多家上市公司公告信息和市场数据的大型证券专业网站。

巨潮资讯可以拿到上市公司股票的每日数据，并按照行业、地区、指数、市场等分类来查询。

股票代码	股票简称	交易日期	交易所	今日开盘价	最高成交价	最低成交价	收盘价	成交数量	成交金额	涨跌	涨跌幅
000505-SZE	京粮控股	2018-12-24	SZE	5.92	5.97	5.86	5.92	3430860	20308973.56	0	0
000505-SZE	京粮控股	2018-12-25	SZE	5.86	5.86	5.45	5.67	6875354	38724135.05	-0.25	-4.22
000505-SZE	京粮控股	2018-12-26	SZE	5.64	5.69	5.57	5.6	3212096	18078723.56	-0.07	-1.23
000505-SZE	京粮控股	2018-12-27	SZE	5.67	5.71	5.36	5.38	4157870	23172172.64	-0.22	-3.92
000505-SZE	京粮控股	2018-12-28	SZE	5.42	5.59	5.4	5.52	3931064	21627690.49	0.14	2.60
000505-SZE	京粮控股	2019-01-02	SZE	5.56	5.68	5.48	5.5	3536300	19638853	-0.02	-0.36
000505-SZE	京粮控股	2019-01-03	SZE	5.55	5.59	5.42	5.57	3116900	17207094	0.07	1.27
000505-SZE	京粮控股	2019-01-04	SZE	5.52	5.76	5.43	5.72	5346057	30246727.9	0.15	2.69
000505-SZE	京粮控股	2019-01-07	SZE	5.75	5.97	5.67	5.9	7029001	40986512.82	0.18	3.14
000505-SZE	京粮控股	2019-01-08	SZE	5.85	5.96	5.77	5.9	5582853	32769884.46	0	0

图 5-6 巨潮资讯网站股票数据页面

5.2.3 经济类数据源网站

1. 彭博社

彭博新闻社(Bloomberg News，简称彭博社)成立于 1981 年，是全球最大的财经资讯公司。彭博社是全球最大的金融信息服务供应商，其数据终端系统“彭博专业服务”可以帮助客户查阅和分析实时的金融市场数据，并进行交易。使用该数据终端的客户遍布全球，包括交易员、投行、美联储、美国其他官方机构以及全球各大央行等。

彭博社为大多数大型金融机构提供服务，用户通过彭博社数据终端可以查阅和分析实时的金融市场数据及进行金融交易。彭博社数据终端将金融市场的实时数据、驱动市场的新闻、深度研究、分析功能、沟通工具和世界级的交易执行系统整合为一体，提供全面解决方案。

2. 慧甚

慧甚(FactSet)是一家金融数据和软件公司，为全球主要金融机构的分析员、证券管理员和投资银行家提供金融信息和分析软件。慧甚数据库揭示了全球经济中公司复杂的网络关系，让人们能够更好地理解影响公司业绩的风险因素，包括行业分类、供应链关系、地区收入和其他风险因素。慧甚的核心优势主要集中在公司的财务数据，从基本股票选择、研究到订单管理、执行和报告，一应俱全。

3. 新华财经

新华财经，如图 5-7 所示，是由国家立项、新华社中国经济信息社承建的国家金融信息平台，旨在为政府部门、金融机构、企业、科研院所等提供金融信息综合服务。新华财经可以提供各国家宏观经济指数等。

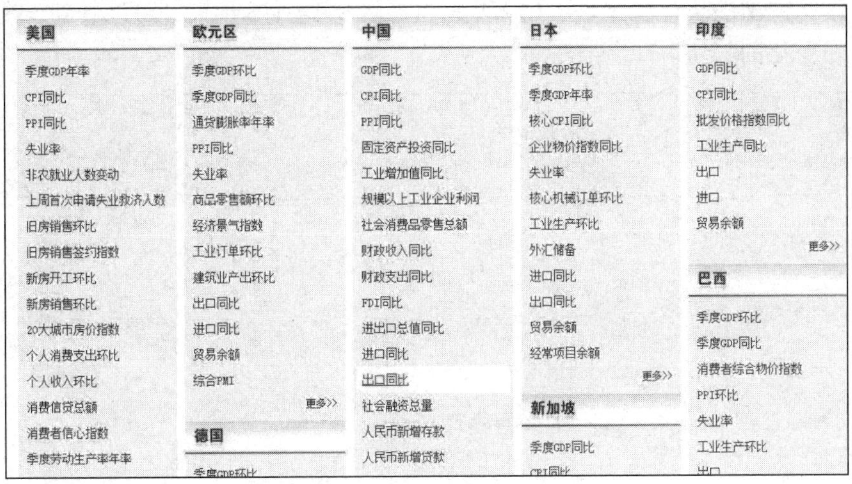

美国	欧元区	中国	日本	印度
季度GDP年率	季度GDP环比	GDP同比	季度GDP环比	GDP同比
CPI同比	季度GDP同比	CPI同比	季度GDP年率	CPI同比
PPI同比	通货膨胀率年率	PPI同比	核心CPI同比	批发价格指数同比
失业率	PPI同比	固定资产投资同比	企业物价指数同比	工业生产同比
非农就业人数变动	失业率	工业增加值同比	失业率	出口
上周首次申请失业救济人数	商品零售额环比	规模以上工业企业利润	核心机械订单环比	进口
旧房销售环比	经济景气指数	社会消费品零售总额	工业生产环比	贸易余额
旧房销售签约指数	工业订单环比	财政收入同比	外汇储备	更多>>
新房开工环比	建筑业产出环比	财政支出同比	进口同比	巴西
新房销售环比	出口同比	FDI同比	出口同比	季度GDP环比
20大城市房价指数	进口同比	进出口总值同比	贸易余额	季度GDP同比
个人消费支出环比	贸易余额	进口同比	经常项目余额	消费者综合物价指数
个人收入环比	综合PMI	出口同比	更多>>	PPI环比
消费信贷总额	更多>>	社会融资总量	新加坡	失业率
消费者信心指数	德国	人民币新增存款	季度GDP同比	工业生产环比
季度劳动生产率年率	季度GDP环比	人民币新增贷款	CPI同比	出口

图 5-7　新华财经数据页面

4. 中财网

中财网，如图 5-8 所示，是专业的互联网财经媒体，提供 7×24 小时财经资讯及全球金融市场报价，汇聚全方位的综合财经新闻和金融市场资讯，覆盖股票、财经、证券、金融、美股、港股、行情、基金、债券等领域。中财网信息面广，查找也很方便。

图 5-8　中财网数据查询页面

5. 世界银行网站

世界银行是一个包括国际复兴开发银行、国际开发协会、国际金融公司等多个子机构的跨国机构，收录了全球各国的经济、金融、人口、环境、教育、医疗等数据。为了方便各国人民的使用，世界银行数据库提供 Excel、XML 和 CSV 格式的下载方式，并向社会公开，十分方便。世界银行公开数据库，如图 5-9 所示，列出了世界银行数据库的 7000 多个指标，所有用户都可以免费使用和分享数据。该数据库可以按照国家、指标、专题和数据目录浏览数据。

世界银行网站的优点在于，数据采集时间长，数据样本量大，可以看到一个可信度较高的随时间变化的趋势。

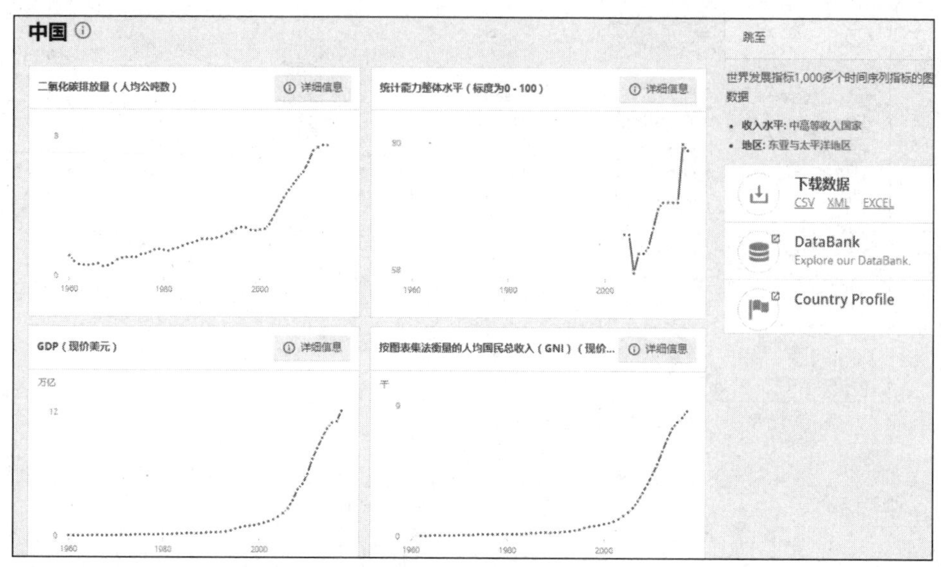

图 5-9　世界银行公开数据库页面

5.2.4　电商类数据源网站

1. 阿里指数

阿里指数是阿里巴巴出品的基于大数据研究的社会化数据展示平台，媒体、市场研究员以及其他希望了解阿里巴巴大数据的人可以从该平台获取以阿里电商数据为核心的分析报告及相关地区与市场信息。基于阿里大数据，该平台面向媒体、机构和社会大众提供地域和行业角度指数化的数据分析、数字新闻说明、社会热点专题发现，作为市场及行业研究的参考、社会热点的了解。2012 年 11 月 26 日，阿里指数正式上线。其基本数据主要根据阿里巴巴网站每天网站浏览量、每天浏览的人次、每天新增供求产品数、新增公司数和产品数这 5 项指标统计计算得出。

通过阿里指数可以查询如下信息。

(1) 行业大盘：主要包括市场行情、热门行业、企业分析，以某个行业为视角进行分析。市场行情包括市场的综合趋势，价格、采购、供应的趋势。热门行业包括各种热门细分子行业的分析，并对各个子行业做出排序。企业分析主要针对某个行业下的供应商、采购商，根据他们的交易情况分等级，用于表明此行业的大小企业的占比情况。

(2) 产业基地：主要包括产业带、企业分析。以某个地区为视角进行分析。产业带是对于每个全国的县级行政区域，都进行行业的分析，从而得出各地的产业带布局 企业分析则针对某个地区下的供应商、采购商根据他们的交易情况分等级。

(3)阿里采购指数：根据所在行业搜索频繁程度计算而成的一个综合数值，指数越高表示采购量越多

(4)阿里价格指数：根据所在行业已上网产品价格计算而成的一个综合数值，指数越高表示价格越高如图 5-10 所示。

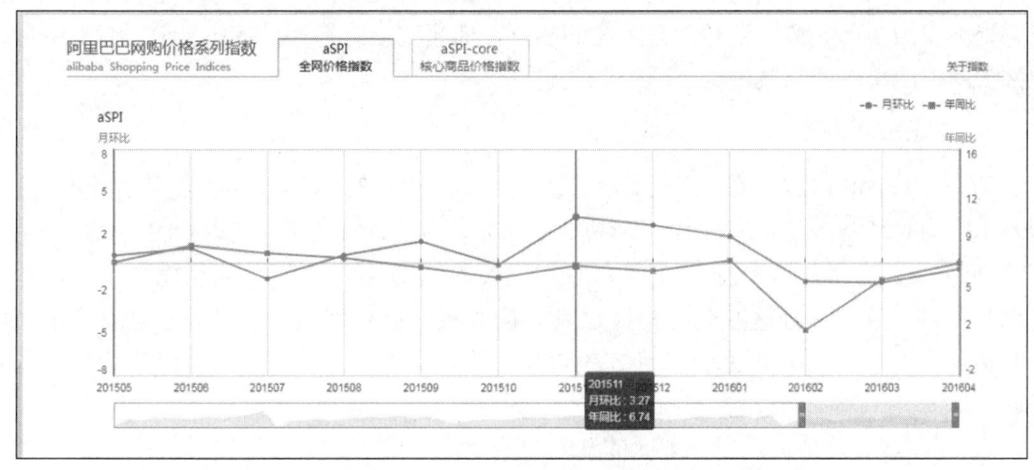

图 5-10　阿里价格指数查询页面

(5)阿里供货指数：根据所在行业已上网供应产品数计算而成的一个综合数值，指数越高表示供应产品越多。

2．跨境电商网

提到跨境出口平台，相信绝大部分人会说脱口而出速卖通、亚马逊、eBay 和 Wish，但并不是说仅仅只有这几个跨境电商平台。其实，每一个跨境电商平台都有自己的行业优势和忠实的客户群，或者在某个国家或地区具有重要的或者特别的影响力。对于跨境电商来说，在线渠道多元化是拓展网络渠道和规模的重要途径。跨境电商网汇总了跨境电商相关的研究报告、平台、上市公司服务商等等内容，十分全面，如图 5-11 所示。

图 5-11　跨境电商网网站页面

5.2.5 跨境电商海外市场信息搜集案例——中东

2022 年的卡塔尔世界杯，让全世界的目光都聚集在中东这个“神秘”地区，除让各地球迷津津乐道的精彩赛事之外，其背后的商业价值也备受瞩目。这样一个富裕的中东地区和无处不在的中国制造一直是大众关注的热点，而事实上，早在世界杯之前，具有灵敏商业触觉的中国跨境商家就进入了这个地区。

1. 中东市场洞察

① 人均 GDP 极高，消费能力强劲。中东有 23 个国家和地区，人口总数达 4.9 亿，凭借着丰富的石油资源，人均 GDP 非常高，卡塔尔、沙特、阿联酋的人均 GDP 分别达到 6.8 万美元、2.32 万美元和 4.28 万美元，与我国人均 GDP 约 1.2 万美元相比，中东人均消费水平更高。且中东地区整体人口年轻化，拥有极高的消费能力和消费意愿，需求也非常旺盛，线上购物的方式更受消费者的青睐，尤其是疫情之后，中东的消费者更加依赖互联网。

② 互联网普及率高。中东地区的互联网普及率非常高，如图 5-12 所示，尤其是阿拉伯联合酋长国(简称阿联酋)、卡塔尔、沙特阿拉伯(简称沙特)、约旦、黎巴嫩、巴林的互联网渗透率都超过 90%，超高的互联网普及率为中东跨境电商市场起到了促进的作用。

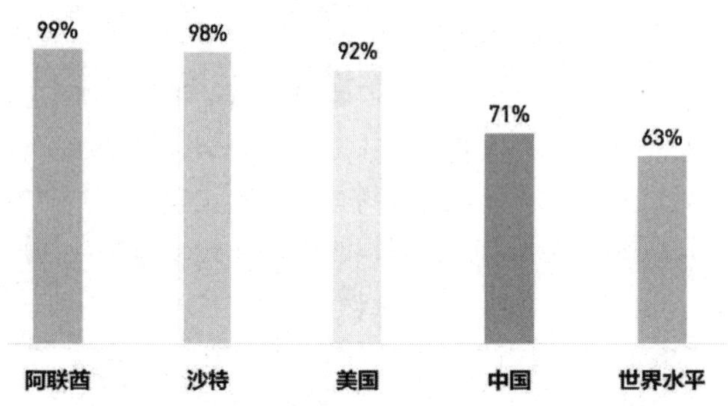

图 5-12 中东地区互联网普及率对比(2022 年)

③ 线下活动受限。由于中东气候原因，常年的高温大风天气使得大部分的民众选择长时间在家或者晚上出行，对线下交际活动有一定的限制。这使得线上的社交非常发达，中东地区用户每天花在社交媒体上的时间位居全球前列，这无疑是跨境电商商家获取流量的一大途径。

④ 传统宗教文化影响。中东地区的传统宗教文化对女性有着比较多的限制和影响，例如不可以独自出门，必须有丈夫的陪伴下才可以出门参加各类活动，年轻女性往往是家庭消费的主力，因此促进了线上购物的发展，也是中东电商市场的优势之一。

⑤ 卖家相对比较少。中东地区的轻工制造业不太发达，十分依赖进口产品，因此这类轻工业制造的产品没有本土电商的竞争，而身为“制造大国”的中国是中东地区主要的

进口来源，长期以来，我国的商品也深受中东民众的喜爱，作为潜力巨大的新兴市场，对国内进驻的卖家非常有优势。

2. 中东电商现状及未来趋势

中东地区跨境电商前景是非常可观的，那中东地区最大的电商平台有哪些？有什么入驻条件和门槛呢？

① 亚马逊和 noon。亚马逊是全球最大的电商平台，规则很全面，但是卖家进场会较容易遇到封店的情况；noon 是由穆罕默德阿拉巴尔联合沙特主权基金投资创建来跟亚马逊竞争的电商平台，也是中东第二大电商平台，由于是本土化运营，有比较明显的海外仓优势，与亚马逊相比，noon 规则更加宽松，且没有店铺关联。

② 入驻站点选择。中东站带目前有三个大站点，分别是阿联酋，沙特还有埃及，埃及站点目前没有对中国卖家开放。沙特站点的体量是阿联酋的 3 倍，同时沙特大部分地方还处于建设中，与中国郊区的情况相类似；阿联酋线下市场和大型商场超市发展相对成熟，客户对于线上线下购物有更多的选择。所以一直以来，沙特的电商活跃度比阿联酋要好，从滞销清货和出单体量上面来看更推荐选择沙特站点作为首选项。

综合来说，中东市场税率低，民众消费水平高，如此年轻化的人口市场，极高的互联网普及率和宗教文化的限制，给了跨境电商巨大的发展空间。

3. 中东市场的劣势

中东市场的劣势也很明显，部分消费者对网购信心不足，担心个人信息泄露和欺诈。当地人购物习惯具有“随意性”，并偏好“货到付款”的支付方式，相应的会增加商品退货率，增加物流成本。中东地区大多数为伊斯兰国家，因此跨境电商的选品和包装禁忌多。中东地区贫富悬殊更为明显，网购消费多为富裕阶层。

5.3 市场分析概述

市场是商品交换顺利进行的条件，是商品流通领域一切商品交换活动的总和。市场体系是由各类专业市场，如商品服务市场、金融市场、劳务市场、技术市场、信息市场、房地产市场、文化市场、旅游市场等组成的完整体系。同时，在市场体系中的各专业市场均有其特殊功能，它们互相依存、相互制约，共同作用于社会经济。随着社会交往的网络虚拟化，市场不一定是真实的场所和地点，当今许多买卖都是通过计算机网络来实现的。

市场起源于古时人类对于固定时段或地点进行交易的场所的称呼，当城市发展并且繁荣起来后，住在城市邻近区域的农夫、工匠们就会开始互相交易并且对城市的经济产生贡献。显而易见，最好的交易方式就是在城市中有一个集中的地方，像市场，可以让人们在此提供货物以及买卖服务，方便人们寻找货物及接洽生意。当一个城市的市场变得庞大而且更开放时，城市的经济活力也会增长起来。

市场是以商品交换为基本内容的经济联系方式。在商品经济条件下，交换产生和存在的前提是社会分工和商品生产。由于社会分工，不同的生产者分别从事不同产品的生产，并为满足自身及他人的需要而交换各自的产品，从而使一般劳动产品转化为商品，使产品生产也转化为商品生产。正是在这一条件下，用来交换商品以满足不同生产者需要的市场应运而生。因此，市场是商品经济条件下社会分工和商品交换的产物。市场与商品经济有着不可分割的内在联系。

5.3.1 市场的含义和划分

在日常生活中，人们习惯将市场看作买卖的场所，如集市、商场、商品批发市场等。这是一个时空(时间和空间市场概念。我国古代有关“旧中为市，致大下之民，聚大下之货，交易而退，各得其所”的记载，就是对这种在一定时间和地点进行商品交易的市场的描述。随着社会分工和市场经济的发展，市场的概念也在不断发展和深化，并在深化过程中体现出不同层次的多重含义：

(1) 市场是指商品交换的场所；

(2) 市场是各种市场主体之间交换关系乃至全部经济关系的总和；

(3) 市场表现为对某种或某类商品的消费需求。

经济学家从揭示经济实质角度提出了市场的概念，他们认为市场是社会分工和商品生产的产物，是以商品供求和商品交换为基本经济内容的各主体经济联系的形式。

企业总是服务于一定类型的具体市场，在一定的市场形态下进行营销活动。因此，了解企业面向的市场类型以及所处的市场形态，对于深入企业和市场的关系，搞好营销工作具有重要的意义。对市场的类型或者形态，可以从不同的角度进行考察。市场体系是多层次、多要素、全方位的有机系统，其实质是各种经济关系的具体体现和综合反映。

按市场的地理位置或空间范围分类，市场可以分为国内市场、国际市场、区域市场、城市市场、农村市场等。

按交易方式分类，市场可以分为现货市场、期货市场。

按购买者的购买目的和身份，市场划分如下。

(1) 消费者市场：指为满足个人消费而购买产品和服务的个人和家庭所构成的市场，又称生活资料市场。消费者市场具有市场广阔、人数众多、购买频繁、少量多样、变动性大的特点。

(2) 生产者市场：亦称生产资料市场，是由那些购买货物和劳务，并用来生产其他货物和劳务，以出售、出租给其他人的个人或组织构成的市场。生产者市场的用户比较集中，购买次数少而数量多，需求弹性小，技术性较强，通常由专业人员采购。

(3) 转卖者市场：一般指中间商市场，亦称再售者市场，是商品从生产者到消费者中间的买卖场所和领域。

(4) 政府市场：指各级政府为了开展日常政务活动或为公众提供服务，在财政的监督下，以法定的方式、方法和程序，通过公开招标、公平竞争，以财政部门直接向供应商付款的方式，从国内市场为政府部门购买货物、工程、劳务的行为。

按产品或服务供给方的状况(即市场上的竞争状况)划分市场，则分为以下四种。

(1) 完全竞争市场：完全竞争市场又称纯粹竞争市场或自由竞争市场，是指一个行业中有非常多的生产销售企业，它们都以同样的方式向市场提供同类的、标准化的产品(如粮食、棉花等农产品）的市场。

(2) 完全垄断市场：完全垄断市场指在市场上只存在一个供给者和众多需求者的市场结构；垄断市场形成的原因很多，最根本的原因是为了建立和维护一个合法的经济壁垒，从而阻止其他企业进入该市场，以便巩固垄断企业的垄断地位。垄断企业作为市场唯一的供给者，很容易控制市场某一种产品的数量及其市场价格，从而可连续获得垄断利润。

(3) 垄断竞争市场：垄断竞争市场是指许多厂商生产相近，但不同质量的商品的市场，是介于完全竞争和完全垄断两个极端的市场结构的中间状态。垄断竞争市场竞争程度较大，垄断程度较小，比较接近完全竞争，在现实中的大城市的零售业、手工业、印刷业中普遍存在。

(4) 寡头垄断市场：寡头垄断市场是介于完全垄断和垄断竞争之间的一种市场模式，是指某种产品的绝大部分由少数几家大企业控制的市场。每个大企业在相应的市场中占有相当大的份额，对市场的影响举足轻重，如美国的钢铁、汽车，日本的家用电器等规模庞大的行业。

市场承担着起点和终点的双重职能。市场是企业一切经营活动的出发点。产品的研究开发、生产、销售以及服务的提供都必须以市场为导向，企业决不能主观、臆断、自以为是。另一方面，市场又是企业一切经营活动的直接目标。企业在市场上展开激烈竞争，并不是竞争本身，也不是为目的，实际上是市场争夺战，是顾客争夺战，其目的只有一个，那就是获得更大的市场和更多的顾客。

5.3.2　市场的构成要素

不论是从古典狭义的市场概念出发，还是从现代广义的市场概念出发，市场的构成要素可以描述为：市场=人口+购买力+购买欲望。

(1) 人口。人口是构成市场的最基本要素，消费者人口的多少，决定着市场的规模和容量的大小，而人口的构成及其变化则影响着市场需求的构成和变化。因此，人口是市场三要素中最基本的要素。

(2) 购买力。购买力是指消费者支付货币以购买商品或服务的能力，是构成现实市场的物质基础。一定时期内，消费者的可支配收入水平决定了购买力水平的高低。购买力是市场三要素中最物质的要素。

(3) 购买欲望。购买欲望是指消费者购买商品或服务的动机、愿望和要求，是由消费者心理需求和生理需求引发的。产生购买欲望是消费者将潜在购买力转化为现实购买力的必要条件。

市场的这三个要素是相互制约、缺一不可的，它们共同构成企业的微观市场。

5.3.3　市场容量

1. 市场容量定义

市场容量是指在不考虑产品价格或供应商的前提下，市场在一定时期内能够吸纳某种产品或劳务的单位数目。

市场容量是由使用价值需求总量和可支配货币总量两大因素构成的。仅有使用价值需求没有可支配货币的消费群体，是贫困的消费群体；仅有可支配货币没有使用价值需求的消费群体是持币待购群体或十分富裕的群体。我们把这两种情况下的市场容量均称为因消费条件不足而不能实现的市场容量。

市场容量，是一国经济或全球经济增长的第一因素。没有市场容量的商品生产，是不能实现最终交易的生产。所以没有市场容量的 GDP 指标也是未来才能完成交易平衡的经济增量。市场容量是经济发展的客观原动力；企业效率是经济发展的主观原动力。有市场容量，可以自然拉动企业投资和经济发展；没有市场容量，仅仅依靠企业效率来推动经济增量，就蕴藏着经济失调的巨大风险。

在市场容量调查中，第一，需要了解的是，同类产品在目标市场中销售的具体数字和品牌、规格、来源、生产厂家、价格，并根据当地的有关统计人口、社会经济统计数据，寻找出过去和现在发生的变化情况，预测将来可能发生的变化。

第二，要了解当地市场有关产品的消费变化，主要查清当地同类产品的生产数量和可能发生的变化、当地产品的就地销售数量、当地的工资收入水平、消费习惯等，运用定性分析和定量分析的方法，综合地分析产品今后的消费变化趋势。

第三，查明同类产品在当地的年消费量、消费者数量和产品的消费方式、产品消费范围的大小、消费频度、产品用途，以及具有什么竞争性代用品等因素。

第四，为了对产品今后的消费情况的变化趋势进行预测，还应查明产品在当地市场上的生命周期状况，并结合其他因素同时进行综合分析和推断。产品的生命周期状况分为四个阶段，并总是以某种形式在流通当中反映出来：

(1) 导入期，产品刚进入市场，销售增长缓慢；增长期，产品销路渐开，如果产品适销对路，在今后一定时期内销售将会有迅速的增长；

(2) 成熟期，产品销售增长势头不明显，并有迹象表明产品销售即将下降；

(3) 停滞期，产品销售已达峰点，并逐渐发生缓慢下降；

(4) 衰退期，市场表现出对产品的需求减少，产品销售量也持续下降。

几乎所有的产品都以某种形式经历生命周期的 5 个阶段，但不同类型的产品或同类产品中的不同品牌的产品的变化速度是各不相同的。因此，查明产品在市场周期中所处的阶段是很重要的。此外，还必须注意的是，产品销售利润的下降通常要比销售量下降得早，也下降得快些。

2. 市场容量预测

随着科学技术的进步，市场容量预测的手段日趋先进，在市场营销活动中，市场潜量和销售量是两项最为重要的预测内容。

(1) 潜量预测

① 连锁比率法，就是对与某产品的市场潜量相关的几个因素进行连锁相乘，通过对几个相关因素的综合考虑，进行预测。

② 购买力指数法。购买力指数是对家庭收入、家庭户数、地区零售额等加权平均后，

得出的一个标准系数。购买力指数是一个相对数，只有用全部潜在需求量乘以购买力指数，才能得到某地区的潜在需求量。

③ 类比法，也叫比较类推法，包括历史类推和横断比较两种预测方法。历史类推是一种用当前的情况和历史上发生过的类似情况进行比较来推测市场行情的方法。横断比较就是将同一时期内某国或某地区某项产品的市场情况与其他国家或地区的情况相比较，然后测量这些国家或地区的市场潜量。

(2) 销售预测

① 销售人员意见综合法。这是一个最为简单的预测方法，要求各销售区域的销售人员，做出每个销售区域的销售预测，然后进行汇总，求出总的销售潜量。

② 购买者意图调查法。这一方法就是采用各种手段，直接向购买者了解其购买意图。如果购买者有清晰的意图，而且愿意付诸实施，这一方法是非常有效的。

③ 行业调查法。行业调查是指对某特定行业内各家公司的调查。这类调查可能是针对用户，也可能是制造商。

④ 专家意见法。这种方法是由专门人员，特别是那些比较熟悉业务，能预见业务趋势的主管人员，集思广益，进行判断，做出预测，是一个快速而简便的方法。为了提高预测的准确性，可以在预测前向专家提供经济形式和业务情况的资料，并组织他们讨论，然后将各种意见进行综合考虑，最后做出结论。

⑤ 趋势预测法。该方法是将历史资料和数据，按时间先后次序排列，根据其发展的规律，来推测未来市场的发展方向和变动程度。

⑥ 移动平均法。它是趋势预测法的一个基本方法。就是从时间序列的第一个数值开始，按一定项数求序列平均数，逐项移动，边移动边平均。

⑦ 指数平滑法。它是对过去的资料用平滑系数进行预测的一种方法。他允许预测人员对最近期的观察值给予最大的权数，对较远的观察值递减的加权数，而不是给所有的数据以同等的重要性。

⑧ 回归预测法。就是测定因变量与自变量之间的相关关系，建立表达两种关系的数学模型，通过模型取得预测值。

通常来说，我们习惯将一定时间内，一个(类)产品或服务在某个范围内的市场销售额作为研究市场规模大小的重要方法(在某些场景下也会使用成交量替代销售额进行市场研究)。市场容量决定了市场的天花板，市场天花板是指行业内企业销售额的极限数字，正常来讲市场容量越大天花板则越高。分析时可用市场容量和市场头部企业来确定市场天花板。

5.3.4 市场容量案例

以中东电商平台 noon 为例 noon 被称为“阿拉伯地区首个电子商务平台”，是穆罕默德阿拉巴尔联合沙特主权基金，以 10 亿美金打造的重量级电商平台，产品类别包括美容、时尚、电子产品、家居、厨房和生活用品等，如图 5-13 所示。

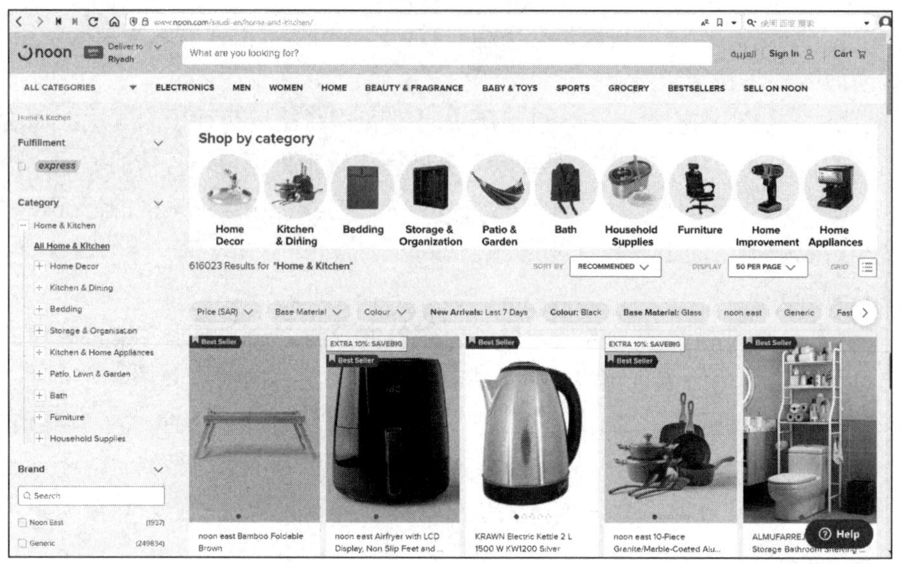

图 5-13　中东电商平台 noon 商品页面

使用爬虫程序，爬取到家居厨具类目下所有商品的详细信息，包括售价、评分和评论数等，再结合其他电商类信息获得销售量和销售金额值，如图 5-14 所示。

	A	B	C	D	E	F	G	H	I	J	K	L
1	category3	SKU	2022/8/13	URL	NAME	BRAND	PRICE	IMGKEY	IMGURL	StarValue	Ratting	OfferCode
2	bath	N39913280V	1	https://www.noor	Faux Fur Fleece,	noon east	55	v1629898855/N39	https://z.nooncdn	4.4	99	fc1eda0491284ae
3	bath	N44261244A	2	https://www.noor	Lite Tracker Io	Momax	90	v1635529357/N44	https://z.nooncdn	4.6	70	f76626486678435
4	bath	N46349884V	3	https://www.noor	Highly Absorban	noon east	65	v1623161706/N46	https://z.nooncdn	4.4	37	eb118b7d9e6e782
5	bath	N39913277V	4	https://www.noor	Faux Fur Fleece,	noon east	55	v1629898853/N39	https://z.nooncdn	4.6	76	cf85ad84dd33d07
6	bath	N52953411A	5	https://www.noor	Washing Machine	ALMUFARREJ	65	v1650178711/N52	https://z.nooncdn	4.6	9	f76626486678435
7	bath	N39913273V	6	https://www.noor	Faux Fur Fleece,	noon east	55	v1629898853/N39	https://z.nooncdn	4.6	46	f76626486678435
8	bath	N38418678A	7	https://www.noor	Bluetooth C1 Sm	eufy	119.5	v1652330180/N38	https://z.nooncdn	4.8	193	f76626486678435
9	bath	N43754178A	8	https://www.noor	6-Piece Towel S	Amal	55	v1622294651/N43	https://z.nooncdn	4.5	10	e54227c6d99bbcd
10	bath	N32909841V	9	https://www.noor	100% Cotton Ter	noon east	59	v1635188606/N32	https://z.nooncdn	4.7	108	cde5432382300b9
11	bath	N39411396A	10	https://www.noor	Smart Body Comp	eufy	115	v1652330180/N39	https://z.nooncdn	4.8	367	a208448e93d16ec
12	bath	N52953407A	11	https://www.noor	Toilet Cabinet	ALMUFARREJ	59	v1659428792/N52	https://z.nooncdn	4.6	7	f76626486678435
13	bath	N43623367A	12	https://www.noor	P1 Wireless Dig	eufy	119	v1636738646/N43	https://z.nooncdn	4.9	74	af13df5cbddf3b4
14	bath	N45563601V	13	https://www.noor	Super Soft Micr	Amal	55	v1626954278/N45	https://z.nooncdn	4.8	124	b3d86fc935e7740
15	bath	N32909811V	14	https://www.noor	100% Cotton Ter	noon east	55	v1635349970/N32	https://z.nooncdn	4.5	101	be4e19e92b85fda
16	bath	N33949658A	15	https://www.noor	Smart Scale C1	eufy	91.9	v1585222775/N33	https://z.nooncdn	4.8	635	b3d9835c60cb2d2
17	bath	N23908402A	16	https://www.noor	Digital LCD Bat	ORBIT	61	v1633860033/N23	https://z.nooncdn	4.6	118	b89886ac0750b82
18	bath	N32909801V	17	https://www.noor	100% Cotton Ter	noon east	55	v1635188605/N32	https://z.nooncdn	4.3	84	be880489575c86a
19	bath	N43754105A	18	https://www.noor	4-Piece Bath To	noon east	85	v1623328778/N43	https://z.nooncdn	4.5	20	b3d9835c60cb2d2
20	bath	N39913281V	19	https://www.noor	Faux Fur Fleece,	noon east	55	v1629898855/N39	https://z.nooncdn	4.4	45	b3f2bd097dd1549
21	bath	N21506569A	20	https://www.noor	Portable Mobile	ALMUFARREJ	117	v1612183028/N21	https://z.nooncdn	4.3	26	b3f2bd097dd1549
22	bath	N39913274V	21	https://www.noor	Faux Fur Fleece,	noon east	55	v1599988379/N39	https://z.nooncdn	4.4	64	da177fe0b35ea32
23	bath	N46349886V	22	https://www.noor	Highly Absorban	noon east	59	v1649315492/N46	https://z.nooncdn	4.5	13	f76626486678435
24	bath	N40544457A	23	https://www.noor	10-Piece Towel	noon east	52	v1646303216/N40	https://z.nooncdn	4.4	7	c293a397373ba28
25	bath	N42554228A	24	https://www.noor	Over Toilet Sto	Biki	71	v1635529355/N42	https://z.nooncdn	4.4	89	b5fc9de66694126
26	bath	N45563603V	25	https://www.noor	Super Soft Micr	Amal	55	v1626954278/N45	https://z.nooncdn	4.7	89	b8f1fb7d44f6dd8
27	bath	N40544464A	26	https://www.noor	10-Piece Towel	noon east	52	v1625066153/N40	https://z.nooncdn	4.3	4	fa095181e9bcc3c
28	bath	N39913280V	27	https://www.noor	Faux Fur Fleece,	noon east	55	v1629898855/N39	https://z.nooncdn	4.4	99	fc1eda0491284ae
29	bath	N44261244A	28	https://www.noor	Lite Tracker Io	Momax	90	v1635529357/N44	https://z.nooncdn	4.6	70	f76626486678435
30	bath	N46349884V	29	https://www.noor	Highly Absorban	noon east	65	v1623161706/N46	https://z.nooncdn	4.4	37	eb118b7d9e6e782
31	bath	N39913277V	30	https://www.noor	Faux Fur Fleece,	noon east	55	v1629898853/N39	https://z.nooncdn	4.6	76	cf85ad84dd33d07
32	bath	N52953411A	31	https://www.noor	Washing Machine	ALMUFARREJ	65	v1650178711/N52	https://z.nooncdn	4.6	9	f76626486678435
33	bath	N39913273V	32	https://www.noor	Faux Fur Fleece,	noon east	55	v1629898853/N39	https://z.nooncdn	4.6	46	f76626486678435
34	bath	N38418678A	33	https://www.noor	Bluetooth C1 Sm	eufy	119.5	v1652330180/N38	https://z.nooncdn	4.8	193	f76626486678435

图 5-14　爬取数据示意图

使用 powerBI 的树状图视觉对象进行可视化，如图 5-15 所示。

通过观察可以发现，Furniture 三级类目的成交金额规模在家居厨具市场排名第一，同时家居厨具市场下 Home Decor 三级类目的需求是非常旺盛的，属于较大的市场。热门市场的特征是需求和供应都十分旺盛。

对 Furniture 三级类目进一步细化，可以发现空气炸锅、咖啡机等小家电的销量和销售额的增长都很大。

爬取中 noon 各类目下商品销售数据，进行市场分析后得到如下信息。

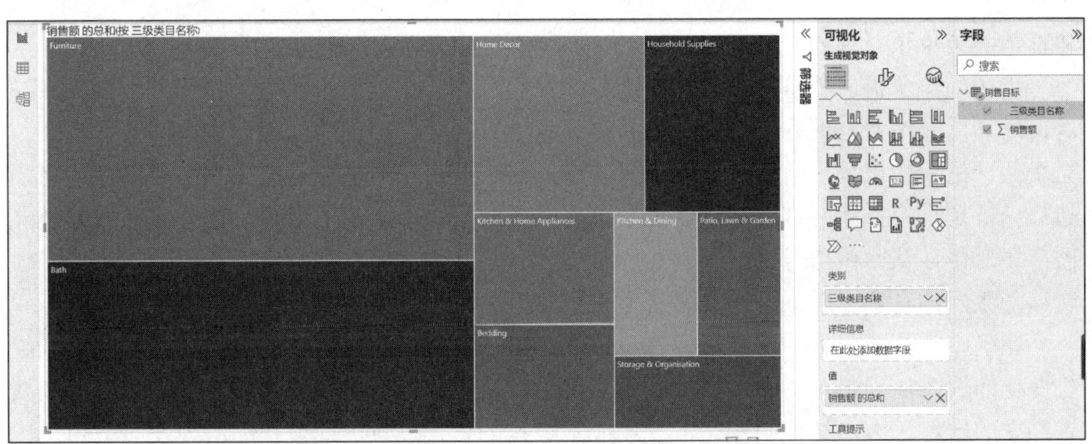

图 5-15 家居厨具市场下各三级类目的成交金额规模可视化

(1) 中东用户中的女性占比近七成，20～35 岁为核心消费年龄段，斋月、古尔邦节和“黑五”是每年的销售旺季。

(2) 从品类看，女装的核心需求是具有中东特色的黑袍，融入快时尚和当地流行元素的款式更受欢迎，且适合当地女性的大码服装需求量较大。因当地女性喜欢参加派对、宴会，晚礼服、手包也有很多需求。男装方面，除有特色的传统服饰之外，年轻人喜欢时尚，T 恤、运动风的衣物以及皮包、皮带等配饰的需求大。

(3) 中东当地女性必须在公共场合穿黑袍，她们更倾向于用精致的妆容展示自己的容颜，睫毛膏、眼妆等美妆产品需求旺盛。

(4) 中东国家的网购群体对电脑、充电宝、影音用品等新颖奇特的电子产品非常感兴趣。

(5) 家电方面，中东地区的住房空间较大，咖啡机、大口径的原汁机、吸尘器、空气炸锅等厨房电器和个护清洁品类常年畅销。

(6) 中东实行一夫多妻制，人口出生率较高，母婴用品及童装、玩具的需求量居高不下。

(7) 中东地区的消费者对手机的依赖度很高。沙特人均拥有 1.7 部手机，换机周期为 18 个月，但手机品牌有所分化，受气候环境影响，防水、防尘、防摔的三防手机会有较大的增长空间。

(8) 家居产品的形状不规则，重量也不太稳定，物流成本较高，选品时应尽量以体积小、重量轻、不容易变形、不易碎的产品为主。

5.4 分析市场趋势

5.4.1 什么是市场趋势

市场趋势是指，在既定的市场环境和时间段内，市场的需求或市场上某些产品的销量变化情况。了解市场规模很重要，但了解市场是呈扩张还是收缩趋势，对于企业制定战略和营销决策也至关重要。

市场趋势分析，就是对市场趋势进行估计和预测，通过分析市场趋势相关数据以加深对市场环境和消费者偏好的认识，从而有计划地针对变化中的市场制定未来的业务计划。当企业评估新的市场机会或产品概念时，市场趋势分析是市场分析的重要组成部分。市场趋势分析是一个持续的过程是企业至少每 6 个月都应该做一次的事情，这样才能较好地监控市场变化，从而做出对企业有利的应对之策。只有成功监控和响应市场变化的企业，才能够从激烈的竞争中脱颖而出并创造竞争优势。

在确定产品或服务的未来目标时，市场趋势分析将用作未来市场预测的基础。市场趋势变化的根本原因是市场中用户需求的变化，有诸多市场变化会影响用户的需求，如消费者需求的转移、人口结构的变化、行业成本结构的变化、竞品或替代品的改变等。市场中发生的任意变化都有可能会对市场规模产生影响，这些变化往往会带来新的机遇和威胁。

影响市场趋势的因素如此之多，企业应如何思考和分析呢？

通常来说，比较全面和系统的方法是使用 PESTLE 分析模型对市场趋势进行分析。PESTLE 分析模型又称为大环境分析，它是企业进行市场分析和战略规划活动常会用到的工具。

PESTLE 中的每一个字母都代表了一个总体环境中的因素：政治因素(Political)、经济因素(Economic)、社会因素(Social)、技术因素(Technological)、法律因素(Legal)和环境因素(Environmental)。

通常企业做 PESTLE 分析的目的是：找出当前影响企业业务的外部因素，确定未来可能影响企业业务且可能发生变化的外部因素，从而可以比竞争对手更好地利用变化(机会)或防御(威胁)。此外 PEST 分析也可以用于评估新市场的未来发展趋势。

5.4.2 市场趋势

PESTLE 分析模型相对比较系统和全面，但实际应用起来会比较耗费时间和精力，对于资源有限的情况，我们可以只对几个关键因素进行分析，以保证市场趋势分析的有效性。通常，可以通过分析用户的需求和行为趋势来进行有效的市场趋势分析。

发展趋势好的市场称之为增量市场，又称之为朝阳产业，发展趋势差的市场称之为存量市场，又称之为夕阳产业。分析市场趋势就是要辨别市场，辨别的标准为：如果连续两年增幅超过 15%则可判定为增量市场，反之则为存量市场。

1. 市场趋势的生命周期

市场趋势可以根据市场需求的变化划分为导入期、上升期、爆发期、衰退期等 4 个阶段，如图 5-16 所示。

(1) 导入期是指消费者需求开始产生的阶段，在导入期时企业就要着手将产品投放市场，这意味着需要提前做好产品布局相关的准备工作。

(2) 上升期是指消费者需求开始上升的阶段，在此阶段企业要投入足够的市场预算，全力抢占市场。

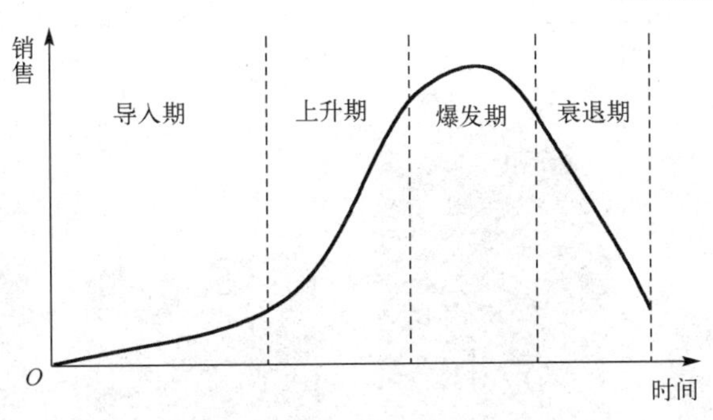

图 5-16　市场趋势的生命周期

(3) 爆发期是指消费者需求达到顶峰的阶段，在此阶段企业要尽量地多出单，努力创收，使成交量、销售额达到可观数值。

(4) 衰退期是指消费者需求开始下降的阶段，在此阶段企业要将库存控制在安全库存(也称安全存储量)的范围，避免资金过量占用。

大部分企业所面临的事实竞争环境，就是存量市场和增量市场的竞争环境。存量市场指市场容量和规模已经存在的市场，是比较成熟的市场。这个市场的容量天花板、年增长率、品牌格局、消费形态等都相对比较成熟的市场。一般情况下，会出现一超多强或第一阶梯三大领导品牌，二线及三线品牌众多，但业绩占比极小。而增量市场是指市场尚未饱和，尚有很多未被开发的空白，消费者还有更多需求尚未被发现和满足，增量市场既可能是行业发展初期阶段，也可能是市场成熟后期品类分化阶段。一般呈现多个品牌在不同区域或渠道各有靓丽表现，但尚未形成全品类绝对领导优势的品牌。

总的来说，存量市场是一个市场秩序已定，新品牌进入难度高的市场，增量市场是市场格局未定，新品牌进入机会相对较多的市场。

2. 市场增量的计算方式

市场增量有两个计算方式。

(1) 增幅是通过计算两个时间点的相对差异百分比来评判趋势。增幅=增速(增长相对量)=增长率，即：增幅=(末期量−基期量)/基期量。增幅是一个表示增长速度的相对值。

(2) 斜率，直线的斜率概念等同于土木工程和地理中的坡度。斜率越大则趋势曲线越是陡峭，斜率是绝对的。

5.4.3 市场趋势案例

以女装类目下的“Dresses”二级类目为例，这个类目无论在国内还是国外，都是一个巨大且竞争力强的市场，搜集电商平台 noon 2018—2021 年 Dresses 类目的成交量数据，如图 5-17 所示。

时间粒度选择为“年份”，可看到 2018—2021 年的成交量趋势，根据所展示的市场增幅情况(未有连续两年增幅超过 10%)，可判断 Dresses 属于存量市场。

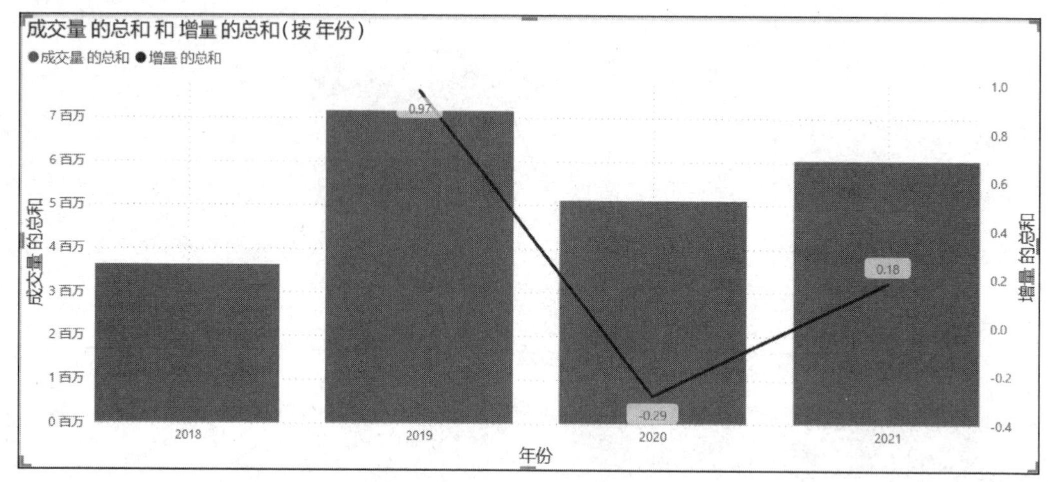

图 5-17　noon 2018—2021 年 Dresses 类目成交类时序图

将时间粒度修改为“月份”，在成交量趋势图底部的时间条上设置时间宽度(一般设置为近两年即可)。观察以女装类目下的“Dresses”二级类目成交量趋势可发现，Dresses 市场每年有明显的淡旺季，其中夏季是旺季，其他季节对新品的需求不明显，是淡季。以夏季为例，对应到市场趋势的四个不同阶段，可分析市场趋势为：2 月份是导入期，2—4 月份是上升期，5 月份是爆发期，7 月份开始是衰退期。

5.5　分析市场竞争和竞争趋势

5.5.1　什么是市场竞争

市场竞争是市场经济的基本特征。在市场经济条件下，企业从各自的利益出发，为取得较好的产销条件、获得更多的市场资源而竞争。通过竞争，市场实现了企业的优胜劣汰，进而实现生产要素的优化配置。市场竞争是市场经济中同类经济行为主体出于自身利益考虑，为了增强自己的经济实力而排斥同类经济行为主体的相同行为的表现。

市场竞争主要包括商品竞争、素质能力竞争、服务竞争、信息竞争、价格竞争和信誉竞争。

1．市场竞争的主要形式

(1) 价格竞争。进行价格竞争的条件就是成本的降低，而价格竞争的主要手段就是降价。

(2) 非价格竞争。非价格竞争的方式可以有多种多样，如产品质量竞争、广告营销竞争、产品式样和花色品种竞争等。使用非价格竞争手段必然导致企业生产经营成本增加。

2．市场竞争策略

(1) 高质量竞争战略。高质量竞争战略是指企业以高质量为竞争手段，即致力于树立高质量的企业形象，并希望在竞争中以高质量超越竞争对手。

(2)集中优势竞争战略。集中优势竞争战略要求企业致力于服务某一个或少数几个消费者群体，力争在局部市场中取得竞争优势。

(3)差异优势竞争战略。企业以表现某些方面的独到之处为竞争主要手段，希望在与竞争对手的差异比较中占有优势地位，便形成差异优势战略。

5.5.2 市场集中度

行业集中度(Concentration Ratio)又称行业集中率或市场集中度(Market Concentration Rate)，是指某行业的相关市场内前 N 家最大的企业所占市场份额(产值、产量、销售额、销售量、职工人数、资产总额等)的总和，用来衡量企业的数目和相对规模的差异，是市场规模市场结构集中程度的重要量化指标。互联网的行业集中度是用于反映网站、互联网应用或网络游戏的运营情况的统计指标。

行业集中度是决定市场结构最基本、最重要的因素，集中体现了市场的竞争和垄断程度，经常使用的集中度计量指标有：行业集中率(CR_n 指数)、赫芬达尔-赫希曼指数(Herfindahl-Hirschman Index，HHI，以下简称赫希曼指数)、洛仑兹曲线、基尼系数、逆指数和熵指数等，其中集中率与赫希曼指数两个指标被经常运用在反垄断经济分析之中。测量行业集中度的具体方法和相应指标有很多，本书着重介绍行业集中率和赫希曼指数。

1. 行业集中率

行业集中率是指该行业的相关市场内前几家规模最大的企业所占市场份额的总和。例如，CR_4 是指四个最大的企业占有该相关市场份额。同样，五个企业集中率(CR_5)、八个企业集中率(CR_8)均可以计算出来。

但是，行业集中率的缺点是它没有指出这个行业相关市场中正在运营和竞争的企业的总数。例如，同样 CR_4 高达 75%的两个市场在行业的份额却可能是不相同的，因为一个行业可能仅有几个企业而另一个行业则可能有许多企业。

设某产业的销售总额为 X，第 i 个企业的销售额为 X_i，则第 i 个企业的市场份额为 $S_i = X_i / X$，又设 CR_n 为该产业中最大的 n 个企业所占市场份额之和，则有：

$$\mathrm{CR}_n = \sum_{i=1}^{n} S_i$$

根据美国经济学家贝恩和日本通产省对产业集中度的划分标准，将产业市场结构粗分为寡占型($CR_8 \geqslant 40\%$)和竞争型($CR_8 < 40\%$)两类。其中，寡占型又细分为极高寡占型($CR_8 \geqslant 70\%$)和低集中寡占型($40\% \leqslant CR_8 < 70\%$)；竞争型又细分为低集中竞争型($20\% \leqslant CR_8 < 40\%$)和分散竞争型($CR_8 < 20\%$)。

2. 赫希曼指数

赫希曼指数基于该行业中企业的总数和规模分布，是相关市场上的所有企业的市场份额的平方后再相加的总和。这个指标最初由赫希曼提出，1950 年由哥伦比亚大学的赫芬达尔在他的博士论文《钢铁业的集中》中进一步阐述。赫希曼指数是一个较理想的市场集中度计量指标，它可以衡量企业的市场份额对市场集中度产生的影响，成为了政府审查企业并购的一个重要行政性标准。

赫希曼指数的含义是：它给每个企业的市场份额 S_i 一个权数，这个权数就是其市场份额本身。可见，它对大企业所给的权数较大，对其市场份额也反映得比较充分。赫希曼指数值越大，集中度越高，反之越低。

赫希曼指数计算公式为：

$$\text{HHI}=\sum_{i=1}^{N}\left(\frac{X_i}{X}\right)^2=\sum_{i=1}^{N}S_i^{\ 2}$$

其中，X 为市场的总规模；X_i 为第 i 个企业的规模；$S_i=\dfrac{X_i}{X}$ 为第 i 个企业的市场占有率；N 为该行业内的企业总数。

赫希曼指数给予规模较大的企业的比规模较小的企业更大的权重，因此，赫希曼指数对规模较大的前几家企业的市场份额比重的变化反应特别敏感，能真实地反映市场中企业之间规模的差距大小，并在一定程度上可以反映企业支配力的变化。

赫希曼指数综合地反映了企业的数目和相对规模，能够反映出行业集中率所无法体现的集中度的差别。例如，现有 A、B、C 三个品牌，市场占有率比分别为 60%、30%、10%，则赫希曼指数=0.36+0.09+0.01=0.46，将得到的赫希曼指数求倒数，1/0.46≈2，说明市场份额主要集中在前 2 个品牌。

在使用赫希曼指数的时一般选取市场 TOP100 的品牌、店铺或者产品，当赫希曼指数接近甚至大于 0.05 说明市场趋于集中，反之则说明市场趋于自由竞争状态。

竞争存在于每个行业，只要存在市场，便离不开竞争。世界多国和地区颁布了相关法律法规来防止行业垄断。针对低度集中市场，美国和欧盟都曾颁布《横向并购指南》，两份指南中一致认为，在企业并购后市场上赫希曼指数不足 1000 的情况下，并购不具反竞争效果。针对中度集中市场，横向并购指南认为，企业并购后市场上赫希曼指数在 1000 至 1800 之间，且并购后较并购前的赫希曼指数提高低于 100 个点，一般不具反竞争效果；但若赫希曼指数提高了 100 个点以上，则可能具有反竞争效果，需要作进一步分析。欧盟版《横向并购指南》规定，企业并购后市场上赫希曼指数位于 1000～2000 之间，且并购后较并购前的赫希曼指数提高低于 250 个点，一般不具有反竞争效果，但有例外；如果并购后较并购前的赫希曼指数提高了 250 个点或以上，则可能具有反竞争效果，需要做进一步分析；在中度集中市场，欧盟版《横向并购指南》比美国版《横向并购指南》的初始门槛更为宽松。而如果是高度集中市场,美国版《横向并购指南》规定，企业并购后赫希曼指数提高超过 1800 时，属于高度集中市场，且并购后较并购前的赫希曼指数提高低于 50 个点，一般不具反竞争效果；如果并购后较并购前的赫希曼指数提高了 50 个点以上 100 个点以下，则可能具有反竞争效果，需要做进一步分析；如果并购后较并购前的赫希曼指数提高了 100 个点以上，一般具有反竞争效果，但需要综合其他因素作进一步分析。而欧盟版《横向并购指南》则认为，赫希曼指数提高超过 2000 时，才属于高度集中市场，且并购后较并购前的赫希曼指数提高低于 150 个点，一般不具有反竞争效果，但有例外；但如果并购后较并购前的赫希曼指数提高了 150 个点或以上，则可能具有反竞争效果，需要做进一步分析；在高度集中市场，欧盟版《横向并购指南》与美国版《横向并购指南》存在市场集中度门槛级差。

实践中，企业并购中实测出的赫希曼指数通常比美国版或欧盟版《横向并购指南》规定的赫希曼指数标准要高得多，说明两份《横向并购指南》规定的赫希曼指数标准仅供参考，不能在企业并购的反垄断执法决策中起决定性作用，实际执法决策时要综合考虑市场集中度、市场份额、市场进入障碍、单边效应、协调效应与效率等因素，还要考虑是否有予以除外或豁免的事由等。

5.5.3　市场竞争案例

电商平台中市场集中度以头部卖家的销量集中度代表。依然以 noon 平台为例，进入厨房用具类目下，爬取该类目下空气炸锅产品信息，包括品牌和店铺信息。从统计表中，可以得到销量前十店铺，如图 5-18 所示。

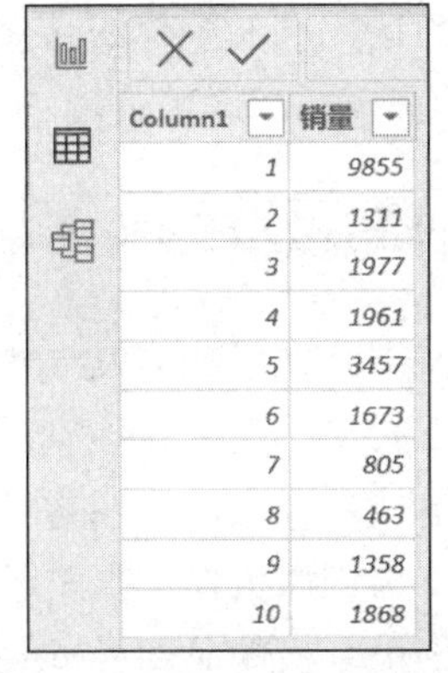

Column1	销量
1	9855
2	1311
3	1977
4	1961
5	3457
6	1673
7	805
8	463
9	1358
10	1868

图 5-18　noon 平台空气炸锅销量前十店铺

新建度量值，总和 = SUM('Sheet1'[销量])。

基于计算出的总和，用各店铺的月销量数据与月销量总和进行比值，计算出每个店铺占总和的百分比，新建列，占比 = DIVIDE('Sheet1'[销量], 'Sheet1'[总和])

对百分比求平方和，计算赫希曼指数，得到平方和 0.2，即赫希曼指数为 0.2。对赫希曼指数(0.2)求倒数，得到的结果是 5，说明前十店铺的市场集中度为 5，销量主要集中在 5 家店铺里，这 5 家店铺主要是 noon 自营店铺和几个高知名度品牌的旗舰店铺。

5.6　分析行业最佳价格波段

5.6.1　标品与非标品

标品一般是指功能相似或者相同、外观相似的、同类之间没有太大差别的产品，如纸尿裤、纸巾、文件夹等实用型产品都是标品。非标品指有很多款式或者是同类之间存在功能差异化的产品，如衣服、包包等。

标品的消费者购买需求明确，这类产品需要品牌效应和价格优势，在推广的时候，关键字相对较少，单次付费更高，对排名要求也较高。

非标品的可选关键词和属性更多，需要的运营策略也更多样，在关键字的选择和主图的设计上都需要抓住买家的消费冲动，引导买家在看到产品的时候激发起购买欲望，即使位置靠后一些也不会影响主图的点击率。

因为标品可以选择的关键词很少，所以商家之间的竞争就会比非标品激烈很多。并且由于标品下的产品使用属性完全一样，客户在搜索浏览排名靠前的一些产品之后基本就下单了，所以排名靠后的产品很难得到展示和点击。甚至很大一部分的客户在购买标品的时候都是搜索关键词之后直接点击销量排行，购买销量靠前的产品。这就是很多商家的产品在销量到达一定数量之后整体的访客数会突然暴涨的原因。在运作标品的时候需要将产品的位置与销量都做高，而位置的高低销量占据了很大的权重，所以运作标品最主要的就是提升销量。

如何让销量快速提升呢？不同价格产品的组合是一种有效的方法。不同价格产品的组合指 SKU(Stop Keeping Unit，最小货存单元)合理组合，可以将一些产品相似但是价格不同的产品并入到同一个链接进行售卖。主图展示价格较高的商品而价格由于平台的机制原因则会展示最低价格的产品，这样可以吸引更多的访客进店。低价格的产品如果可以做到高性价比的话，产品整体的转化数据也会很高。或者可以将以上两个方法进行组合，在一个链接里用低价的 SKU 去增加销量来维护销量数据，来带动其他 SKU 的销售。

5.6.2 价格波段

某商家产品在上线后发现销量并没有达到自己的预期，市场容量没有问题，但市场份额就是做不起来。后来发现竞品的价格都浮动在自己定价的 1/2 左右，与竞争对手相比自己毫无价格优势。由此说明定价十分重要，选定正确的市场后也需要做出正确的定价决策才有机会将店铺做大。

市场售价分析的是商品的售价，商品售价与销售额和利润息息相关，售价过高，虽然单件利润得以保证，但是销量及销售额难以提高，总利润也不会太乐观。售价过低，销量可能比较乐观，但利润难以保证。一般而言，在一定范围内定价越高则利润越高，超出范围后，则定价越高利润越低。因此，定价时需要考虑最佳的价格波段。

确定最佳价格波段需要收集具有代表性的市场商品数据，必备的字段一般有：商品名称、规格、售价、单价、销量、销售额。收集市场上的商品数据，对商品售价做统计分组，即可了解消费者对不同价格波段的认可度。

进行价格波段分析时，根据商品的价格合理调整价格区间的步长。例如企业产品是以 20 元左右的商品为主的，价格区间步长可设置为 5 元；若企业产品是以 200 元左右的商品为主的，价格区间步长可设置为 20 元。

通常要求价格区间的步长一致，但有时价格区间的两端在价格跨度较大时可以统一汇总。例如，某企业的产品价格范围从 10 元到 1000 元，如果在 200 元以下的产品份额很小，可以将 200 元以下的数据进行汇总；如果 500 元以上的产品份额很小，可以将 500 元以上的数据进行汇总；200～500 元的区间按相等步长进行切分区间。

5.6.3 非标品的价格波段分析案例

仍以中东 noon 电商平台以女装类目下的“Dresses”二级类目为例，如图 5-19 所示，网页上没有显示销售数量，选择按“推荐”查询，这样在采集页面的数据时可以优先采集更有代表性的商品。

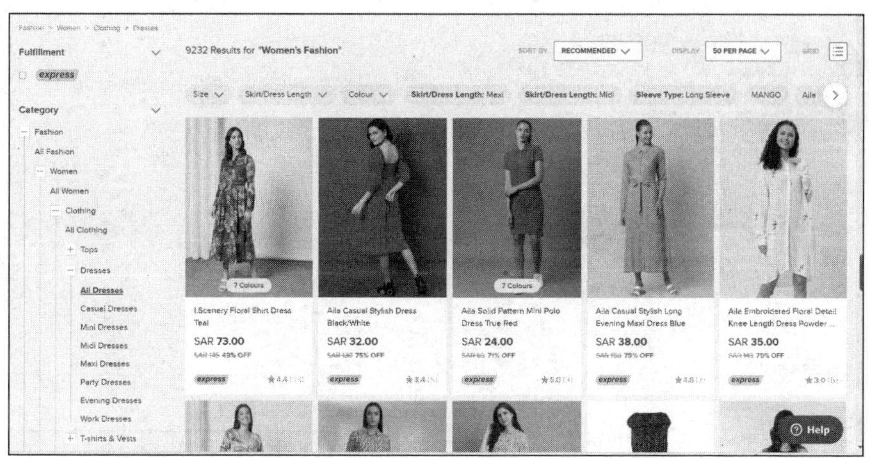

图 5-19　中东 noon 电商平台“Dresses”二级类目商品列表

此类目共有 9000 多种非标品，采集前 1000 种商品的价格信息，通过统计算出平均价格、最低价和最高价，其中最低价为 17 沙特里亚尔，最高价为 2093 沙特里亚尔。

通过分析前 1000 种商品的价格，以走量为目的的话可将商品定在 57.25～114.5 沙特里亚尔价格区间；以竞争度小为目的的话可将商品定在 971.75～1229 沙特里亚尔价格区间。

本 章 习 题

1．进行电商店铺营销决策分析，需要收集和获取数据，请讨论思考应该准备哪些数据。

2．判断咖啡机是增量市场还是存量市场。

3．判断户外露营帐篷的行业竞争趋势。

4．计算洁面美容仪（可具体某品牌或某功能）的 TOP N（N=10,20,⋯）店铺集中度。

5．分析户外装饰太阳能灯具的最佳定价。

第6章

客户数据分析

结构导图

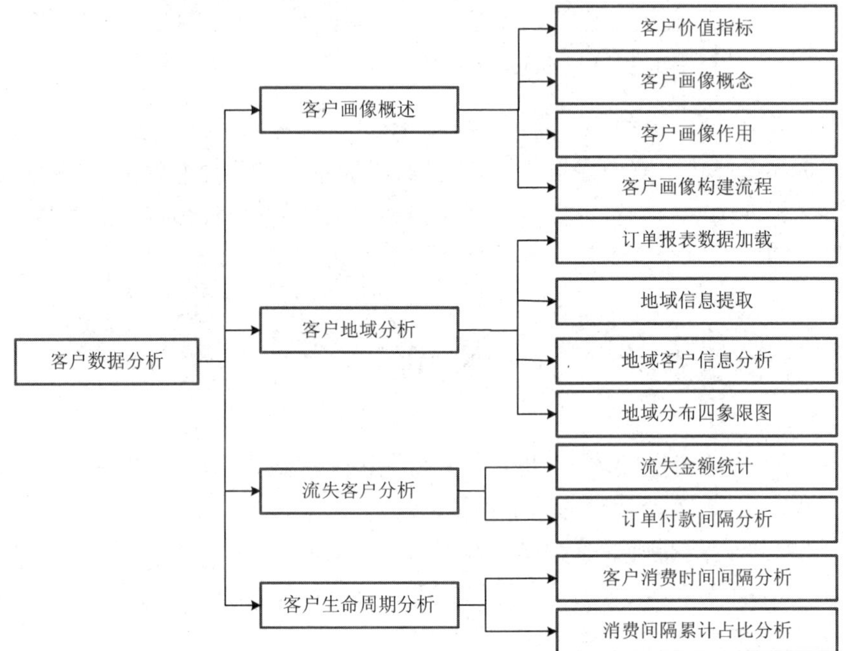

学习目标

1. 知识目标

- 了解客户价值指标、客户画像的概念。
- 理解客户画像的作用。
- 理解客户画像的构建流程。

2. 能力目标

- 掌握运用 Power BI 进行客户地域分析的方法。
- 掌握运用 Power BI 进行流失客户分析的方法。
- 掌握运用 Power BI 进行客户生命周期分析的方法。

6.1 客户画像概述

6.1.1 客户价值指标

客户的价值通常由三部分组成：历史价值(过去的消费)、潜在价值(主要从用户行为方面考虑)、附加值(主要从用户忠诚度、口碑推广等方面考虑)。

客户价值指标分为总体客户指标、新客户价值指标和老客户价值指标。

(1) 总体客户指标主要从访问人数、获客成本、成交转化率等指标进行衡量。

(2) 新客户价值指标主要从新客户数量、获客成本和客单价等指标进行衡量。

(3) 老客户价值指标主要从老客户数量、消费频率、最后一次消费时间、消费金额以及复购率等指标进行衡量。

数据分析体系建立之后，数据指标并非一成不变，需要根据业务需求的变化实时进行调整，调整时需要注意统计周期变动以及关键指标变动。单独地分析某个数据指标并不能解决问题，各个指标是相互关联的，所以要对所有指标共同进行分析，商家需要根据具体的需求寻找特定的数据指标节点。

6.1.2 客户画像概念

客户画像作为一种勾画目标客户群体、联系客户诉求与设计方向的有效工具，在各领域得到了广泛的应用。在实际操作的过程中，客户画像用最为浅显和贴近生活的话语将客户的属性、行为与期待的数据转化联结起来。作为实际客户的虚拟代表，客户画像所形成的客户角色并不是脱离产品和市场所构建的，它需要有代表性，能代表产品的主要受众和目标群体。

6.1.3 客户画像作用

客户画像在电商行业中的作用主要包括以下三个方面。

(1) 精准营销：精准营销依托现代信息技术手段，在精准定位的基础上建立个性化的顾客沟通服务体系，最终实现可度量的、低成本的营销之路。精准营销相对于一般的电商网络营销，更加注重精准、可衡量和高投资回报。在电商行业中，主要包括精准直邮、短信、App 消息推送、个性化广告等。

(2) 客户研究：客户研究是指根据大量的用户行为数据，进行行业或人群现象的描述。比如通过购买口罩、空气净化器等类目的订单表和客户表可以得到不同城市的雾霾防范指数，这些行业分析报告为网民提供描绘电商大数据的成果，迎合相应的 IP 热点和社会效应可以加强品牌影响力的传播。在电商中，用户研究可以指导产品优化，甚至做到产品功能的私人定制等。

(3) 业务决策：业务决策是指根据客户的数据挖掘出一些有用的规律进行决策。数据挖掘通过属性筛选、聚类算法、关联分析、回归算法等方法，发现人群与人群、人群与商品、商品与商品、商品与品牌等之间的差异与联系，从而发现并挖掘更大的商机，如排名统计、地域分析、行业趋势、竞品分析等。

6.1.4 客户画像构建流程

客户画像多采用定性的研究方法来进行角色划分。构建客户画像一般包括以下几个流程。

1．确立目标与画像维度

明确业务目标与客户角色，不同的角色与目标在收集信息时有所差异，进而影响到最终得到的画像结果。因此在做画像之前，需要考虑清楚画像目的。明确目标后，就可以结合目标与角色，制定出画像信息维度。

2．确立调研方法

确立画像信息维度后，需要结合用户、时间精力、经费等因素，选择合适的调研方法以实现信息收集。常用的调研方法有 3 种：定性研究、定量研究以及定性定量研究相结合。

3．制定计划与数据收集

在明确目标与方法后，需要对整个研究进行细化，制定具体翔实的执行计划并落地，把控整体节奏以收集有效的信息。

4．分析资料，角色聚类

收集整理到有效信息后，需要识别关键的行为变量，将调研到的用户与行为变量进行一一对应，并识别差异化行为模式。以行为变量为依据进行用户对应时，不必追求绝对的精准，只要相对能映射清楚即可。梳理完后，观察可发现某些用户群体聚集在几个行为变量上，它们构成了一个显著的行为模式，由此聚类出某个角色类型。

5．综合特征，产出画像

完成角色聚类后，梳理每类角色的行为、目标、痛点等维度特征，形成画像的基本框架，并对每个角色属性信息、场景等进行详细描述，让画像更加丰满、真实。

6．结合产品，画像落地

用户画像只有落地并助力产品设计，才能体现其价值。在创建完画像后，可以组织分享画像结果，让团队内成员对服务的用户达成共识，进而探讨产品的新机会点或改进点，逐步落地到产品设计、推广营销中。

6.2 客户地域分析

据统计，电商企业获得一个新客户的成本比获得一个老客户的成本高得多，因此，电商企业需要重视客户分析，研究如何降低拉新成本并提高老客户的回购率。

以速卖通的生意参谋中的订单报表为例，通过已有的数据表分析不同国家买家的购买力、买家会员数以及平均客单价等信息，并根据会员规模指标制作地域分布四象限图，从而对不同客户定制个性化营销方案。

6.2.1 订单报表数据加载

(1)在“主页”选项卡中单击“获取数据”按钮，在下拉列表中选择“Excel”命令，如图 6-1 所示。在导航器菜单中，选择“订单报表”选项，并单击“转换数据”按钮，添加订单报表数据，如图 6-2 所示。

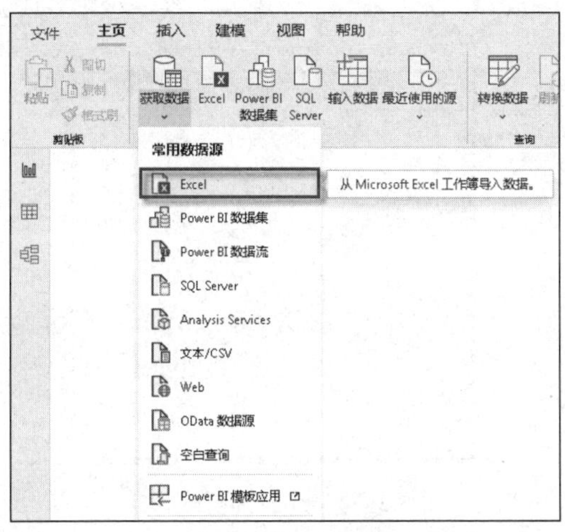

图 6-1　获取 Excel 数据菜单

图 6-2　在导航器中添加订单报表数据

(2) 检查每个字段的数据格式是否正确，删除全部是空白或 null 的数据列。

6.2.2 地域信息提取

(1) 在编辑查询视图下，选择订单报表中的收货地址列，在“主页”选项卡中选择“拆分列”选项，在下拉列表中选择“按分隔符”命令，如图 6-3 所示。

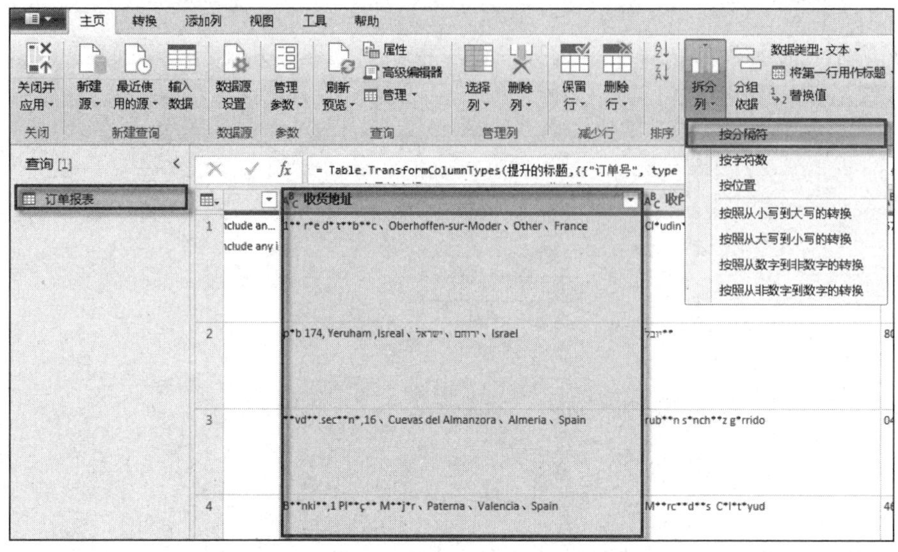

图 6-3 按分隔符拆分列（1）

(2) 观察收货地址中的地址划分规则，发现顿号是地址划分分隔符。设置选择或输入分隔符属性为“、”，拆分位置为“每次出现分隔符时”，拆分为“列”，要拆分为的列数为“4”，单击“确定”按钮，如图 6-4 所示。地址拆分结果如图 6-5 所示。

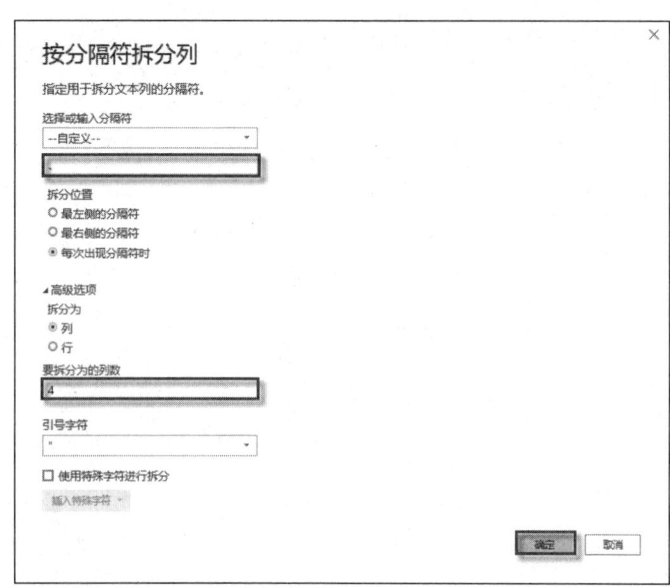

图 6-4 按分隔符拆分列（2）

收货地址.1	收货地址.2	收货地址.3	收货地址.4
1** r*e d* t**b**c	Oberhoffen-sur-Moder	Other	France
p*b 174, Yeruham ,Isreal	ירוחם	ישראל	Israel
vd.sec**n*,16	Cuevas del Almanzora	Almeria	Spain
B**nki**,1 Pl**ç** M**j*r	Paterna	Valencia	Spain

图 6-5　地址拆分结果

(3) 依次将被拆分的 4 个列名重命名为“地址”“城市”“州/省”和“国家”。筛选国家字段中的非 null 数据，如图 6-6 所示，单击“确定”按钮。

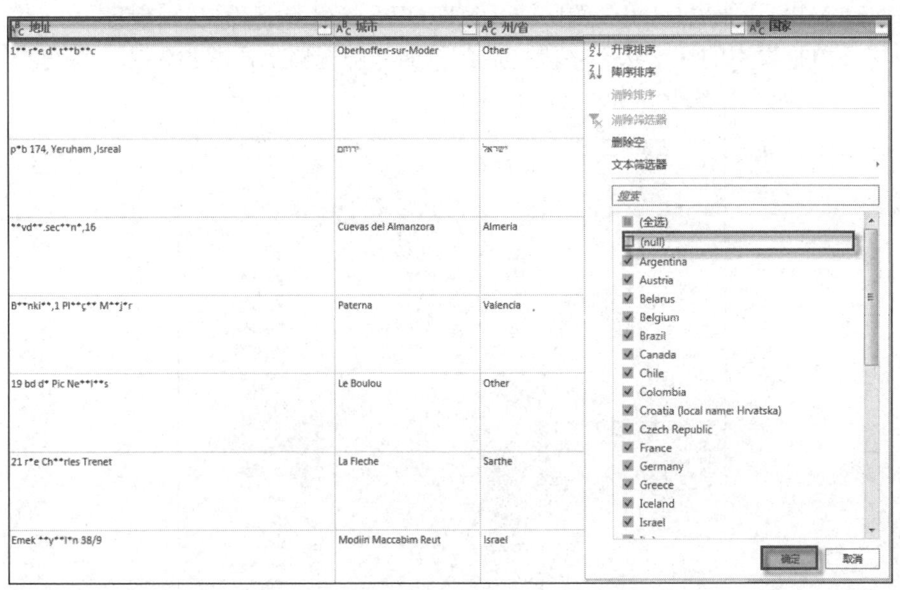

图 6-6　修改列名

6.2.3　地域客户信息分析

地域客户信息统计主要以不同国家或州/省为统计单位，统计买家订单金额、买家会员数以及人均客单价信息。这些信息在不同地域营销方案中将起到非常重要的作用。

度量值用于一些最常见的数据分析。简单汇总的度量值(如总和、平均值、最小值、最大值和计数)可以通过“字段”框进行设置。度量值的计算结果也会随着与报表的交互而改变，以便用户进行快速和动态的临时数据浏览。在 Power BI 中，可以在“报表视图”或

“数据视图”中创建和显示度量值，创建的度量值将显示在带有计算器图标的“字段”列表中。度量值名称可以自定义，并如其他字段一样可以被添加到新的或现有的可视化效果中。

在创建度量值时，将使用数据分析表达式(DAX)公式语言。DAX 自带一个内含超过200个函数、运算符和构造的库，这个库为创建度量值提供了巨大的灵活性，几乎可以计算任何数据分析所需的结果。DAX 公式与 Excel 公式非常相似，甚至具有许多相同的函数，例如 DATE、SUM 和 LEFT 等。

地域客户信息统计中，主要用到以下一些函数。

SUM 函数用于对字段进行求和。买家订单金额总数为指定区域订单金额的总数，因此，买家订单金额总数=SUM('订单报表'[订单金额])。

VALUES 函数用于返回不重复值的列表。使用 VALUES 函数返回指定区域唯一的会员列表，买家会员列表=VALUES('订单报表'[买家名称])。

COUNTROWS 函数用于统计表中的行数。统计 VALUES 函数返回指定区域唯一的会员列表的行数，获得指定区域的会员数量。买家会员数量=COUNTROWS(买家会员列表)=COUNTROWS(VALUES('订单报表'[买家名称]))。

人均客单价为买家订单金额总数除以买家会员数量。人均客单价=买家订单金额总数/买家会员数量=SUM('订单报表'[订单金额])/COUNTROWS(VALUES('订单报表'[买家名称]))。

(1)将订单报表中的订单状态字段拖放到页面级筛选器上，取消勾选“等待买家付款”和“订单关闭”两个复选框，如图 6-7 所示。

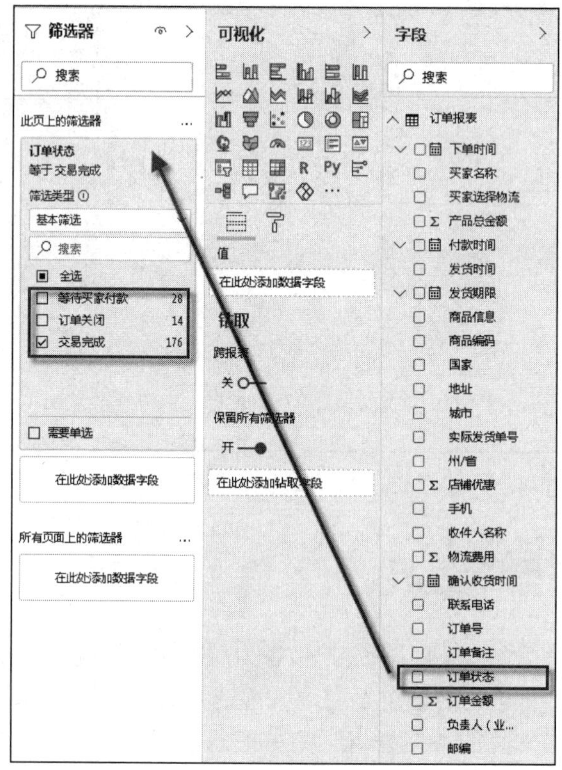

图 6-7　订单状态过滤

(2) 添加表格对象，表格值设置为“国家”字段、“订单金额”字段和“买家名称的计数”字段，将“买家名称的计数”字段设置为“计数(非重复)”，如图 6-8 所示。

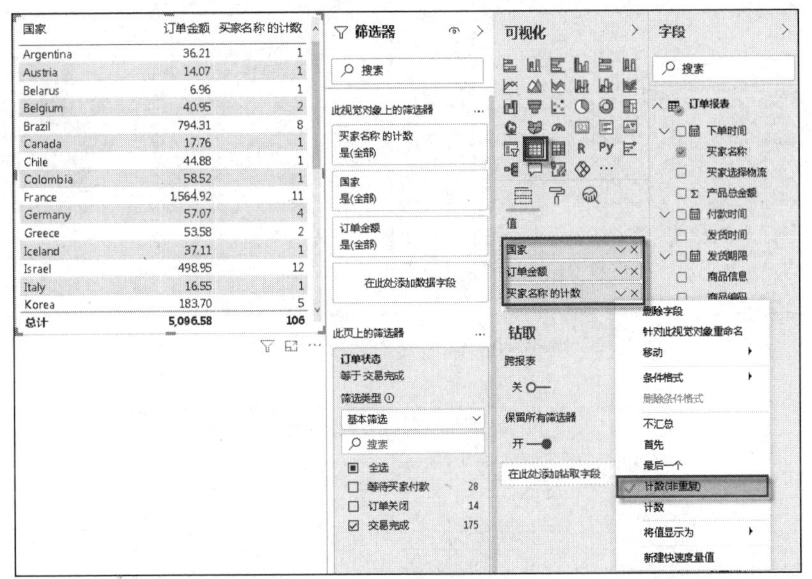

国家	订单金额	买家名称 的计数
Argentina	36.21	1
Austria	14.07	1
Belarus	6.96	1
Belgium	40.95	2
Brazil	794.31	8
Canada	17.76	1
Chile	44.88	1
Colombia	58.52	1
France	1,564.92	11
Germany	57.07	4
Greece	53.58	2
Iceland	37.11	1
Israel	498.95	12
Italy	16.55	1
Korea	183.70	5
总计	5,096.58	106

图 6-8　添加表格对象

(3) 在“建模”选项卡中选择“新建度量值”命令，在公式文本框中输入公式“人均客单价 =SUM('订单报表'[订单金额])/COUNTROWS(VALUES('订单报表'[买家名称]))”，如图 6-9 所示。

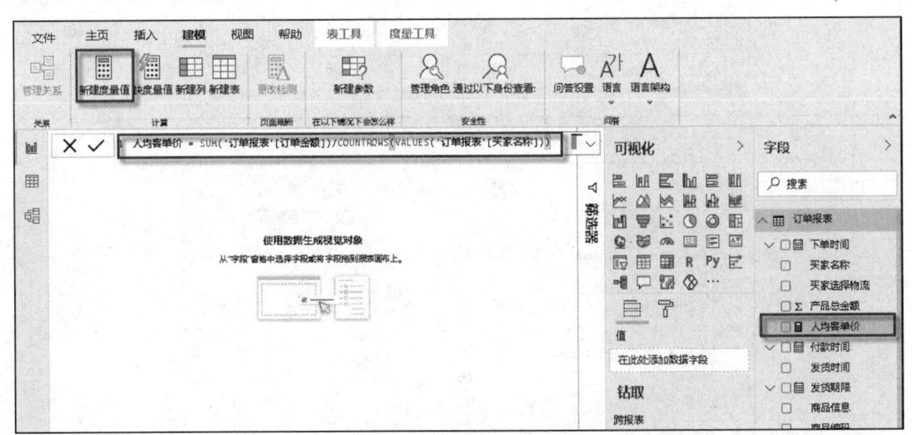

图 6-9　创建人均客单价度量值

(4) 选中表格对象，勾选订单报表中的“人均客单价”复选框，将其添加到表格对象中，如图 6-10 所示。

(5) 将表格对象按订单金额(销售业绩)字段进行排序，查看销售业绩排名前五的国家，如图 6-11 所示。可以针对这五个国家加大广告投入或优化广告投放策略。

(6) 将表格对象按人均客单价字段进行排序，查看人均客单价排名情况，如图 6-12 所示，依此制定详细的销售推广策略。

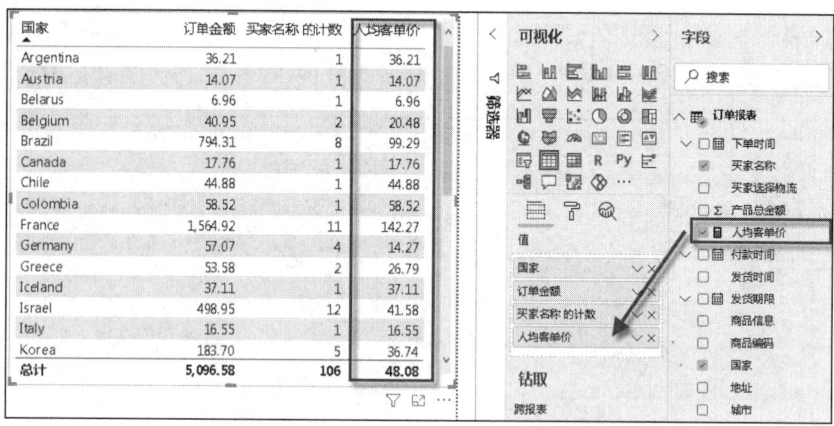

国家	订单金额	买家名称 的计数	人均客单价
Argentina	36.21	1	36.21
Austria	14.07	1	14.07
Belarus	6.96	1	6.96
Belgium	40.95	2	20.48
Brazil	794.31	8	99.29
Canada	17.76	1	17.76
Chile	44.88	1	44.88
Colombia	58.52	1	58.52
France	1,564.92	11	142.27
Germany	57.07	4	14.27
Greece	53.58	2	26.79
Iceland	37.11	1	37.11
Israel	498.95	12	41.58
Italy	16.55	1	16.55
Korea	183.70	5	36.74
总计	5,096.58	106	48.08

图 6-10　添加人均客单价字段

国家	订单金额	买家名称 的计数	人均客单价
France	1,564.92	11	142.27
Spain	896.76	28	32.03
Brazil	794.31	8	99.29
Israel	498.95	12	41.58
Russian Federation	213.82	11	19.44
Korea	183.70	5	36.74
Norway	122.98	2	61.49
Thailand	81.37	2	40.69
Mexico	65.08	1	65.08
Colombia	58.52	1	58.52
Germany	57.07	4	14.27
Netherlands	54.24	2	27.12
Greece	53.58	2	26.79
United Kingdom	47.84	1	47.84
Chile	44.88	1	44.88
总计	5,096.58	106	48.08

图 6-11　按订单金额字段排序

国家	订单金额	买家名称 的计数	人均客单价
France	1,564.92	11	142.27
Brazil	794.31	8	99.29
Mexico	65.08	1	65.08
Norway	122.98	2	61.49
Colombia	58.52	1	58.52
United Kingdom	47.84	1	47.84
Chile	44.88	1	44.88
Israel	498.95	12	41.58
Thailand	81.37	2	40.69
Iceland	37.11	1	37.11
Korea	183.70	5	36.74
Argentina	36.21	1	36.21
Spain	896.76	28	32.03
Switzerland	31.99	1	31.99
Slovakia (Slovak Republic)	27.34	1	27.34
总计	5,096.58	106	48.08

图 6-12　按人均客单价字段排序

【实操题 1】请选择合适的跨境电商订单报表，进行地域客户信息分析。

6.2.4　地域分布四象限图

以会员数为会员规模指标，将地域按四象限进行定义，其中包括低规模高客单、高规模高客单、低规模低客单、高规模低客单，如图 6-13 所示。

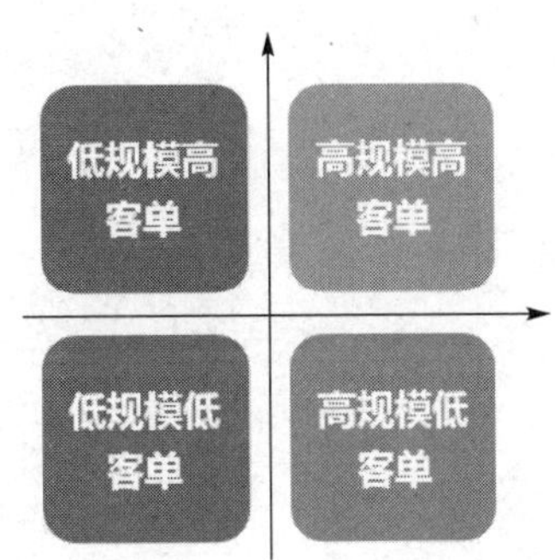

图 6-13　地域分布四象限

在 Power BI 中，可以使用 Quadrant Chart by MAQ Software 可视化插件实现四象限制作功能。

(1) 在“主页”选项卡中选择“更多视觉对象”选项，在下拉列表中选择“从 AppSource”命令，在 Power BI 视觉对象窗口中搜索“quadrant”，添加四象限图对象，如图 6-14、图 6-15 所示。

(2) 插入 Quadrant Chart by MAQ Software 对象，设置 X Axis 参数为“买家名称”，设置该字段统计方式为“计数(非重复)”，设置 Y Axis 参数为“人均客单价”，Radial Axis 参数为“订单金额”，Legend Axis 参数为“国家”，如图 6-16 所示。

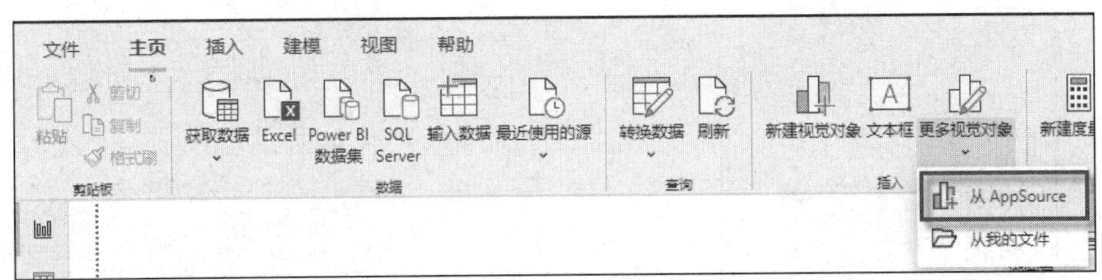

图 6-14　“从 AppSource”命令

图 6-15　添加四象限图对象

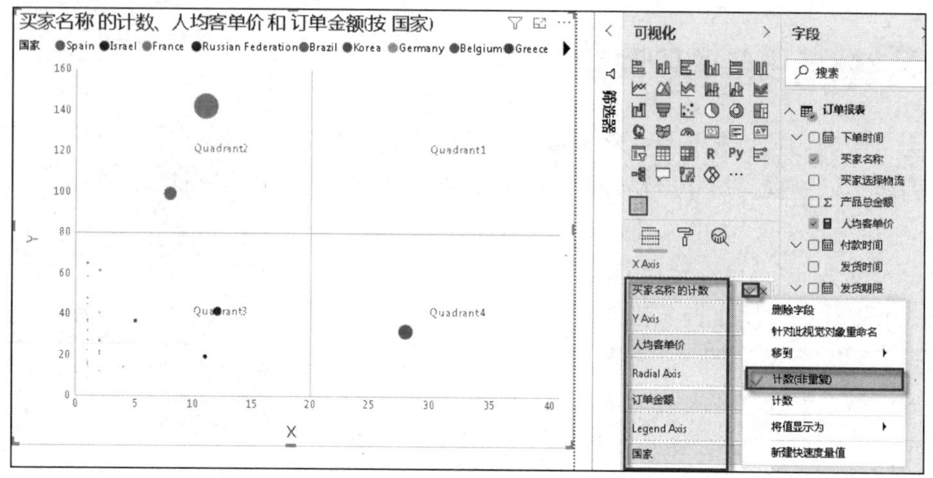

图 6-16　插入四象限图对象

(3) 修改四象限图对象属性，X-Axis 属性的 Title text 为“会员人数”，Y-Axis 属性的 Title text 为“人均客单价”，如图 6-17、图 6-18 所示。

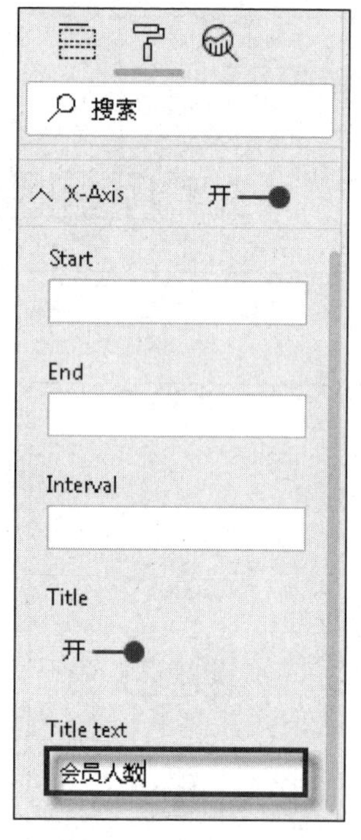

图 6-17　修改 X-Axis 名称

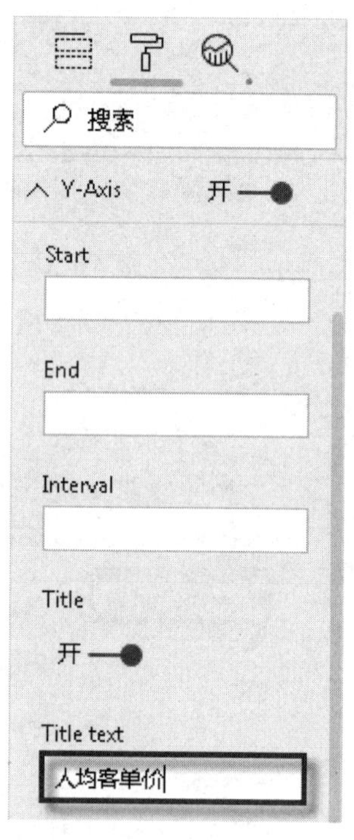

图 6-18　修改 Y-Axis 名称

(4) 根据数据分布情况，修改 X-Axis 属性中的 Start 为“0”，End 为“30”，如图 6-19 所示。

(5) 根据四象限分布，修改四象限 Quadrant 1～Quadrant 4 的名称分别为“高规模高客单”“低规模高客单”“低规模低客单”和“高规模低客单”，如图 6-20 所示。

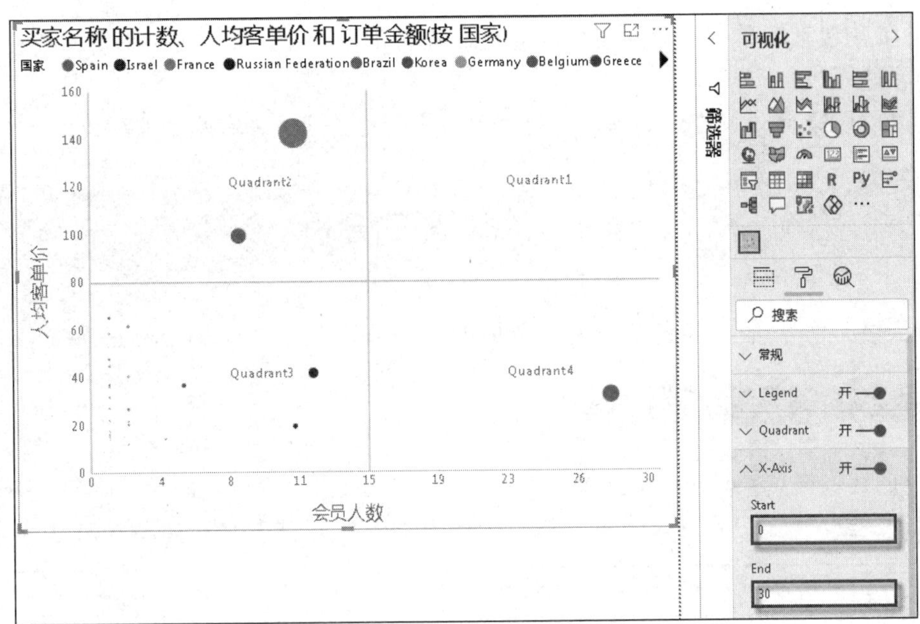

图 6-19　修改 X-Axis 显示区间

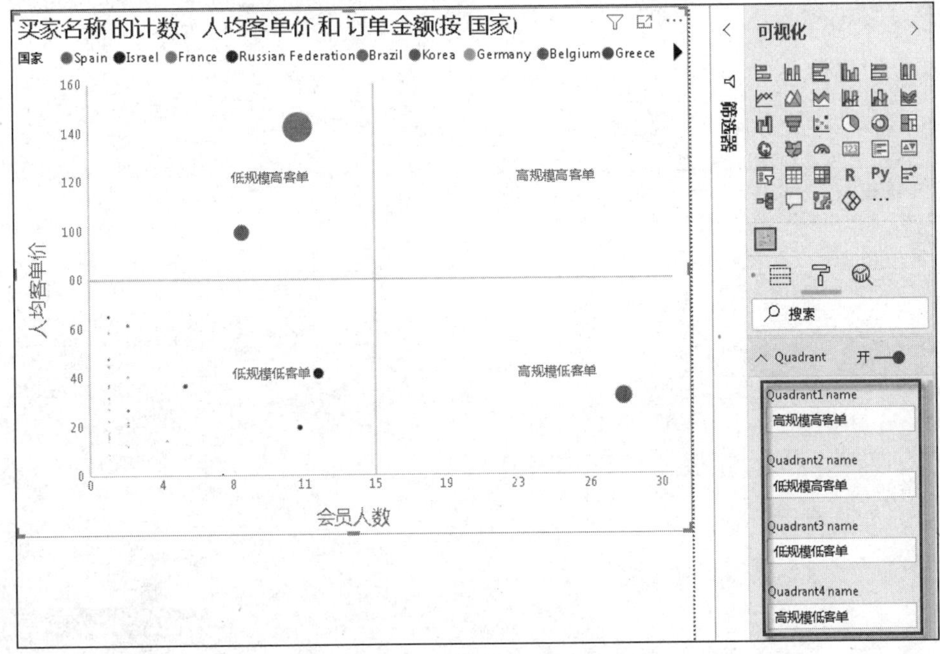

图 6-20　修改四象限名称

针对不同象限区域，可以采取如下营销策略。

(1) 高规模高客单：重点维护区域，保持市场投入和营销策略，考虑加大投入。

(2) 高规模低客单：尝试组合优惠套餐，提高关联销售，提高客单价。

(3) 低规模高客单：广告投放不到位或市场营销不准，考虑适当加大市场投入，刺激会员规模增长。

(4) 低规模低客单：企业规模允许情况下考虑开展调研工作，研究市场的拓展方案，否则可以选择放弃。

【实操题 2】请选择合适的跨境电商订单报表，进行地域分布四象限分析。

6.3 流失客户分析

流失客户分析是指对交易关闭所造成的流失客户数以及流失金额进行统计分析。

6.3.1 流失金额统计

(1) 创建表格对象，在订单报表中勾选“国家”字段、“订单金额”字段和“买家名称的计数”字段，设置“买家名称的计数”字段为“计数(非重复)”，如图 6-21 所示。

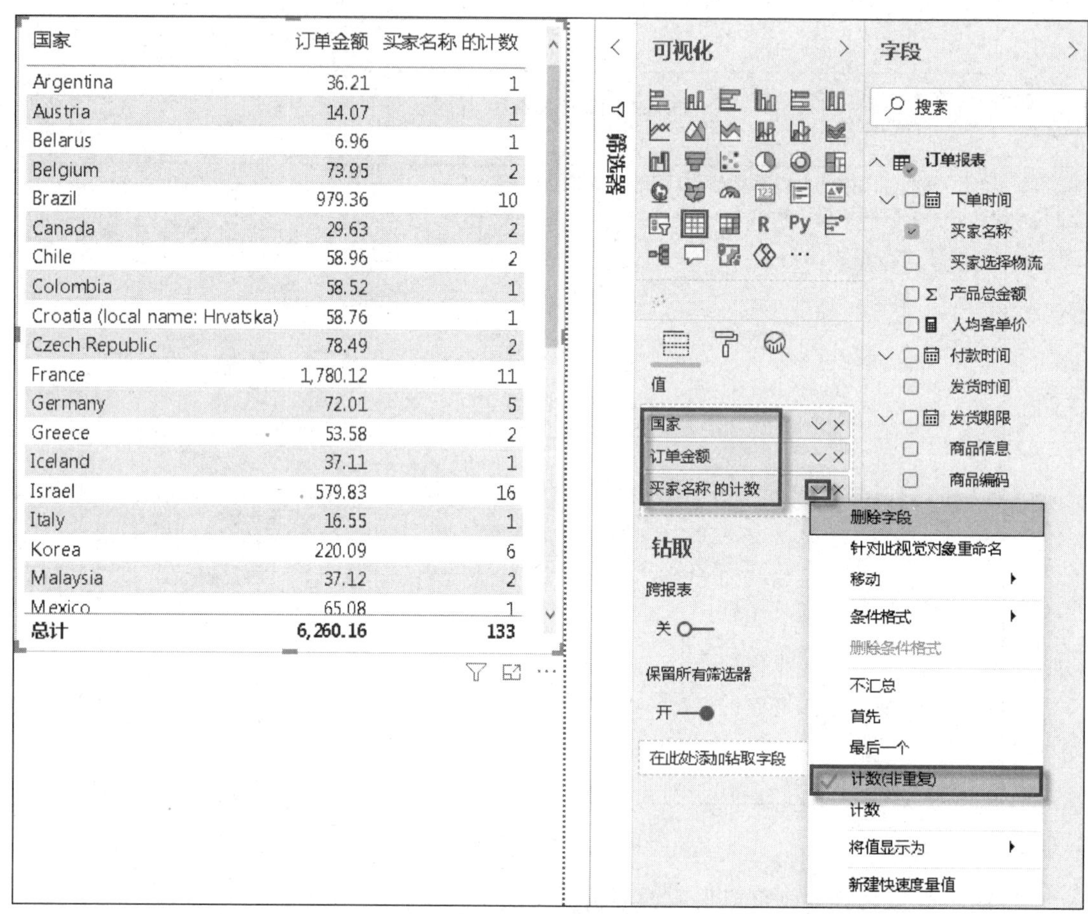

图 6-21 创建表格对象

(2) 将订单状态字段拖放至视觉对象筛选器中，筛选“交易关闭”的订单。将表格对象按订单金额进行逆序排序，如图 6-22 所示。

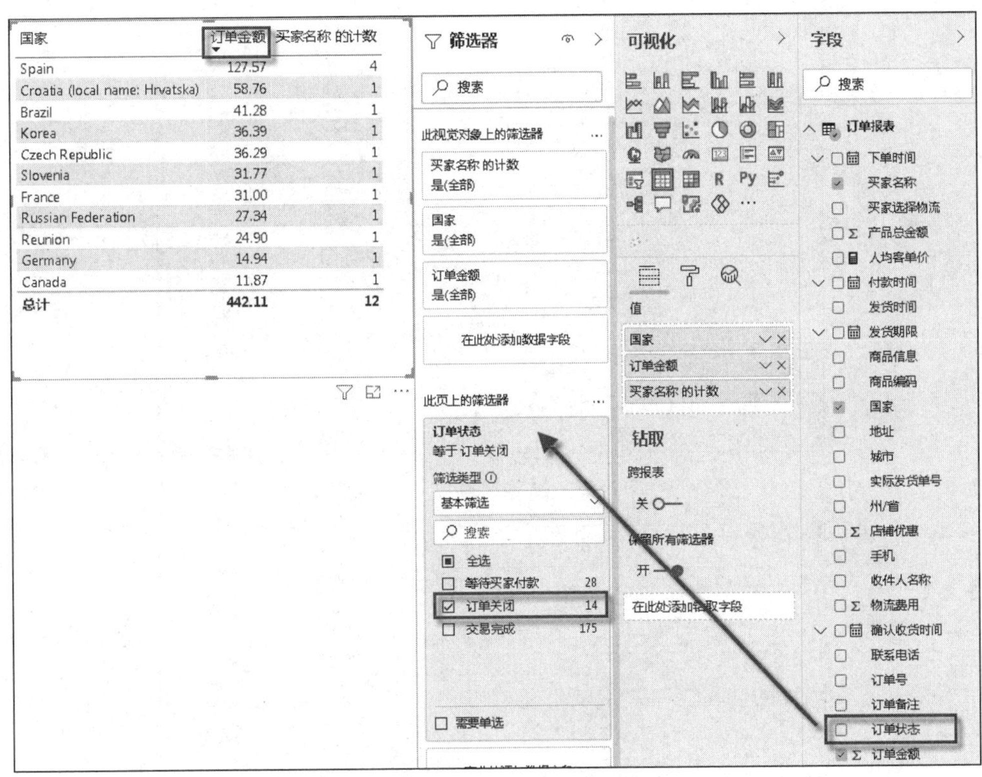

图 6-22　筛选表格对象并排序

【实操题 3】 请选择合适的跨境电商订单报表，进行流失金额统计。

6.3.2　订单付款间隔分析

在 Power BI 中可以使用 DATEDIFF 函数计算两个日期的指定单位间隔。DATEDIFF 函数的表达式为 DATEDIFF(起始时间，结束时间，时间单位)。因此，按小时作为订单付款时间的计算单位，订单付款间隔 = DATEDIFF([下单时间]，[付款时间]，HOUR)。

计算列使用 DAX 公式来定义列值，包括不同列中的文本组合、其他数值列计算等操作。计算列中的 DAX 公式属于行上下文公式，计算列中每行的运算都是根据每行的数据决定的。在表中新建列相当于给原始数据加了新列，这些列会占用内存空间。

新建度量值在模型级别，不属于任何一个数据表，新建列在表级别，属于具体数据表。

(1) 在“建模”选项卡中选择“新建列”命令，输入公式“订单付款间隔 = DATEDIFF([下单时间]，[付款时间]，HOUR)”，如图 6-23 所示。

(2) 添加表格对象，在“值”中添加订单报表的“订单付款间隔”和“买家名称”字段。设置“订单付款间隔”字段统计方式为“不汇总”，如图 6-24 所示。修改“买家名称”字段统计方式为“计数”，如图 6-25 所示。

(3) 将订单状态字段拖放到视觉对象筛选器上，将“订单关闭”两项进行过滤，将表中对象按照“订单付款间隔”字段进行排序，如图 6-26 所示。

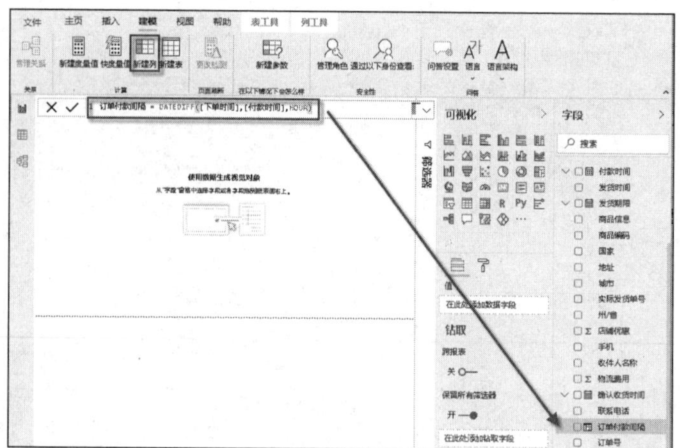

图 6-23 新建订单付款间隔列

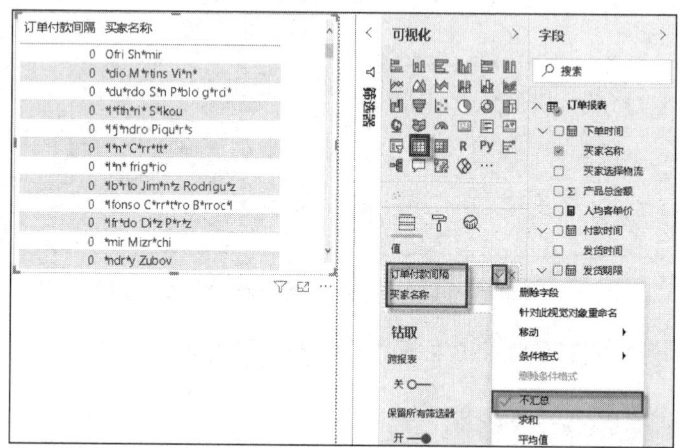

图 6-24 修改“订单付款间隔”字段统计方式

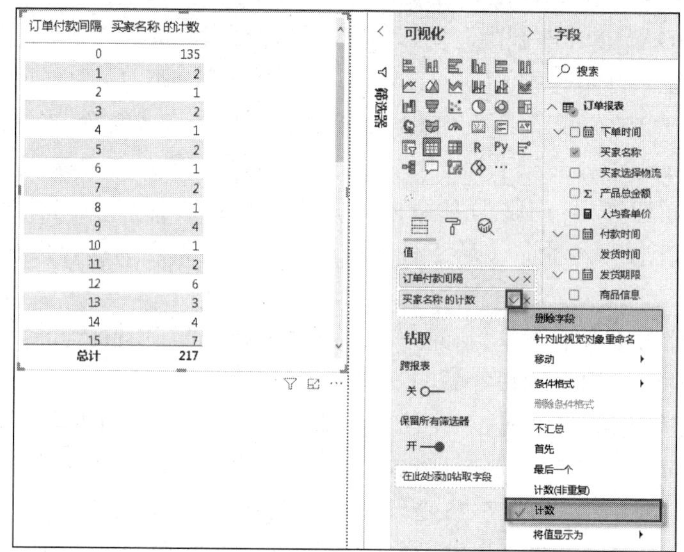

订单付款间隔	买家名称 的计数
0	135
1	2
2	1
3	2
4	1
5	2
6	1
7	2
8	1
9	4
10	1
11	2
12	6
13	3
14	4
15	7
总计	217

图 6-25 修改“买家名称的计数”字段统计方式

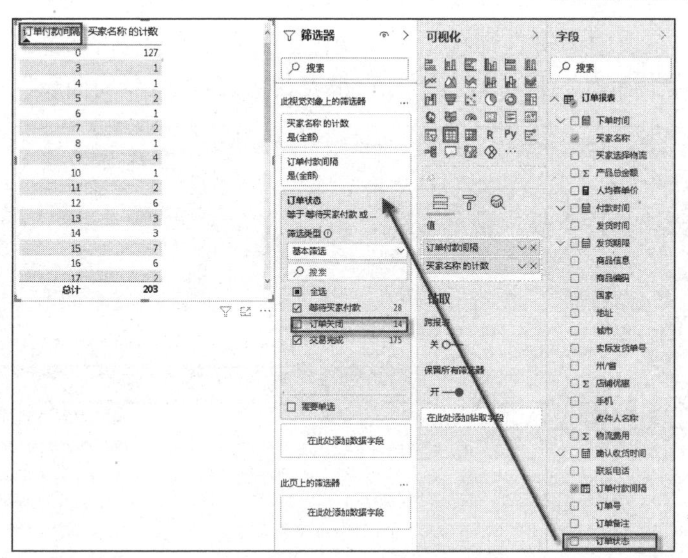

图 6-26　订单状态过滤并排序

从下单时间间隔来看，1 小时内下单的订单付款率最高，超过 1 小时订单就容易流失。因此，卖家可以设置催单机制，在 1 小时内通过有效方式对客户进行催单。

【实操题 4】 请选择合适的跨境电商订单报表，进行订单付款间隔分析。

6.4　客户生命周期分析

客户生命周期是指计算每个客户最近消费的时间间隔，根据客户最近消费的时间间隔比例确定客户生命周期，通过研究客户生命周期制定客户回访方案。

6.4.1　客户消费时间间隔分析

在 Power BI 中，计算客户消费时间间隔主要用到以下函数。

List.FirstN 函数用于取出前 N 行，返回一个新列表。由于订单报表数据本身按照时间逆序排序，因此聚合成 List 后也是按照时间逆序排序的。因此，最近两次交易时间=List.FirstN(交易列表,2)。

List.Count 函数用于计算列表中的元素个数。因此，列表数量=List.Count([最近两次交易时间])。通过列表数量可以筛选出在该店铺具有两次及以上消费记录的客户。

Number.Round 函数用于进行四舍五入操作。

Duration.Days 函数用于返回日期天数。

List.Max 函数用于计算列表中的最大值。

List.Min 函数用户计算列表中的最小值。

因此，最近消费时间间隔=Number.Round(Duration.Days(List.Max([最近两次交易时间])-List.Min([最近两次交易时间])))。

(1)进入订单报表的编辑查询状态，复制订单报表，在复制的报表中只保留“买家名称”字段和“付款时间”字段，修改“订单报表(2)”为“生命周期表”，如图6-27所示。

图6-27 修改订单报表

(2)在“主页”选项卡中选择“分组依据”命令，选择“基本”单选按钮，将分组依据设置为“买家名称”，如图6-28所示，单击“确定”按钮，分组结果如图6-29所示。

图6-28 设置分组依据

(3)修改公式栏中的函数，将“Table.RowCount(_)”修改为“[#"付款时间"]”，将“Int64.Type”修改为“type list”，单击左侧的√，将每个会员在店铺的消费时间存储在列表中，如图6-30所示。

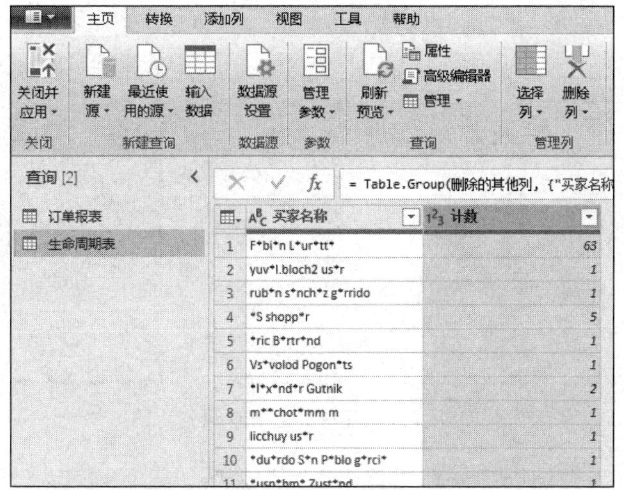

图 6-29　分组结果

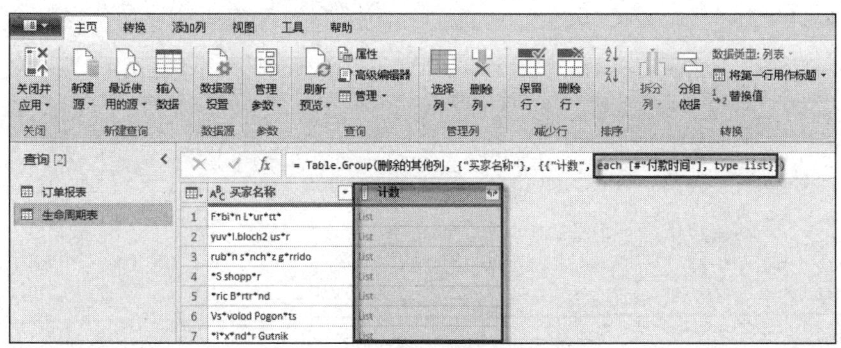

图 6-30　创建会员消费时间列表

(4) 在“添加列”选项卡中选择“自定义列”命令，设置列名为“最近两次交易时间”，输入公式为“=List.FirstN([计数], 2)”，如图 6-31 所示，单击“确定”按钮。添加后如图 6-32 所示。

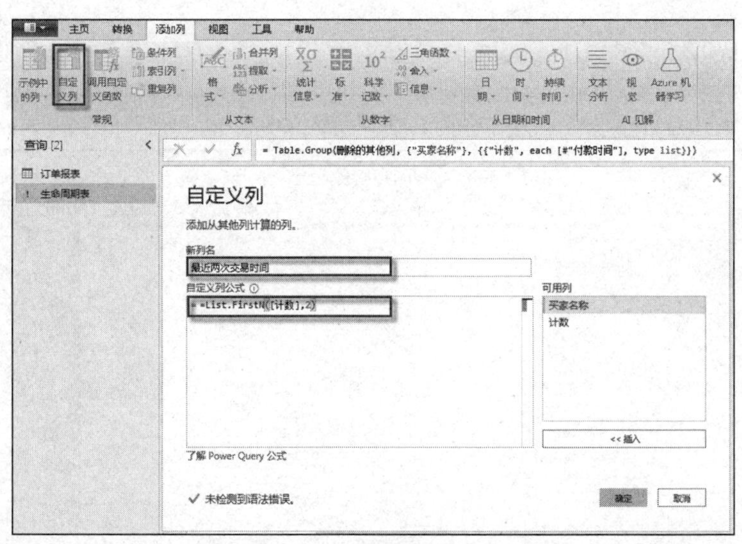

图 6-31　添加最近两次交易时间列

图 6-32　添加最近两次交易时间列后的结果

(5) 在“添加列”选项卡中选择“自定义列”命令，设置列名为“列表数量”，输入公式为“=List.Count([最近两次交易时间])”，如图 6-33 所示，单击“确定”按钮。添加后的结果如图 6-34 所示。

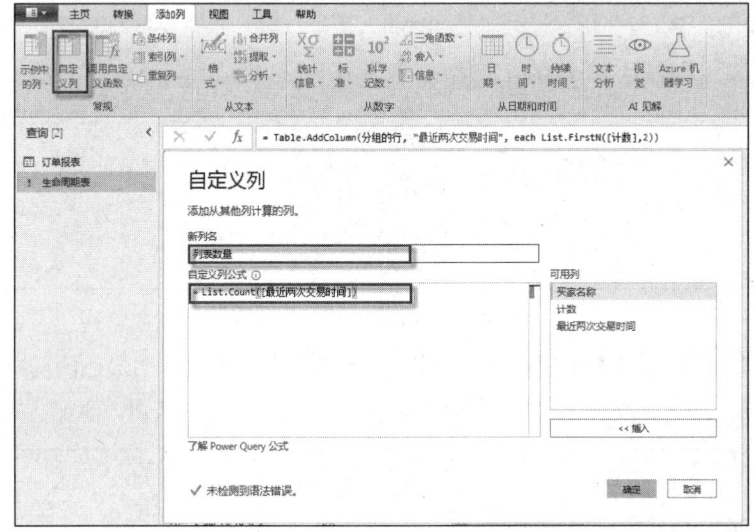

图 6-33　添加列表数量列

图 6-34　添加列表数据列后的结果

(6) 过滤列表数量中为“1”的行，只保留至少成交过 2 次的买家，如图 6-35 所示。

	买家名称	计数
1	F*bi*n L*ur*tt*	List
2	yuv*l.bloch2 us*r	List
3	rub*n s*nch*z g*rrido	List
4	*S shopp*r	List
5	*ric B*rtr*nd	List
6	Vs*volod Pogon*ts	List
7	*l*x*nd*r Gutnik	List
8	m**chot*mm m	List
9	licchuy us*r	List
10	*du*rdo S*n P*blo g*rci*	List
11	*usn*hm* Zust*nd	List
12	migu*l p*r*z	List
13	l*b*rb* L*ur*nt	List
14	mi*r d*	List
15	*l*fth*ri* S*lkou	List
16	M*rcio *ndr*d* do V*l*	List

图 6-35　过滤列表数量

(7) 在“添加列”选项卡中选择“自定义列”命令，设置列名为“最近消费时间间隔”，输入公式为“=Number.Round(Duration.Days(List.Max([最近两次交易时间])-List.Min([最近两次交易时间])))”，如图 6-36 所示，单击“确定”按钮。添加后的结果如图 6-37 所示。

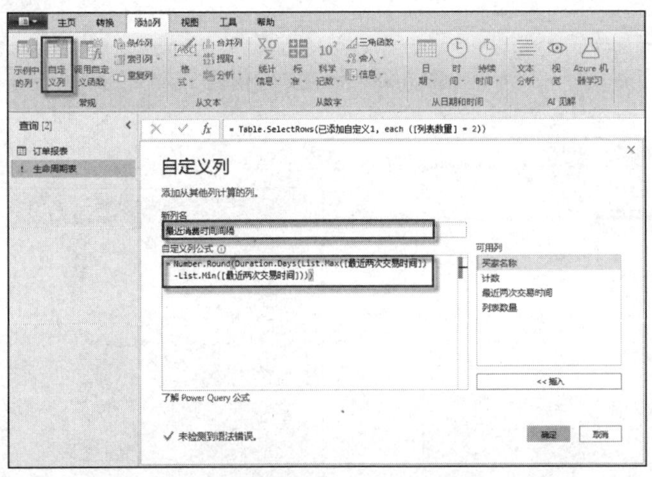

图 6-36　添加最近消费时间间隔列

= Table.AddColumn(筛选的行1, "最近消费时间间隔", each Number.Round(Duration.Days(List.Max([最近两次交易时间])-Lis

	买家名称	计数	最近两次交易时间	列表数量	最近消费时间间隔
1	F*bi*n L*ur*tt*	List	List	2	6
2	*S shopp*r	List	List	2	283
3	*l*x*nd*r Gutnik	List	List	2	31
4	M*rcio *ndr*d* do V*l*	List	List	2	0
5	*z*qui*l C*rd*n*s	List	List	2	301
6	googl* us*r	List	List	2	0
7	IL shopp*r	List	List	2	116
8	Roy Gunn*r Blomm*d*l	List	List	2	26
9	KR shopp*r	List	List	2	105
10	f*c*book us*r	List	List	2	91
11	huck1119 h	List	List	2	1
12	GUZM*N J*SUS PORTUG*L M...	List	List	2	0

图 6-37　添加最近消费时间间隔列后的结果

(8) 在“主页”选项卡中选择“分组依据”命令，在分组依据对话框中选择“基本”单选按钮，分组依据为“最近消费时间间隔”，如图 6-38 所示，单击“确定”按钮。设置“最近消费时间间隔”字段类型为“整数”，如图 6-39 所示。对“最近消费时间间隔”进行升序排序，最终结果如图 6-40 所示。单击“关闭并应用”按钮。

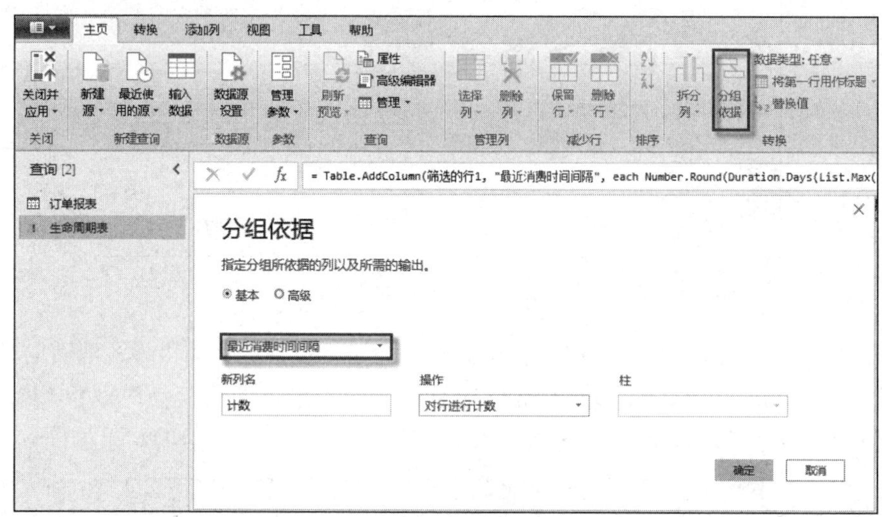

图 6-38 设置分组依据

图 6-39 设置列字段类型为“整数”

	最近消费时间间隔	计数
1	0	3
2	1	1
3	6	1
4	26	1
5	31	1
6	91	1
7	105	1
8	116	1
9	283	1
10	301	1

图 6-40 对“最近消费时间间隔”升序排序后的结果

通过客户消费时间间隔分析，可查看多次购买客户的消费时间间隔和消费习惯，分析客户行为，制定个性化的营销策略和方案。

【实操题 5】请选择合适的跨境电商订单报表，进行客户消费时间间隔分析。

6.4.2 消费间隔累计占比分析

消费间隔累计占比分析是指得出累计最近消费次数与全部消费次数的比例，通过比例趋势图可以分析消费者的消费行为。

消费间隔累计占比=累计最近消费次数/全部消费次数。

在 Power BI 中，将用到以下函数。

EARLIER 函数用于计算列，并返回获取当前行上下文。因此，当前“最近消费时间间隔”遍历值=EARLIER('生命周期表'[最近消费时间间隔])。大于或等于所在行的“最近消费时间间隔”的列表=EARLIER('生命周期表'[最近消费时间间隔])>='生命周期表'[最近消费时间间隔]。

FILTER 函数用于返回已筛选的表。因此，满足大于或等于当前所在行的“最近消费时间间隔”的表格=FILTER('生命周期表'，EARLIER('生命周期表'[最近消费时间间隔])>='生命周期表'[最近消费时间间隔])。

SUMX 函数用于返回每一行计算的表达式的和。因此，累计最近消费次数=SUMX(满足大于或等于当前所在行的“最近消费时间间隔”的表格，'生命周期表'[计数])=SUMX(FILTER('生命周期表',EARLIER('生命周期表'[最近消费时间间隔])>='生命周期表'[最近消费时间间隔])，'生命周期表'[计数])。

综合以上公式，可以得到，消费间隔累计占比=累计最近消费次数/全部消费次数=SUMX(FILTER('生命周期表'，EARLIER('生命周期表'[最近消费时间间隔])>='生命周期表'[最近消费时间间隔])，'生命周期表'[计数])/SUM('生命周期表'[计数])。

(1)在报表视图中，在“建模”选项卡中选择“新建列”命令，输入公式“累计占比=SUMX(FILTER ('生命周期表'，EARLIER('生命周期表'[最近消费时间间隔])>='生命周期表'[最近消费时间间隔]),'生命周期表'[计数])/SUM('生命周期表'[计数])”，如图 6-41 所示。

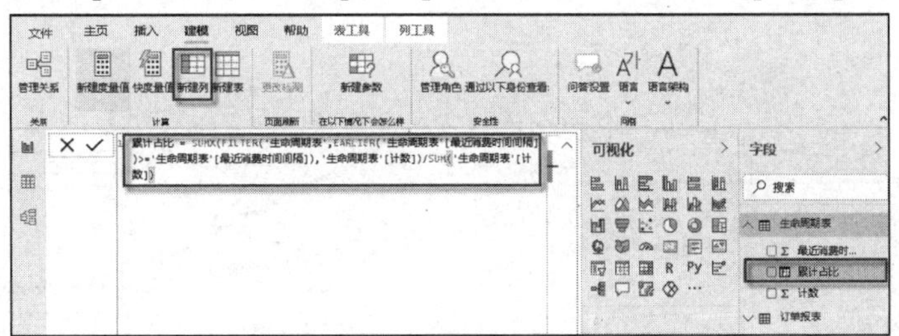

图 6-41 新建累计占比列

(2)选择左侧的数据视图，选中累计占比列，将数值格式设置为“%”，如图 6-42 所示。

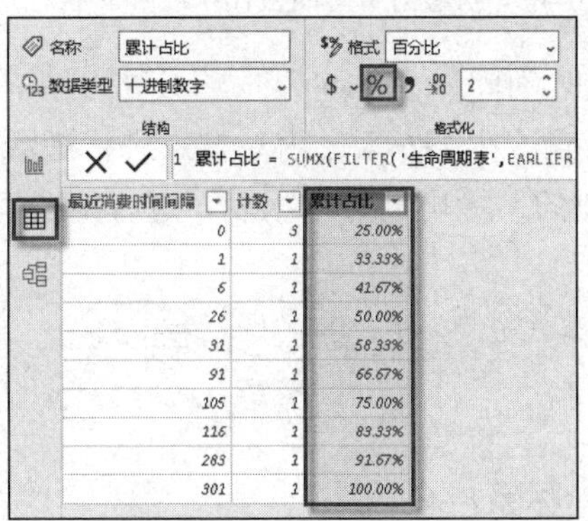

图 6-42 修改累计占比列的数值格式

(3)在报表模式中添加表对象，设置值为生命周期表的“最近消费时间间隔”字段、“计数”字段和“累计占比”字段，设置“最近消费时间间隔”字段的统计类型为“不汇合”，如图 6-43 所示。

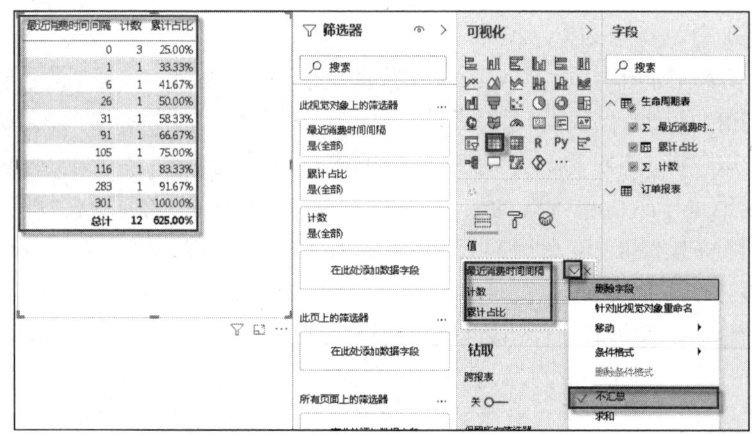

最近消费时间间隔	计数	累计占比
0	3	25.00%
1	1	33.33%
6	1	41.67%
26	1	50.00%
31	1	58.33%
91	1	66.67%
105	1	75.00%
116	1	83.33%
283	1	91.67%
301	1	100.00%
总计	12	625.00%

图 6-43　创建消费时间占比表

(4) 选中消费时间占比表对象，将其设置为“折线和簇状柱形图”对象。设置共享轴为“最近消费时间间隔”，列值为“计数”，行值为“累计占比”，如图 6-44 所示。

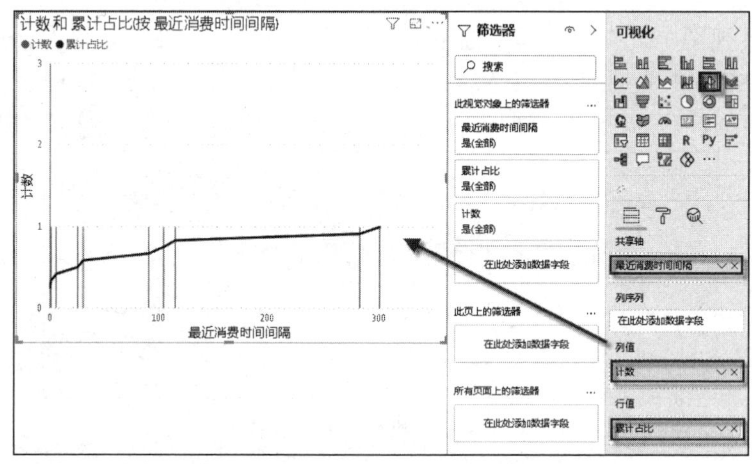

图 6-44　创建消费时间占比折线和簇状柱形图

从图表中分析可知，当时间间隔为 116 天时，消费间隔累计占比超过 80%，说明客户的生命周期为 116 天，卖家应该在 116 天之内对客户进行激活营销活动。

【实操题 6】 请选择合适的跨境电商订单报表，进行消费间隔累计占比分析。

本 章 习 题

1．请简述客户价值指标体系。
2．什么是客户画像？其作用是什么？
3．请简述客户画像的构建流程。
4．请简述地域分布四象限图的作用。

第7章

销售数据分析

结构导图

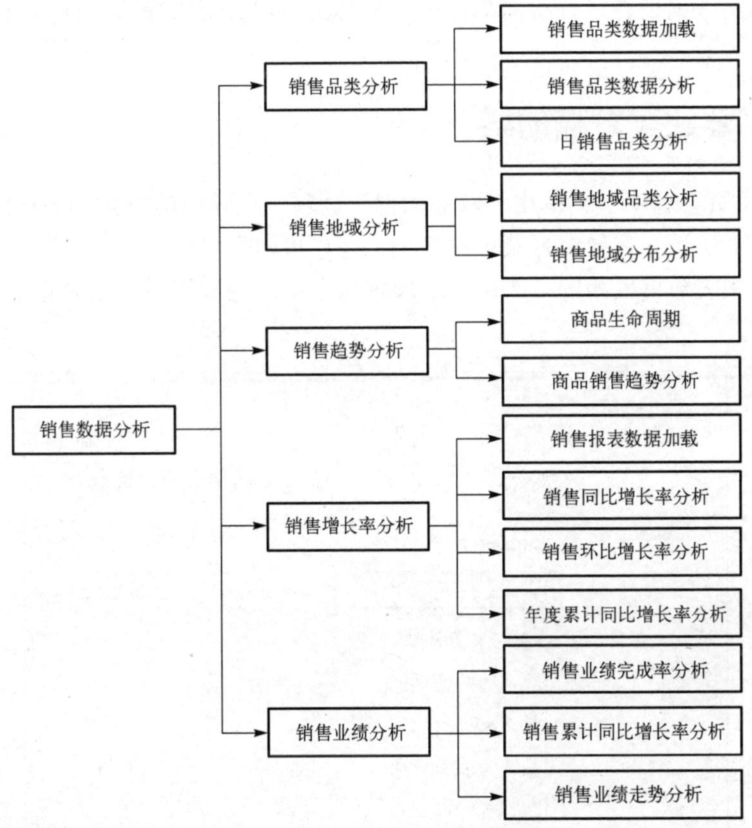

学习目标

1．知识目标

- 了解销售数据分析的意义和价值。
- 理解销售地域分析、销售趋势分析的意义。
- 掌握同比增长率、环比增长率以及销售业绩对销售数据分析的重要性。

2. 能力目标

- 掌握运用 Power BI 进行销售品类分析的方法。
- 掌握运用 Power BI 进行销售地域分析的方法。
- 掌握运用 Power BI 进行销售趋势分析的方法。
- 掌握运用 Power BI 进行销售增长率分析的方法。
- 掌握运用 Power BI 进行销售业绩分析的方法。

7.1 销售品类分析

本章数据来源为速卖通的生意参谋中的订单报表、商品报表和成本表。销售品类分析是通过销售相关数据报表，分析商品品类的销售比例和日销售趋势，针对商品品类制定有效的销售策略方案。

7.1.1 销售品类数据加载

(1) 在“主页”选项卡中单击“获取数据”选项，在弹出的下拉列表中选择“Excel”命令，如图 7-1 所示。在导航器菜单中勾选“订单报表”单选框，并单击“转换数据”按钮，添加订单报表数据，如图 7-2 所示。检查每个字段的数据格式是否正确，删除空白或 null 的数据列。

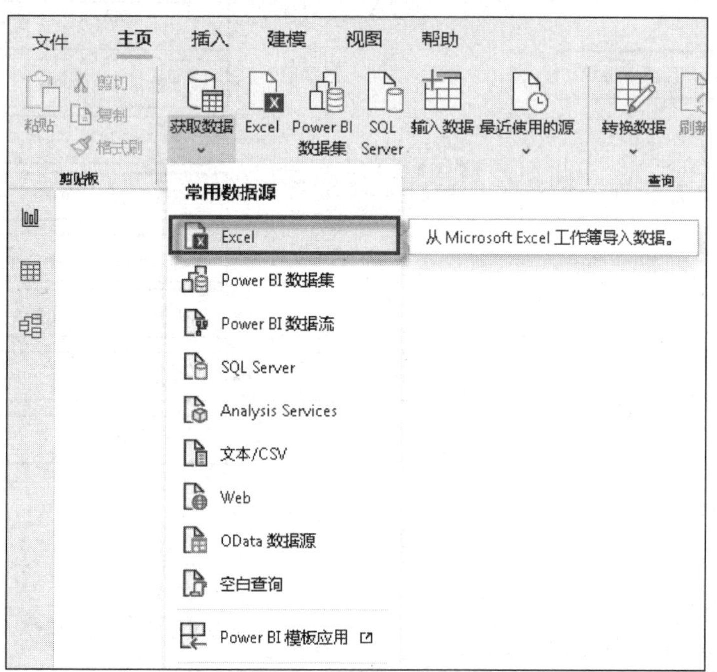

图 7-1 获取 Excel 数据源菜单

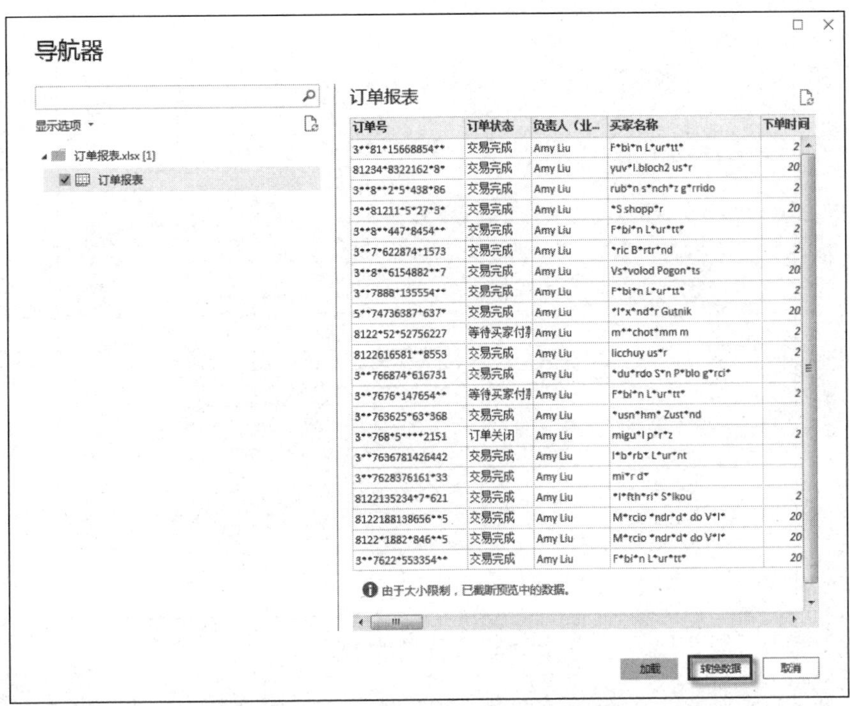

图 7-2　添加订单报表导航器

(2)在“主页”选项卡中单击“获取数据”选项，在下拉列表中选择“Excel”命令，如图 7-3 所示。在导航器菜单中勾选“成本表”复选框，并单击“确定”按钮，添加成本表数据，如图 7-4 所示。修改商家编码字段类型为文本。

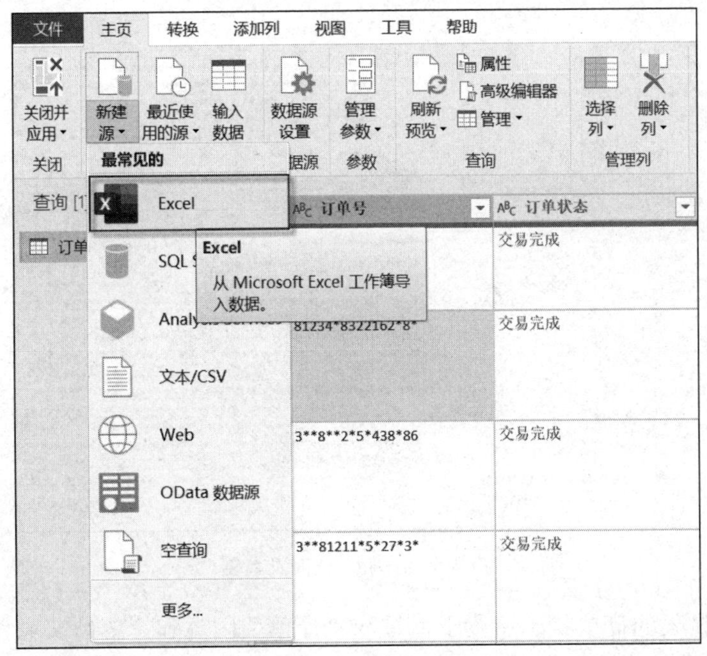

图 7-3　获取成本表数据

图 7-4 添加成本表数据

(3) 在“主页”选项卡中单击“获取数据”选项，在下拉列表中选择“Excel”命令，如图 7-3 所示。在导航器菜单中勾选“商品报表”复选框，并单击“确定”按钮，添加商品报表数据，如图 7-5 所示。修改商家编码字段类型为文本。

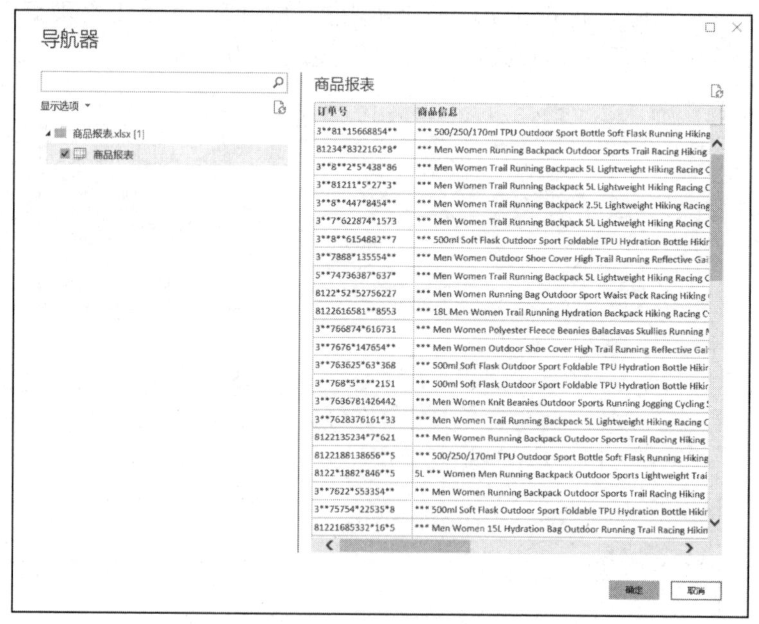

图 7-5 添加商品报表数据

(4) 在商品报表的订单状态字段上，过滤“订单关闭”和“等待买家付款”的订单，如图 7-6 所示，单击“确定”按钮。

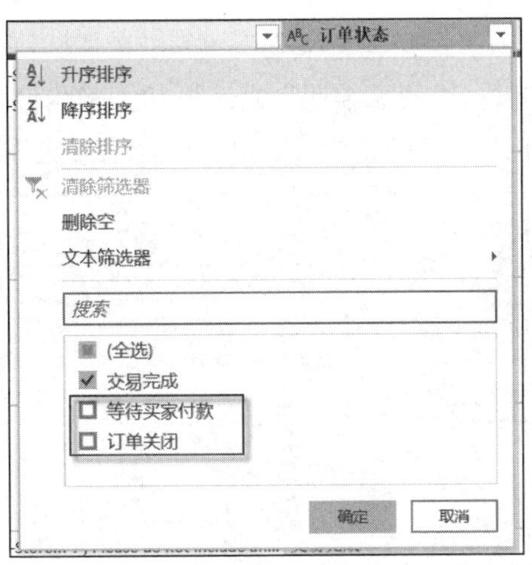

图 7-6　过滤订单状态中未完成交易字段

7.1.2　销售品类数据分析

(1) 在“主页”选项卡中单击“合并查询”选项，选择“将查询合并为新查询”命令，打开“合并”对话框，选择“商品报表”和成本表的“商家编码”字段，联接种类选择“左外部”，如图 7-7 所示，单击“确定”按钮。

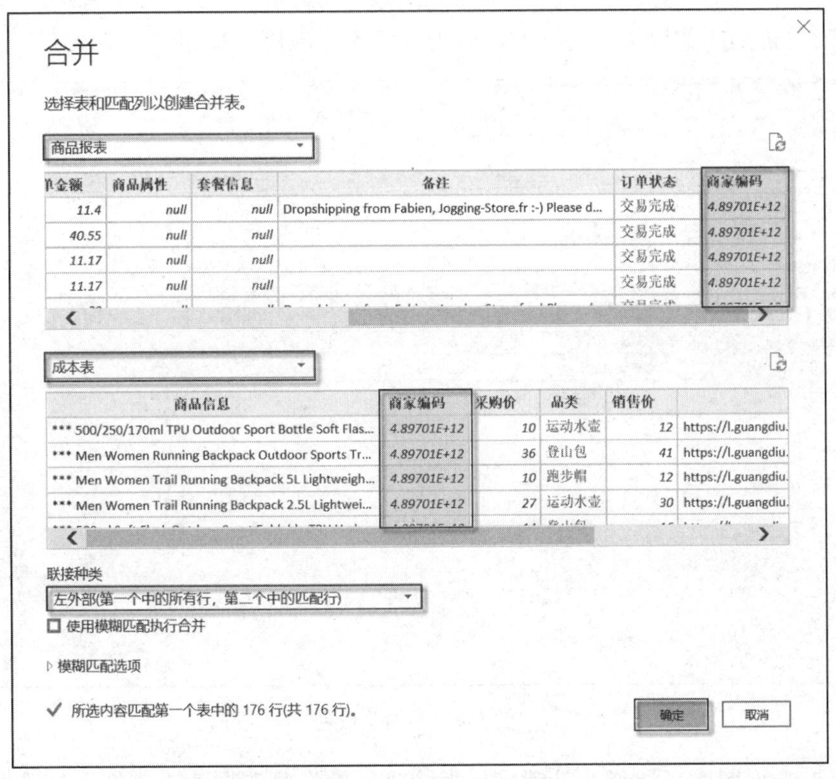

图 7-7　合并商品报表和成本表

(2) 修改表“合并 1”为“商品销售报表”。单击成本表字段右侧的按钮，展开字段。取消勾选“商品信息”复选框、“商家编码”复选框和“采购价”复选框，取消勾选“使用原始列名作为前缀”复选框，如图 7-8 所示，单击“确定”按钮。

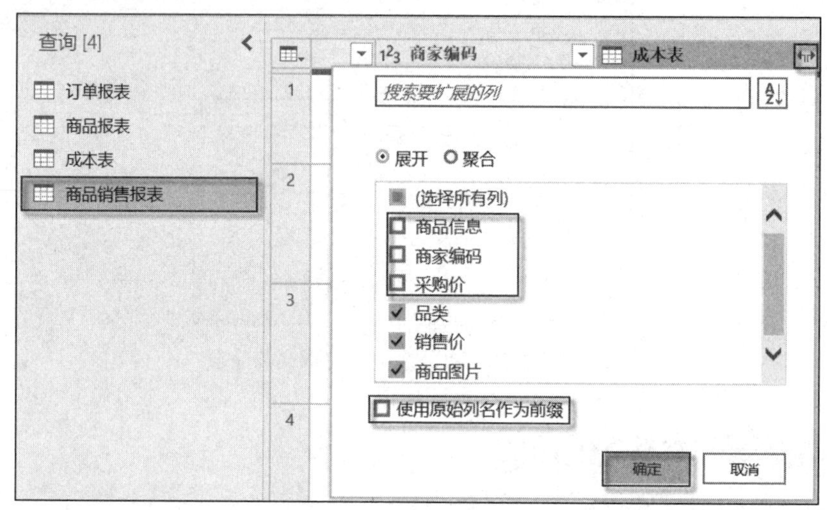

图 7-8　展开商品销售报表

(3) 在“添加列”选项卡中选择“自定义列”命令，在“自定义列”对话框中，输入新列名为“总价”，自定义列公式为“[购买数量]*[销售价]”，如图 7-9 所示，单击“确定”按钮。更改总价列的数据类型为小数，单击“关闭并应用”按钮。

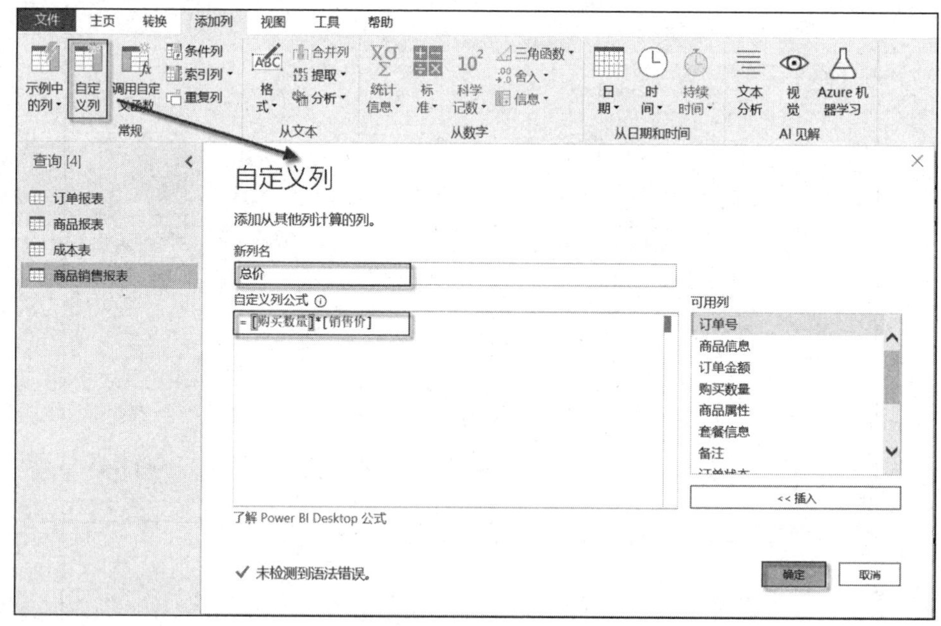

图 7-9　添加总价列

(4) 在报表视图中，选择商品销售报表的“品类”复选框和“总价”复选框，报表中会自动创建品类汇总表格对象，如图 7-10 所示。

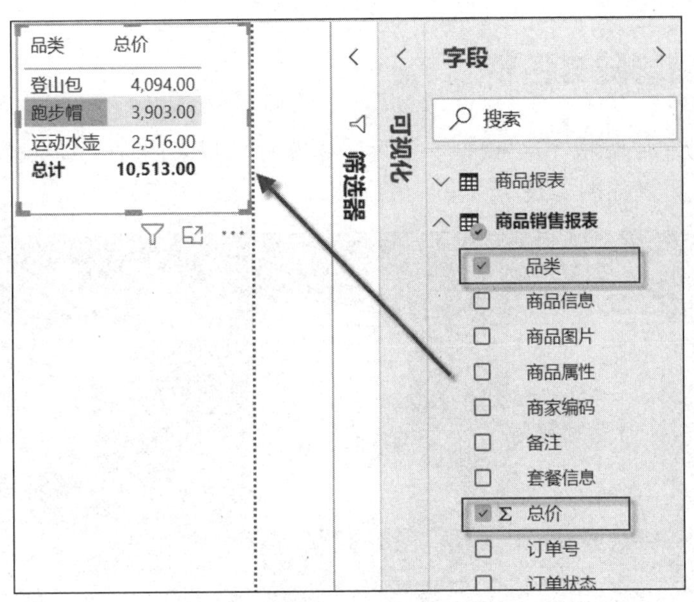

图 7-10　插入表对象

(5)选中表格对象，将其转换为饼图对象，设置标签样式属性为“类别，总百分比”，如图 7-11 所示。

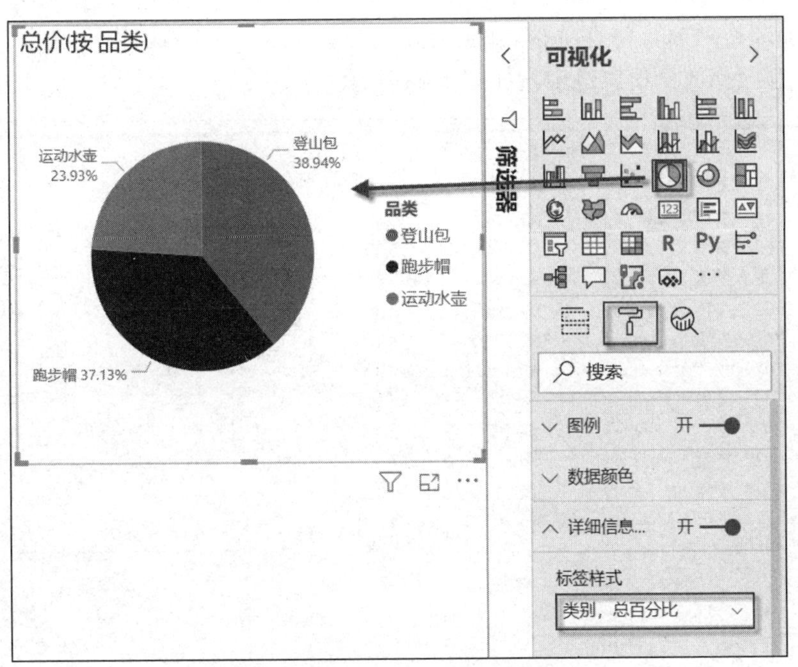

图 7-11　将表对象转换为饼图

从图中分析可知，登山包品类销售占 38.94%，其次是跑步帽占 37.13%，运动水壶只占 23.93%。

企业在销售品类选择上应该侧重登山包和跑步帽品类产品。

7.1.3 日销售品类分析

(1)在报表界面左侧单击“模型”图标，建立订单报表的订单号字段和商品销售报表的订单号字段关系，如图 7-12 所示。

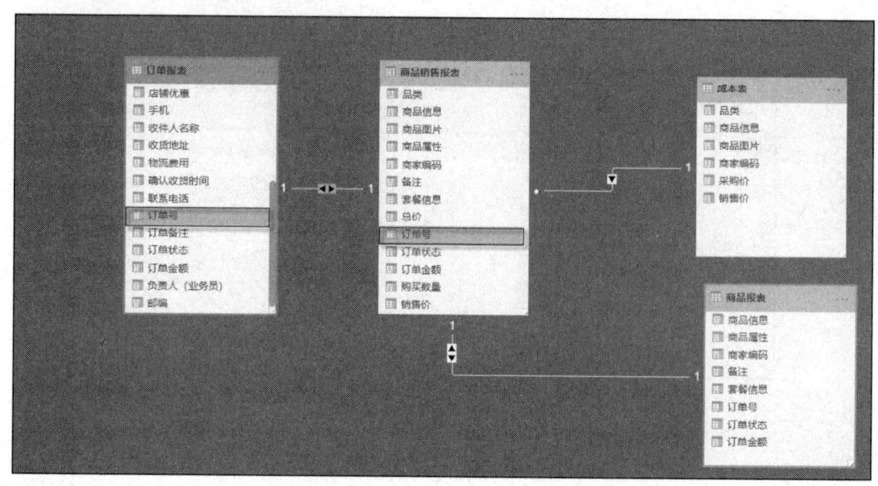

图 7-12 建立表间关系

(2)添加表格对象，将订单报表的“付款时间”字段、商品销售报表的“品类”字段和“总价”字段拖放到值属性中，如图 7-13 所示。

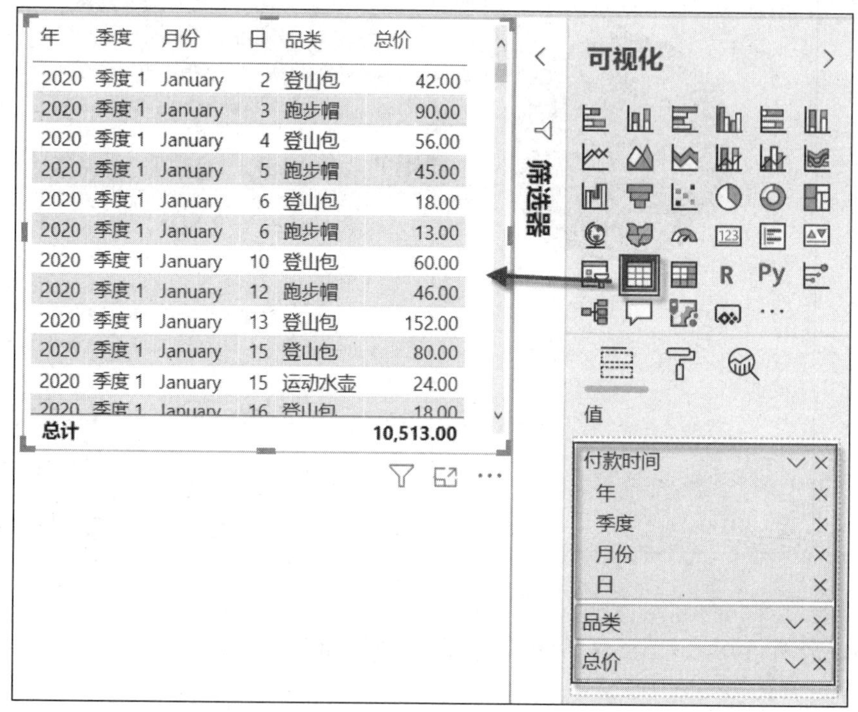

年	季度	月份	日	品类	总价
2020	季度 1	January	2	登山包	42.00
2020	季度 1	January	3	跑步帽	90.00
2020	季度 1	January	4	登山包	56.00
2020	季度 1	January	5	跑步帽	45.00
2020	季度 1	January	6	登山包	18.00
2020	季度 1	January	6	跑步帽	13.00
2020	季度 1	January	10	登山包	60.00
2020	季度 1	January	12	跑步帽	46.00
2020	季度 1	January	13	登山包	152.00
2020	季度 1	January	15	登山包	80.00
2020	季度 1	January	15	运动水壶	24.00
2020	季度 1	January	16	登山包	18.00
总计					**10,513.00**

图 7-13 添加品类日销售报表

(3) 选中表格对象，将其转换为折线图。选取显示最后一级视图，查看日销售图表，如图 7-14 所示。

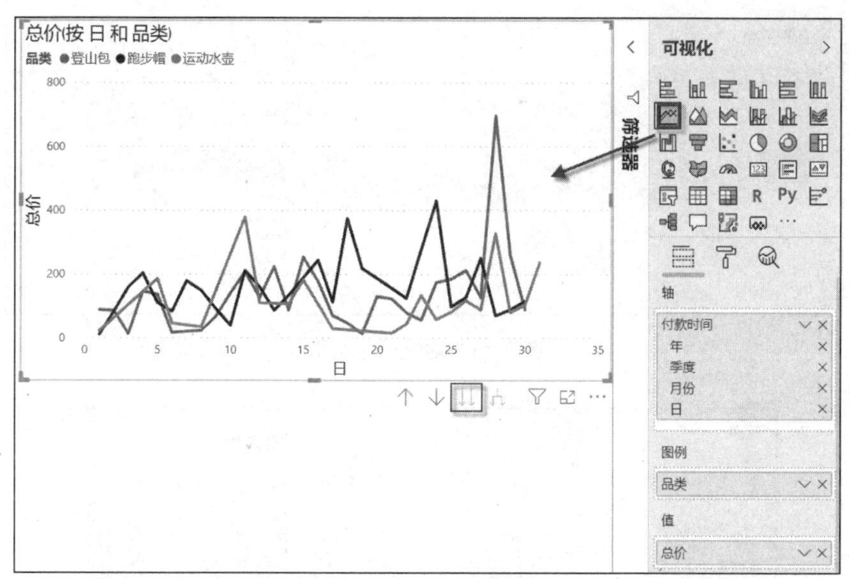

图 7-14　将表格对象转换为折线图

从图中分析可知，各品类销售情况相对持平，但下半月的销售趋势均高于上半月的销售趋势。因此，在制定月销售计划时需要针对月销售情况调整营销方案。

【实操题 1】请选择合适的跨境电商销售相关报表，对销售品类情况进行分析。

7.2　销售地域分析

销售地域分析通过销售数据，获得商品品类、商家编码以及相对应地域的销售情况，通过该数据分析，可以更加清楚地了解该地域商品整体销售情况，并针对该区域制定更为精准的销售策略。

7.2.1　销售地域品类分析

(1) 进入编辑查询状态，参照 6.2.2 节中地域信息提取的方法为订单报表添加“地址”“城市”“州/省”和“国家”字段。筛选并去除国家字段为 null 的数据，如图 7-15 所示，单击“关闭并应用”按钮。

(2) 添加表格对象，勾选订单报表中的“国家”字段、商品销售报表中的“总价”字段，将报表按总价逆序排序，如图 7-16 所示。

(3) 添加切片器对象，将商品销售报表中的商家编码字段添加到字段属性中，如图 7-17 所示。从切片器中勾选商家编码信息，其他数据将自动发生变化。

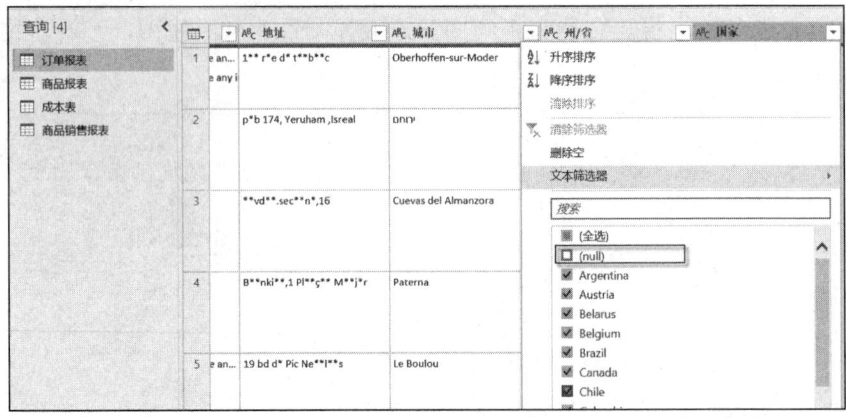

图 7-15　地域信息提取

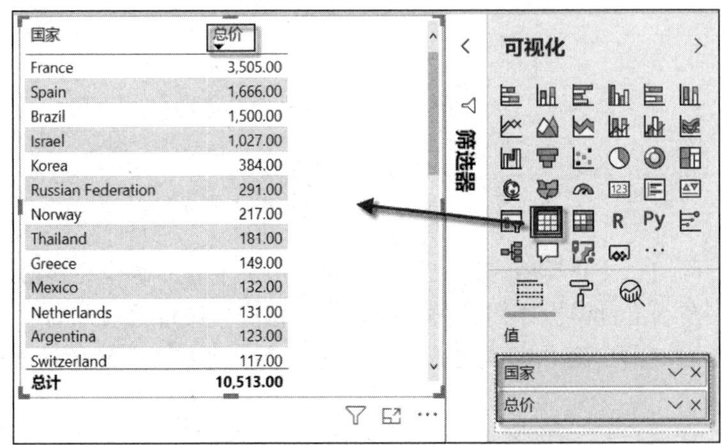

图 7-16　添加国家销售报表并逆序排序

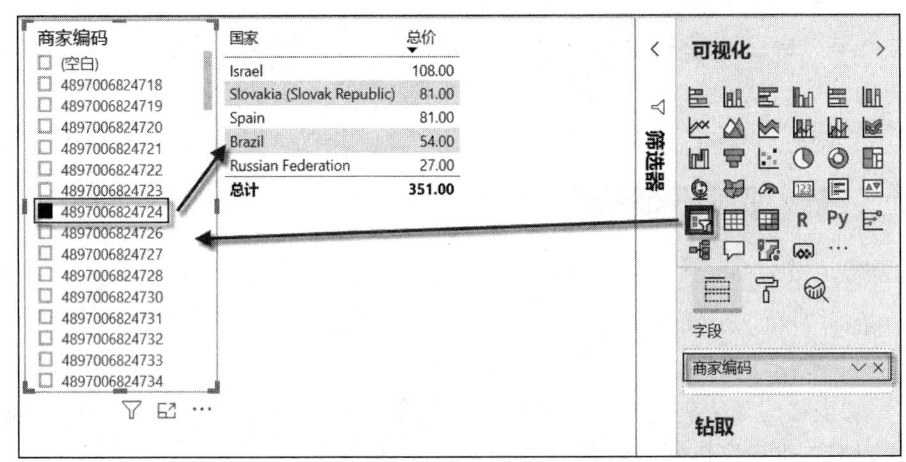

图 7-17　添加商家编码切片器

(4)添加切片器对象，将商品销售报表中的“品类”字段添加到字段属性中，如图 7-18 所示。从切片器中勾选品类信息，其他数据将自动发生变化。

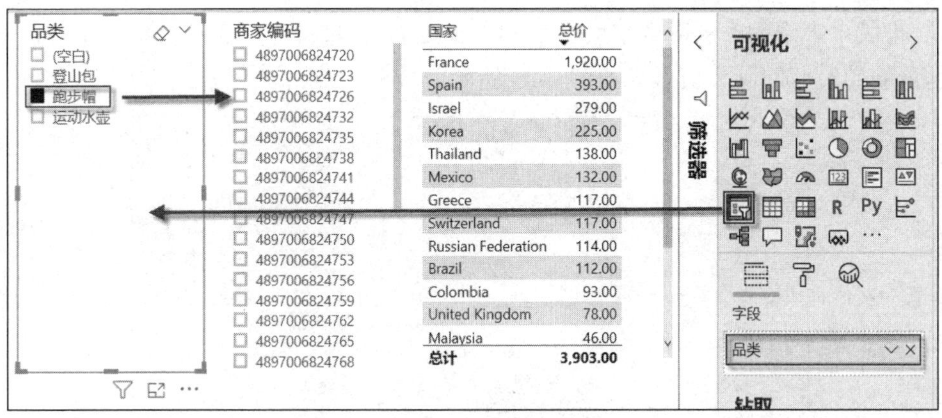

图 7-18　添加品类切片器

(5) 在“主页”选项卡中单击“更多视觉对象”选项，选择“从 AppSource”命令，如图 7-19 所示，打开 Power BI 视觉对象对话框，搜索“image”，添加“Simple Image”视觉对象，如图 7-20 所示。

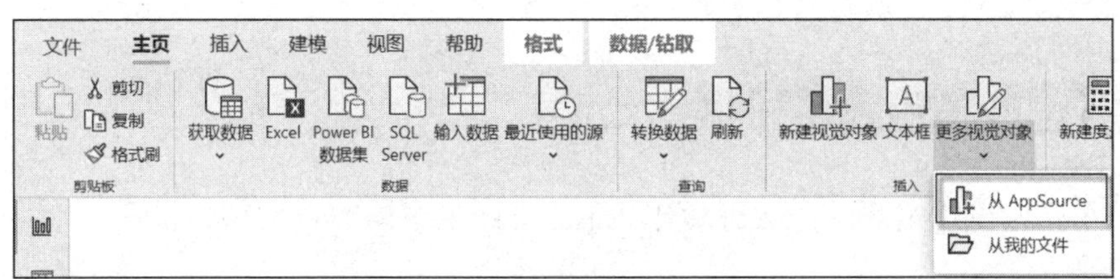

图 7-19　“从 AppSource”命令

图 7-20　添加“Simple Image”视觉对象

(6) 将成本表中的商品图片字段添加到 Image URL 属性中。选择其中一个商品编码，以展示该商品对应的图片信息，如图 7-21 所示。

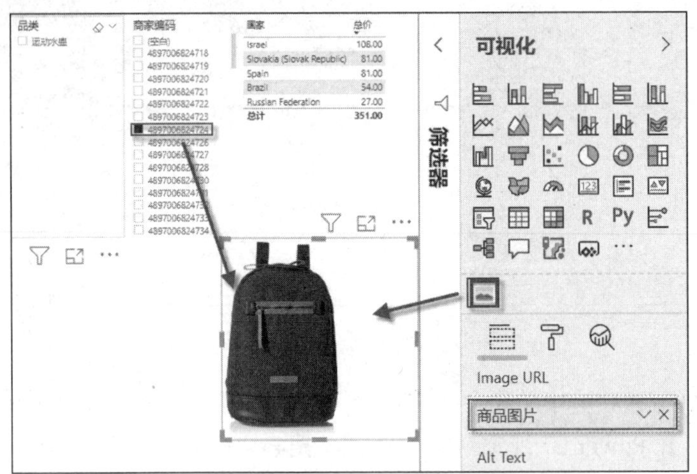

图 7-21　展示商品对应的图片信息

7.2.2　销售地域分布分析

(1) 单击左侧的数据视图，选择订单报表，将国家字段的数据类别设置为“国家/地区”，如图 7-22 所示。

(2) 回到报表视图，添加地图对象，将订单报表中的国家字段添加到位置属性，将商品销售报表的总价字段添加到大小属性中，如图 7-23 所示。地图中圆圈越大，代表该地区买家的支付金额越高。

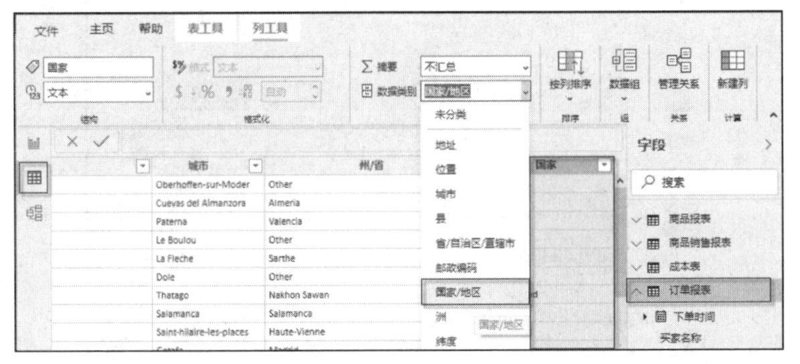

图 7-22　设置国家字段的数据类别

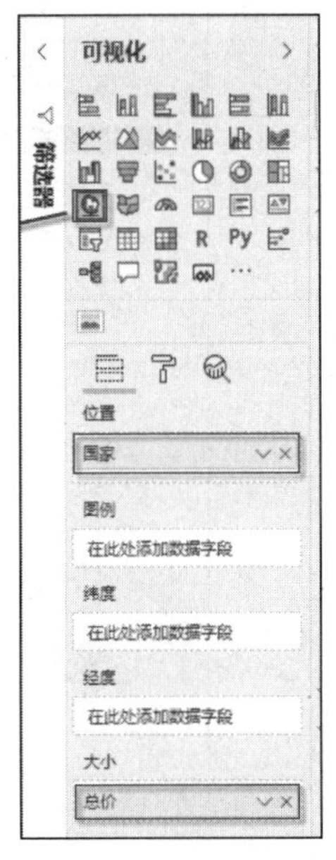

图 7-23　添加地图对象

通过商家编码切片器和品类切片器的数据筛选，可以在地图中实时查看不同国家的销售情况，从而了解不同国家的销售情况。

【实操题 2】请选择合适的跨境电商销售相关报表，对销售地域分布情况进行分析。

7.3　销售趋势分析

商品的销售趋势分析是指通过销售数据获取不同地域的销售趋势图，以了解不同地域的日销售趋势走向，通过销售排名获取销售靠前的地域分布走势，结合商品生命周期曲线，有针对性地开展地域营销活动。

7.3.1　商品生命周期

商品生命周期(product life cycle)，亦称“产品生命周期”，是指产品从准备进入市场开始到退出市场为止的全部运动过程，由需求与技术的生产周期决定。

商品生命周期是产品或商品在市场运动中的经济寿命，即在市场流通过程中，由于消费者的需求变化以及影响市场的其他因素所造成的商品由盛转衰的周期，主要是由消费者的消费方式、消费水平、消费结构和消费心理所决定的。一般分为引入期(导入期)、成长期、成熟期(饱和期)、衰退期(衰落期)四个阶段，如图 7-24 所示。

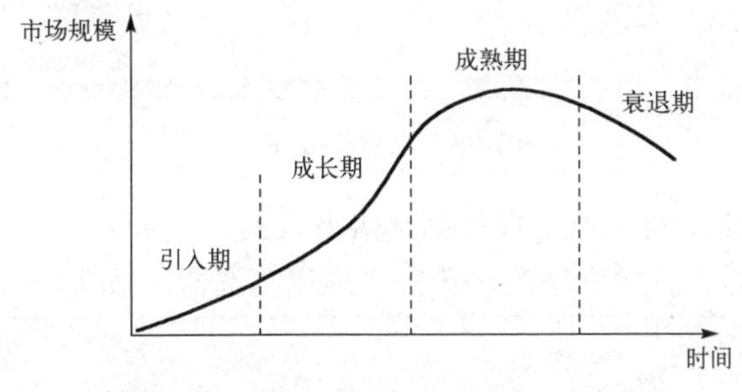

图 7-24　商品生命周期

(1) 引入期(导入期)：新产品投入市场，便进入引入期。此时，顾客对产品还不了解，只有少数追求新奇的顾客可能购买，销售量很低。为了扩展销路，需要大量的促销费用，对产品进行宣传。在这一阶段，由于技术方面的原因，产品不能大批量生产，因而成本高，销售额增长缓慢，企业不但得不到利润，反而可能亏损，产品也有待进一步完善。

(2) 成长期：顾客对产品已经熟悉，大量的新顾客开始购买，市场逐步扩大。产品大批量生产，生产成本相对降低，企业的销售额迅速上升，利润也迅速增长。竞争者看到有利可图，将纷纷进入市场参与竞争，使同类产品的供给量增加，价格随之下降，企业利润增长速度逐步减慢，最后达到生命周期利润的最高点。

(3) 成熟期(饱和期)：市场需求趋向饱和，潜在的顾客已经很少，销售额增长缓慢直至转而下降，标志着产品进入了成熟期。在这一阶段，竞争逐渐加剧，产品售价降低，促销费用增加，企业利润下降。

(4) 衰退期(衰落期)：随着科学技术的发展，新产品或新的代用品出现，使顾客的消费习惯发生改变，转向其他产品，从而导致原来产品的销售额和利润额迅速下降。于是，产品进入了衰退期。

典型的产品生命周期的四个阶段呈现出不同的市场特征，企业的营销策略也需要以各阶段的特征为基点来制定和实施。

7.3.2 商品销售趋势分析

(1) 创建折线图对象，将轴属性设置为订单报表的付款时间字段，图例属性设置为国家字段，值属性设置为商品销售报表的总价字段，将折线图对象日期选取到以日为单位，如图 7-25 所示。

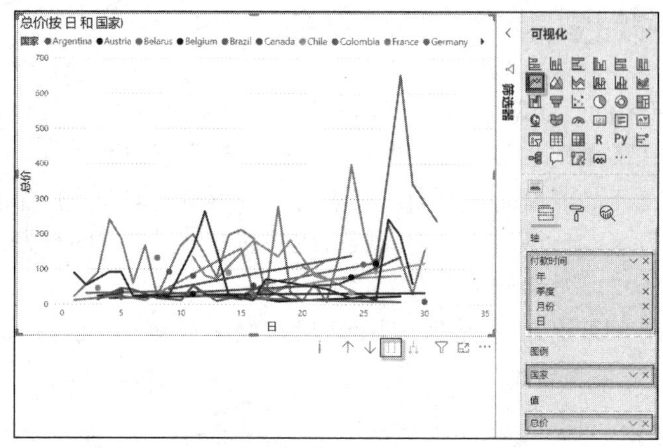

图 7-25 创建折线图对象

(2) 设置对象筛选器，将国家字段的筛选类型设置为“前 N 个”，显示项目为“上”“5”，按值为商品销售报表的“总价”字段，单击“应用筛选器”按钮。

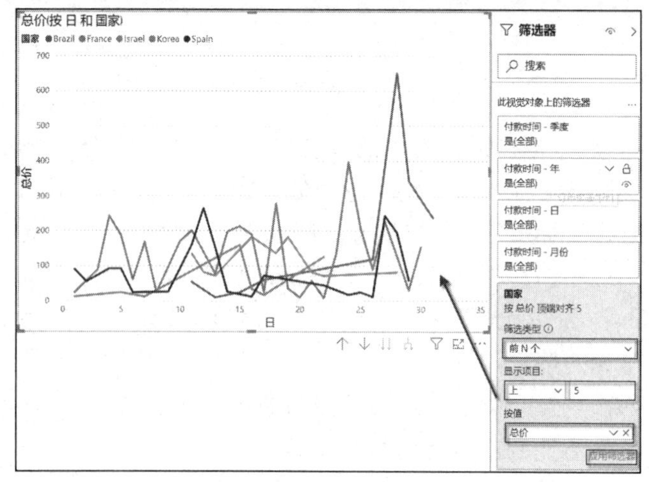

图 7-26 设置国家筛选器

(3) 设置折线图对象的 X 轴的类型为“类别”，如图 7-27 所示。

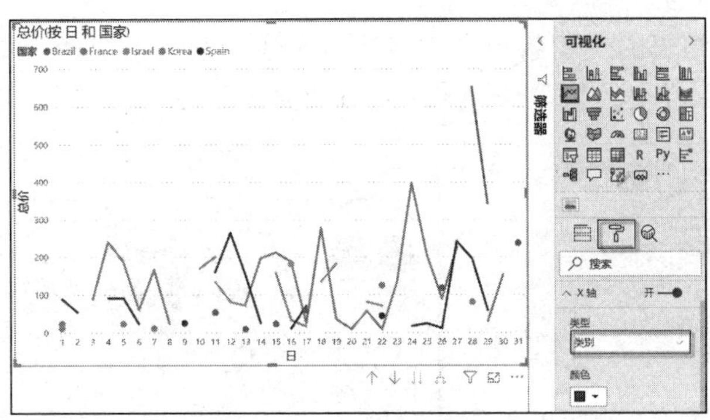

图 7-27　设置 X 轴类型

在折线图中，单击不同国家，可查看该国家的折线变化图，分析重点国家的销售趋势。从折线图中可以发现部分国家日销售趋势中出现断点，说明该商品的销售情况尚不稳定。

将某款商品订单从入市阶段开始进行分析，结合商品生命周期理论，可以判断该商品的完整生命周期，并结合不同生命周期阶段，实施不同的营销策略。

【实操题 3】请选择合适的跨境电商销售相关报表，对商品销售趋势进行分析。

7.4　销售增长率分析

销售增长率分析是指通过销售报表数据分析多年间同比增长率和环比增长率，同时分析年度累计销售额，结合同期增长率，进行精准营销策略调整。

本节数据源为销售明细和销售目标两个数据表。

7.4.1　销售报表数据加载

(1) 在“主页”选项卡中选择“Excel”命令，选择销售报表，勾选“数据明细”和“销售目标”复选框，单击“转换数据”按钮，如图 7-28 所示。

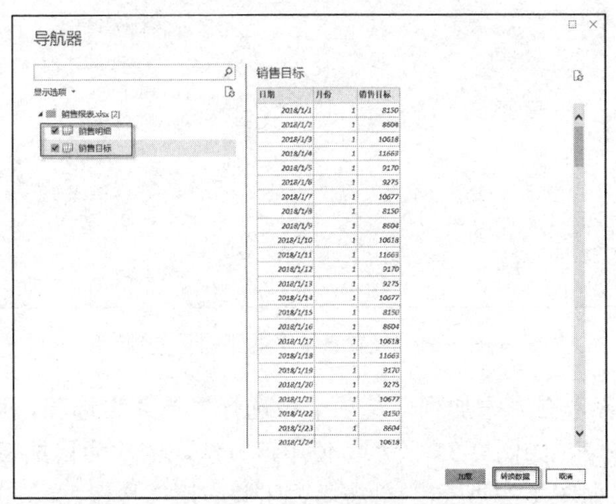

日期	月份	销售目标
2018/1/1	1	8150
2018/1/2	1	8604
2018/1/3	1	10618
2018/1/4	1	11663
2018/1/5	1	9170
2018/1/6	1	9275
2018/1/7	1	10677
2018/1/8	1	8150
2018/1/9	1	8604
2018/1/10	1	10618
2018/1/11	1	11663
2018/1/12	1	9170
2018/1/13	1	9275
2018/1/14	1	10677
2018/1/15	1	8150
2018/1/16	1	8604
2018/1/17	1	10618
2018/1/18	1	11663
2018/1/19	1	9170
2018/1/20	1	9275
2018/1/21	1	10677
2018/1/22	1	8150
2018/1/23	1	8604
2018/1/24	1	10618

图 7-28　加载销售报表数据

(2)右击销售明细表的“销售日期”按钮，在弹出菜单中选择“作为新查询添加”命令，如图 7-29 所示。在“转换”选项卡中选择“到表”命令，如图 7-30 所示。

图 7-29 “作为新查询添加”命令

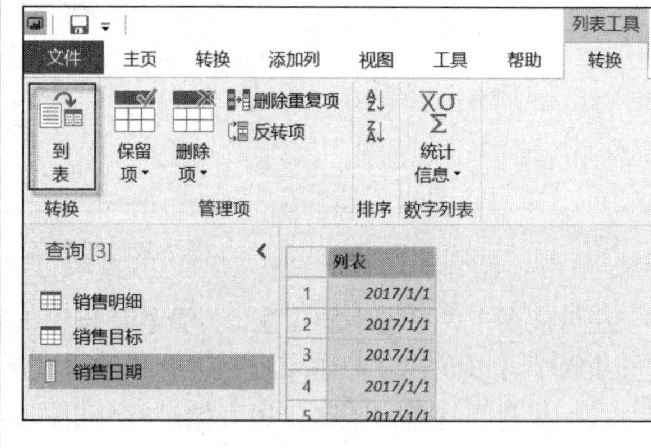

图 7-30 “到表”命令

(3)修改字段名为“日期”，修改查询表名为“日期”。修改日期字段类型为“日期”类型，右击“日期”按钮，在弹出菜单中选择“删除重复项”命令，如图 7-31 所示。

图 7-31 设置查询表并删除重复项

(4)选中日期字段，在“添加列”选项卡中选择“日期”选项，选择“年”命令，为日期表添加“年”字段，如图 7-32 所示。使用该方法，依次为日期表添加“月”“季度”字段，添加后的结果如图 7-33 所示。单击“关闭并应用”按钮。

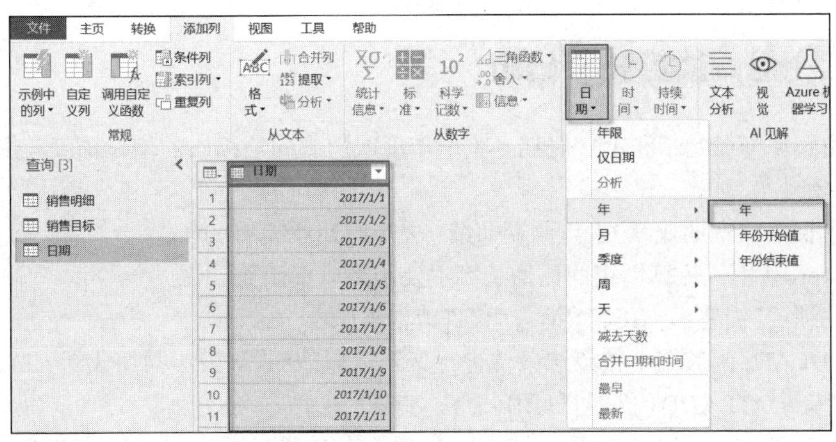

图 7-32　为日期表添加年字段

	日期	年	月份	季度
1	2017/1/1	2017	1	1
2	2017/1/2	2017	1	1
3	2017/1/3	2017	1	1
4	2017/1/4	2017	1	1
5	2017/1/5	2017	1	1
6	2017/1/6	2017	1	1
7	2017/1/7	2017	1	1
8	2017/1/8	2017	1	1
9	2017/1/9	2017	1	1
10	2017/1/10	2017	1	1
11	2017/1/11	2017	1	1
12	2017/1/12	2017	1	1

图 7-33　为日期表添加“月”“季度”字段后的结果

(5) 在模型视图中，建立销售明细表的销售日期字段和日期表的日期字段的关系，并建立销售目标表的日期字段和日期表的日期字段的关系，如图 7-34 所示。

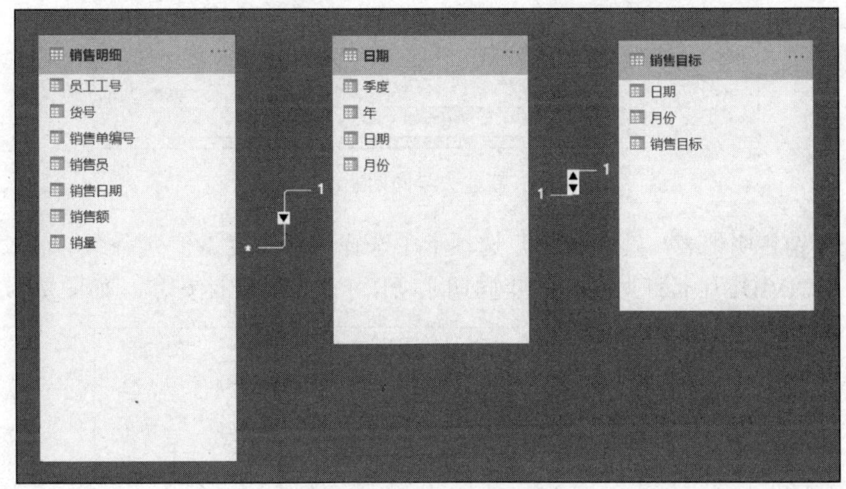

图 7-34　建立表间关系

7.4.2 销售同比增长率分析

同比增长率一般是指和上一时期、上一年度或历史同期相比的增长幅度，用百分数或倍数表示。

同比增长率=(本期业绩-去年同期业绩)/去年同期业绩×100%。

在 Power BI 中，计算销售同比增长率主要用到以下函数。

本期业绩=Σ销售额= SUM('销售明细'[销售额])。

CALCULATE 函数用于按筛选条件进行聚合运算。因此，去年同期业绩=CALCULATE([本期业绩]，DATEADD('日期'[日期]，–1，YEAR))。

DIVIDE 函数用于除法运算。结合同比增长率公式，同比增长率=DIVIDE([本期业绩]–[去年同期业绩]，[去年同期业绩])。

(1)选择销售明细表，在“建模”选项卡中选择“新建度量值”命令，输入公式“本期业绩 = SUM ('销售明细'[销售额])”，如图 7-35 所示。

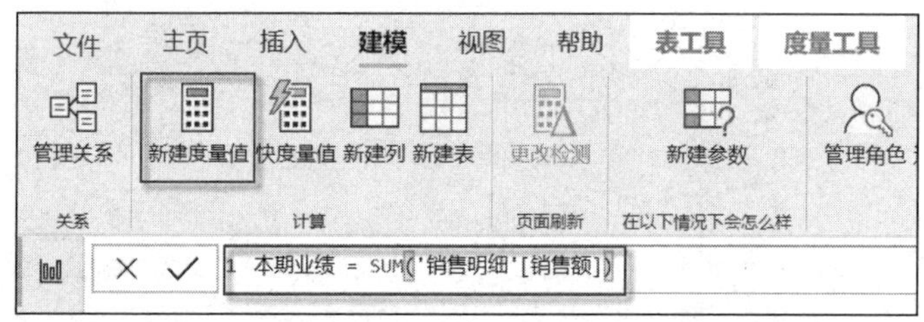

图 7-35 新建本期业绩度量值

(2)选择销售明细表，在“建模”选项卡中选择“新建度量值”命令，输入公式“去年同期业绩 = CALCULATE([本期业绩],DATEADD('日期'[日期],–1,YEAR))”,如图 7-36 所示。

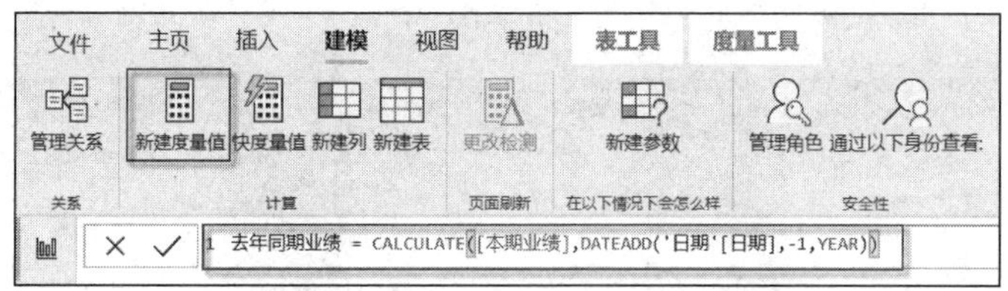

图 7-36 新建去年同期业绩度量值

(3)选择销售明细表，在“建模”选项卡中选择“新建度量值”命令，输入公式“同比增长率 = DIVIDE([本期业绩]–[去年同期业绩]，[去年同期业绩])”，如图 7-37 所示。

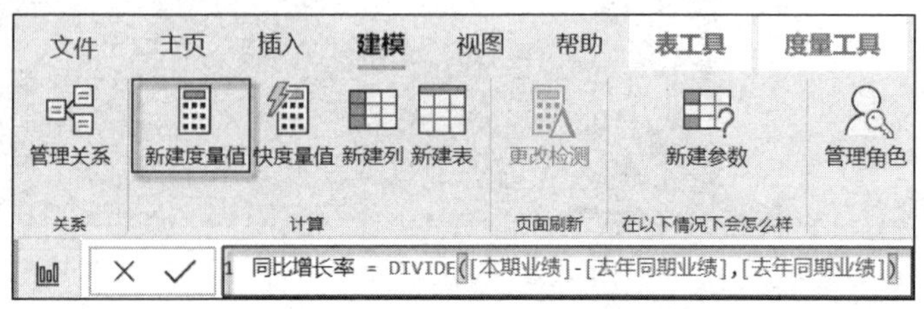

图 7-37 新建同比增长率度量值

(4) 单击数据视图，修改同比增长率度量值显示格式为“%”，如图 7-38 所示。

图 7-38　设置同比增长率度量值的显示格式

(5) 单击报表视图，添加表对象，在值属性中添加日期表中的“年”字段、“月份”字段，添加销售明细报表中的“本期业绩”字段、“去年同期业绩”字段以及“同比增长率”字段。设置“年”字段和“月份”字段的汇总方式为“不汇总”，如图 7-39 所示。

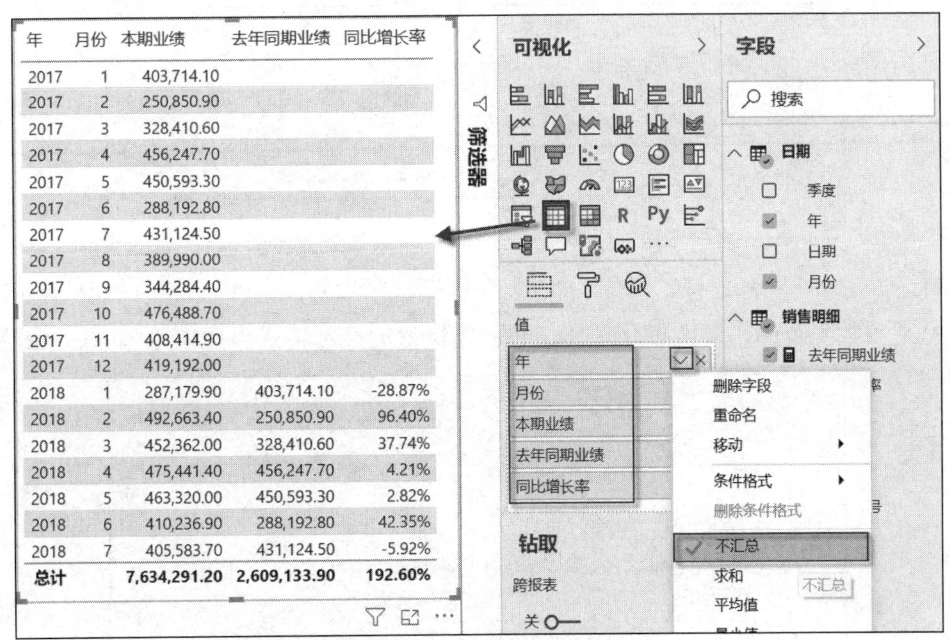

年	月份	本期业绩	去年同期业绩	同比增长率
2017	1	403,714.10		
2017	2	250,850.90		
2017	3	328,410.60		
2017	4	456,247.70		
2017	5	450,593.30		
2017	6	288,192.80		
2017	7	431,124.50		
2017	8	389,990.00		
2017	9	344,284.40		
2017	10	476,488.70		
2017	11	408,414.90		
2017	12	419,192.00		
2018	1	287,179.90	403,714.10	-28.87%
2018	2	492,663.40	250,850.90	96.40%
2018	3	452,362.00	328,410.60	37.74%
2018	4	475,441.40	456,247.70	4.21%
2018	5	463,320.00	450,593.30	2.82%
2018	6	410,236.90	288,192.80	42.35%
2018	7	405,583.70	431,124.50	-5.92%
总计		**7,634,291.20**	**2,609,133.90**	**192.60%**

图 7-39　添加同比增长率数据表

7.4.3　销售环比增长率分析

销售环比增长率是指和上期相比较的增长率，一般用百分数或倍数表示。

销售环比增长率=(本期业绩–上月业绩)/上月业绩×100%。

在 Power BI 中，计算销售环比增长率主要用到以下函数。

本期业绩=Σ销售额= SUM('销售明细'[销售额])。

上月业绩=CALCULATE([本期业绩]，DATEADD('日期'[日期]，–1，MONTH))。

销售环比增长率=DIVIDE([本期业绩]-[上月业绩]，[上月业绩])。

(1)选择销售明细表，在“建模”选项卡中选择“新建度量值”命令，输入公式“上月业绩 = CALCULATE([本期业绩]，DATEADD('日期'[日期]，-1，MONTH))”，如图 7-40 所示。

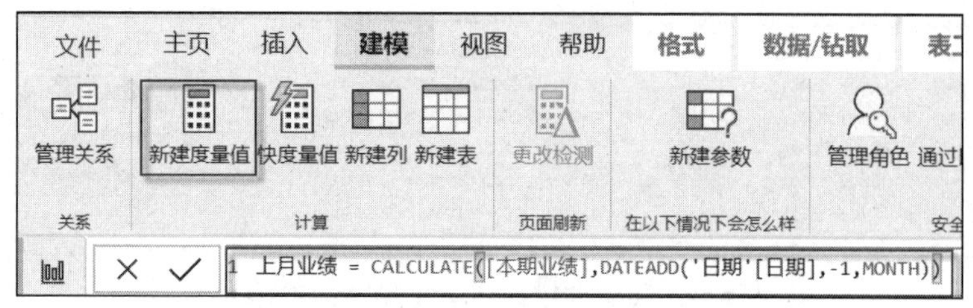

图 7-40 新建上月业绩度量值

(2)选择销售明细表，在“建模”选项卡中选择“新建度量值”命令，输入公式“环比增长率 = DIVIDE([本期业绩]-[上月业绩]，[上月业绩])”，如图 7-41 所示。

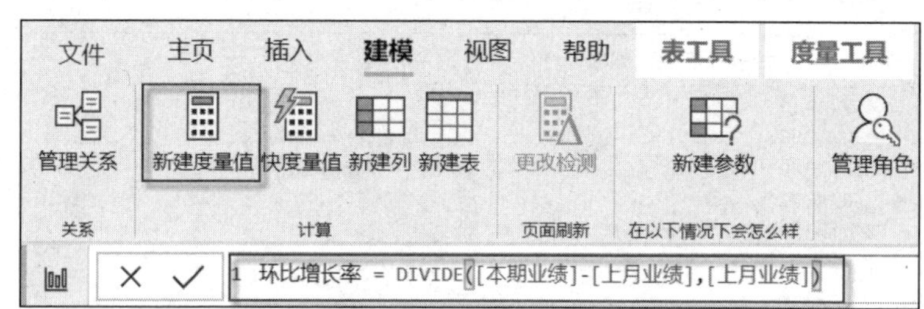

图 7-41 新建销售环比增长率度量值

(3)单击数据视图，修改销售环比增长率度量值的显示格式为“%”，如图 7-42 所示。

销售日期	员工工号	销售员	货号	销售单编号
2017年3月17日	SS0122	赵里	STY0077	C001S001-2017-03-17-004
2017年3月27日	SS0122	赵里	STY0430	C001S001-2017-03-27-010
2017年3月27日	SS0122	赵里	STY0408	C001S001-2017-03-27-010
2017年3月29日	SS0122	赵里	STY0423	C001S001-2017-03-29-008
2017年3月29日	SS0122	赵里	STY0422	C001S001-2017-03-29-012
2017年3月29日	SS0122	赵里	STY0422	C001S001-2017-03-29-012
2017年3月29日	SS0122	赵里	STY0420	C001S001-2017-03-29-012
2017年3月29日	SS0122	赵里	STY0430	C001S001-2017-03-29-012
2017年3月29日	SS0122	赵里	STY0422	C001S001-2017-03-29-022
2017年3月30日	SS0122	赵里	STY0414	C001S001-2017-03-30-005
2017年4月7日	SS0122	赵里	STY0408	C001S001-2017-04-07-005
2017年4月7日	SS0122	赵里	STY0408	C001S001-2017-04-07-010

图 7-42 设置销售环比增长率度量值的显示格式

(4) 单击报表视图，添加表对象，在值属性中添加日期表中的“年”字段、“月份”字段，添加销售明细报表中的“本期业绩”字段、“上月业绩”字段以及“环比增长率”字段。设置“年”字段和“月份”字段的汇总方式为“不汇总”，如图 7-43 所示。

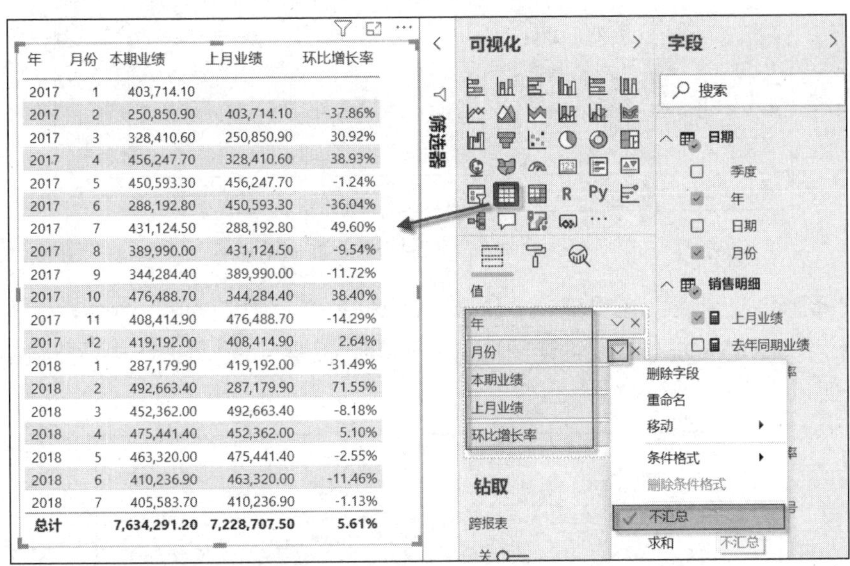

图 7-43　添加环比增长率数据表

7.4.4　年度累计同比增长率分析

年度累计销售额为当年 1 月份至统计时间每月销售额的总和。

年度累计同比增长率 =(当年年度累计额-去年同期年度累计额)/去年同期年度累计额×100%。

在 Power BI 中，计算年度累计销售额主要用到以下函数。

TOTALYTD 函数用于计算从年初至今的累计值。因此，年度累计额 = TOTALYTD([本期业绩]，'日期'[日期])。

年度累计同比增长率 = DIVIDE([年度累计额]-[去年同期年度累计额]，[去年同期年度累计额])。

(1) 选择销售明细表，在“建模”选项卡中选择“新建度量值”命令，输入公式“年度累计额 = TOTALYTD([本期业绩]，'日期'[日期])”，如图 7-44 所示。

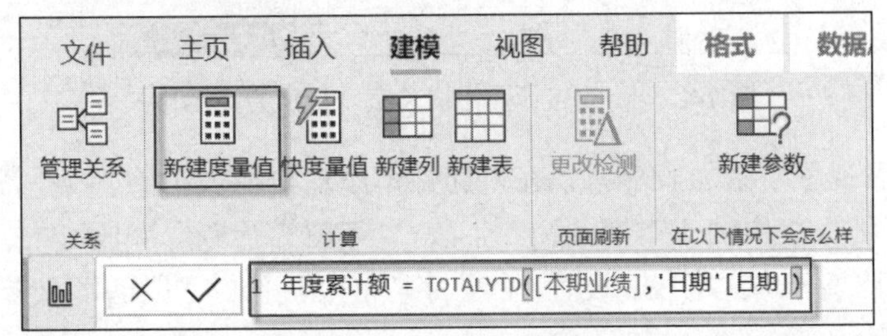

图 7-44　新建年度累计额度量值

(2)选择销售明细表，在“建模”选项卡中选择“新建度量值”命令，输入公式“去年同期年度累计额 = CALCULATE([年度累计额], DATEADD('日期'[日期], -1, YEAR))”，如图 7-45 所示。

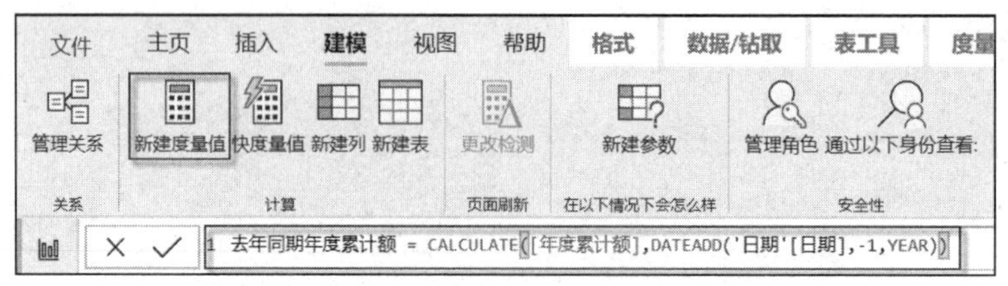

图 7-45 新建去年同期年度累计额度量值

(3)选择销售明细表，在“建模”选项卡中选择“新建度量值”命令，输入公式“累计同比增长率 = DIVIDE([年度累计额]-[去年同期年度累计额], [去年同期年度累计额])”，如图 7-46 所示。

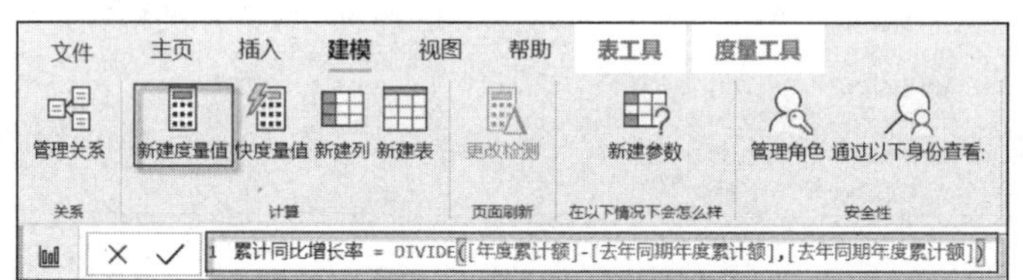

图 7-46 新建累计同比增长率度量值

(4)单击数据视图，修改累计同比增长率字段的显示格式为“%”，如图 7-47 所示。

图 7-47 修改累计同比增长率度量值的显示格式

(5)单击报表视图，添加表对象，在值属性中添加日期表中的“年”字段、“月份”字段，添加销售明细报表中的“本期业绩”字段、“年度累计额”字段、“去年同期年度累计额”及“累计同比增长率”字段。设置“年”字段和“月份”字段的汇总方式为“不汇总”，如图 7-48 所示。

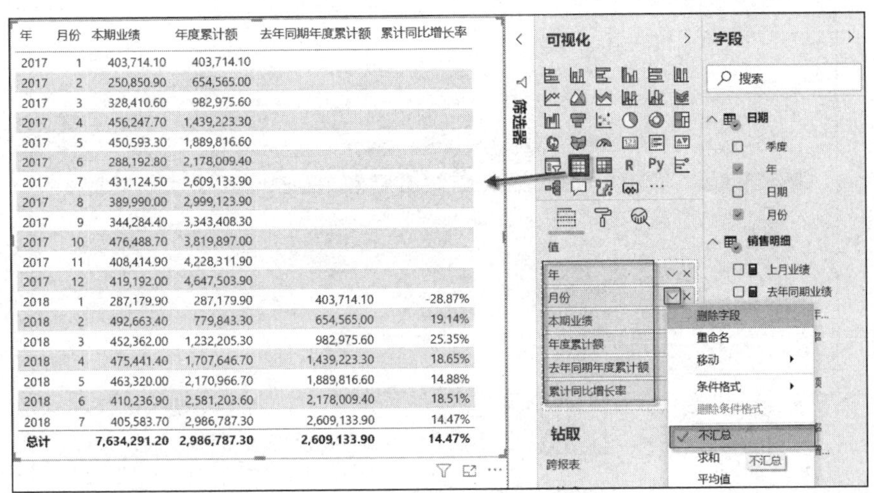

图 7-48　添加累计同比增长率数据表

【实操题 4】请选择合适的跨境电商销售相关报表，对销售同比增长率、环比增长率和年度累计同比增长率进行分析。

7.5　销售业绩分析

销售业绩分析通过销售数据报表分析销售业绩完成率、销售累计同比增长率、销售业绩走势等数据指标。通过销售业绩分析，可以了解销售盈亏情况，结合营销方案，调整营销手段，提升销售业绩指标。

7.5.1　销售业绩完成率分析

(1) 选择日期表，在“建模”选项卡中选择“新建列”命令，输入公式“年月 = FORMAT([年]&[月份], "YYMM")”，如图 7-49 所示。

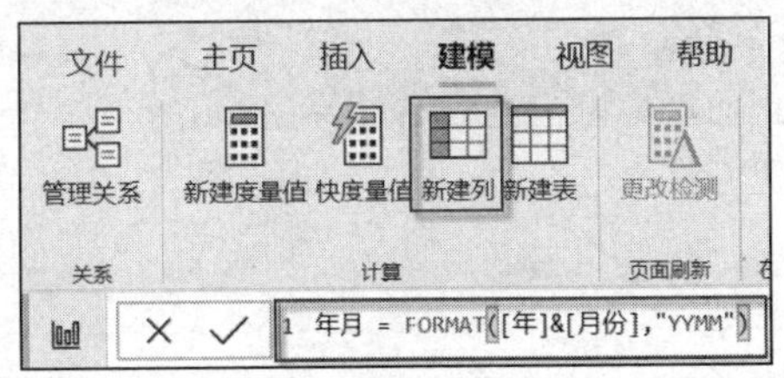

图 7-49　新建年月列

(2) 在“主页”选项卡中单击“更多视觉效果”选项，选择“从 AppSource”命令，打开 Power BI 视觉对象对话框，搜索“KPI”，添加“KPI Indicator”视觉对象，如图 7-50 所示。

(3) 设置 Actual value 属性为销售明细表中的“本期业绩”字段，设置 Target value 属性为销售目标表的“销售目标”字段，设置 Trend axis 属性为日期表中的“年月”字段，如图 7-51 所示。

图 7-50　添加“KPI Indicator”视觉对象

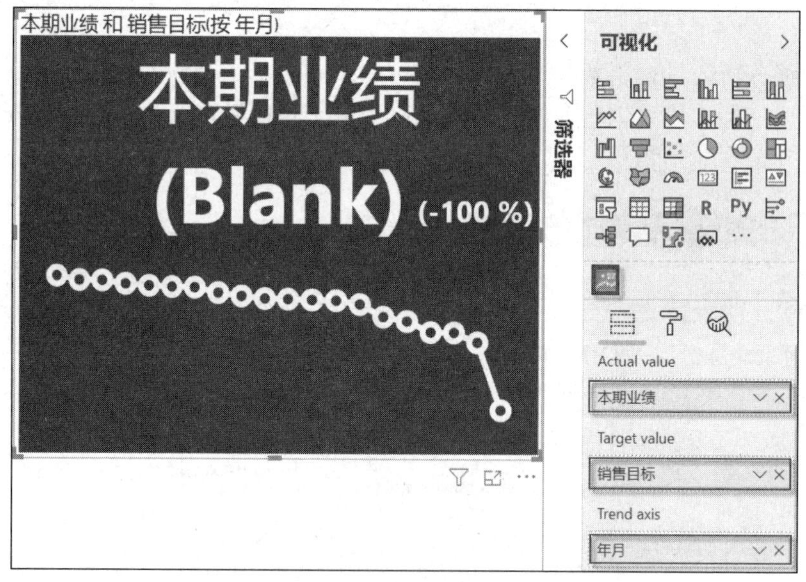

图 7-51　设置“KPI Indicator”视觉对象属性

(4) 设置 KPI General 中的 KPI name 为“业绩完成率”，Chart Type 为“Bar”，Thousands separator 为“开”，Actual heading tooltip 为“实际值”， Target heading tooltip 为“目标值”，Aggregation type 为 “Sum”，设置完成后的效果如图 7-52 所示。

(5) 在视觉对象筛选器上选择“年月”字段，筛选类型为“基本筛选”，选择 2018 年 1 月—7 月，查看业绩完成率，如图 7-53 所示。

图 7-52　业绩完成率

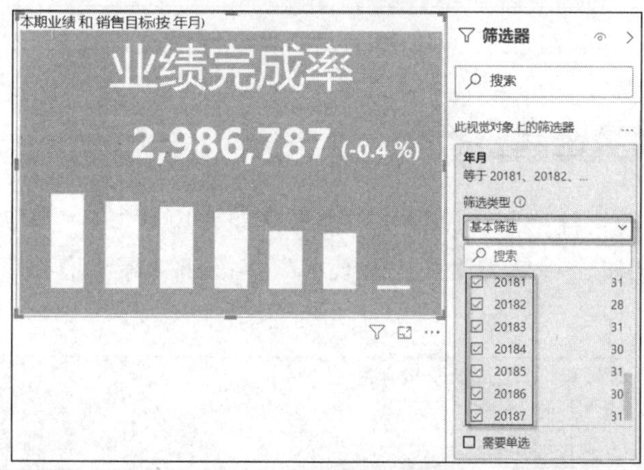

图 7-53　按年月字段筛选的业绩完成率

7.5.2　销售累计同比增长率分析

(1) 添加“KPI Indicator”视觉对象，设置 Actual value 属性为销售明细表中的累计同比增长率字段，设置 Trend axis 属性为日期表中的“年月”字段，如图 7-54 所示。

(2) 设置 KPI General 中的 Chart Type 为“Line”，Actual heading tooltip 为“同比”，Aggregation type 为“Average”，设置完成后的结果如图 7-55 所示。

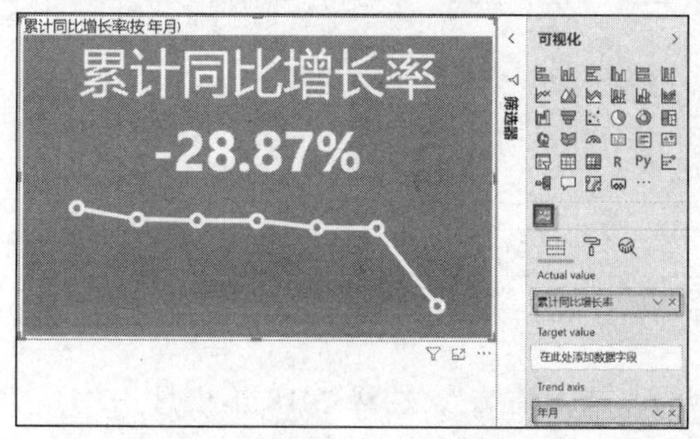

图 7-54　添加 KPI Indicator 视觉对象

图 7-55　累计同比增长率

(3) 设置 KPI General 对象排序方式为“年月”“以升序排序”，如图 7-56 所示。

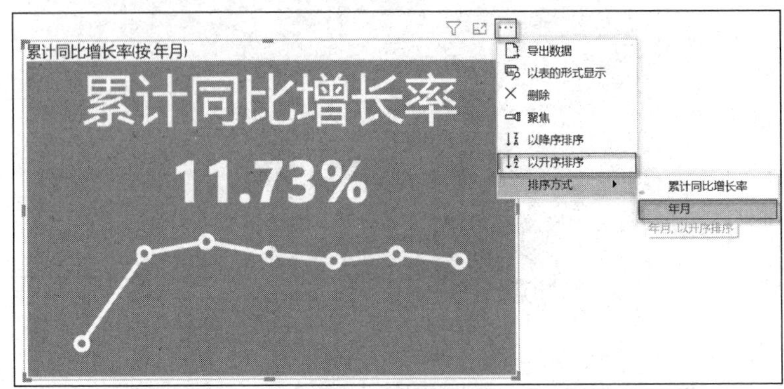

图 7-56　以年月升序排序的累计同比增长率

7.5.3　销售业绩走势分析

(1) 添加折线和簇状柱形图，设置共享轴为日期表的“年月”字段，列值为销售明细表的“本期业绩”字段，行值为“同比增长率”字段和“环比增长率”字段，如图 7-57 所示。

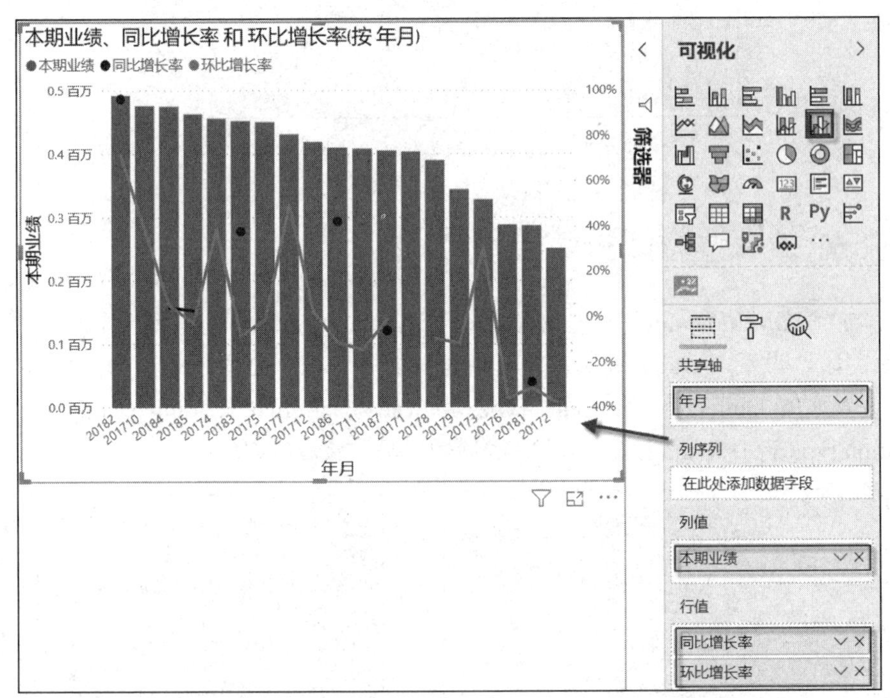

图 7-57　添加折线和簇状柱形图

(2) 在视觉对象筛选器上，选择筛选类型为“基本筛选”，选择 2018 年 1 月—7 月，查看同比增长率和环比增长率，如图 7-58 所示。

(3) 设置图表对象排序方式为“年月”“以升序排序”，如图 7-59 所示。

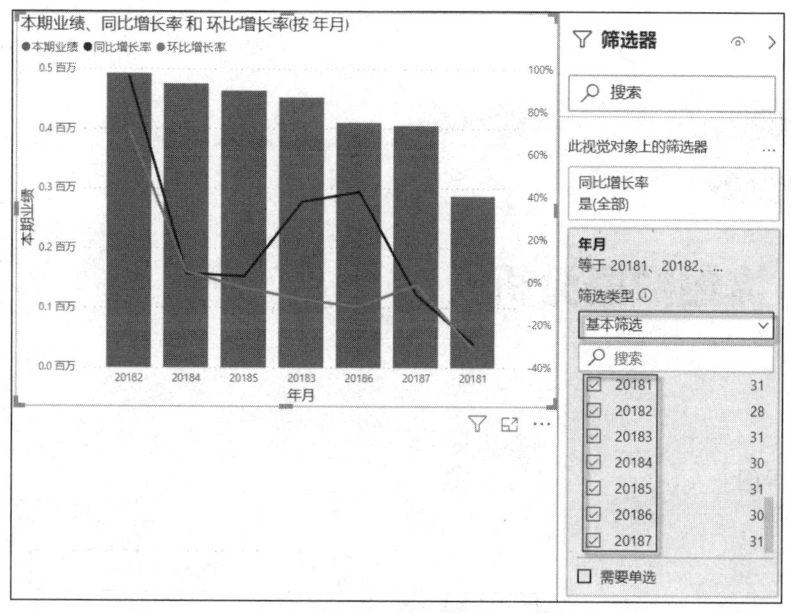

图 7-58　设置年月筛选器

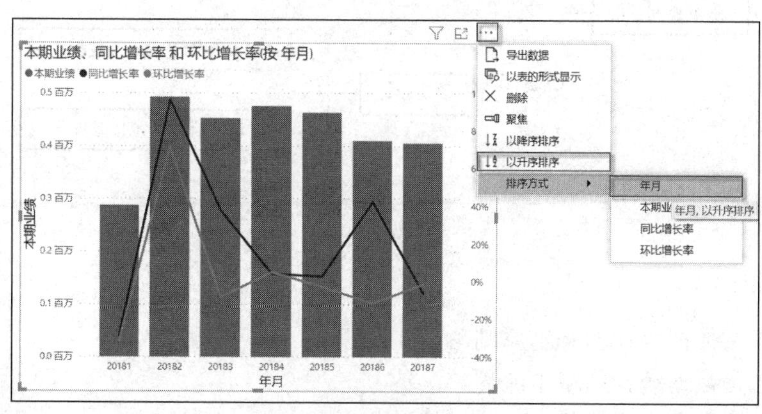

图 7-59　以年月升序排序

【实操题 5】请选择合适的跨境电商销售相关报表，对销售业绩完成率、销售累计同比增长率和销售业绩走势进行分析。

本章习题

1．请简述销售品类分析的意义和价值。
2．请简述销售地域分析的意义。
3．请简述同比增长率、环比增长率以及销售业绩对销售数据分析的重要性。
4．请简述商品生命周期的概念和意义。

流量数据分析

结构导图

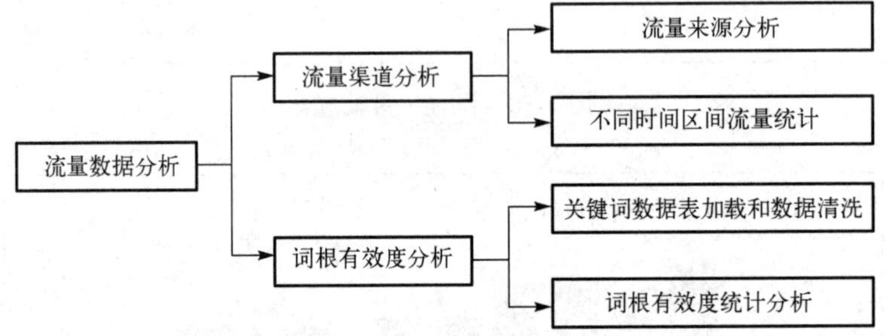

学习目标

1. 知识目标

- 理解流量数据统计的基本原则。
- 了解流量数据统计的基本流程。
- 掌握跨境电商店铺流量来源分析的方法。
- 掌握跨境电商行业关键词词根有效度分析的方法。

2. 能力目标

- 掌握运用 Power BI 对跨境电商店铺流量渠道来源分析的方法。
- 掌握运用 Power BI 对跨境电商店铺不同时间区间流量统计的方法。
- 掌握运用 Power BI 对跨境电商行业关键词数据的加载和数据清洗的方法。
- 掌握运用 Power BI 对跨境电商行业关键词词根有效度分析的方法。

8.1 流量渠道分析

网站流量通常指网站的访问量，是用来描述访问一个网站的用户数量以及用户所浏览的页面数量的指标。

流量是电商企业的命脉，分析并优化流量是电商运营的基本技能之一。

对流量渠道进行分析，可以帮助运营者采取更有效的渠道运作策略，从而提升产品的销量。

本节数据来源为速卖通生意参谋中的店铺流量来源表。通过已有的数据表，分析不同渠道带来的访客数汇总信息，按不同时间区间对访客数情况进行统计，并通过可视化方式进行呈现。

8.1.1　流量来源分析

流量来源统计通过表格和环形图的形式，对一级和二级流量来源访客数进行分类汇总统计，分析不同流量渠道对店铺整体流量的影响。

(1) 在“主页”选项卡中选择“Excel”命令，选择“店铺流量来源.xlsx”文件，选择“店铺流量-来源明细”表，单击“转换数据”按钮，如图 8-1 所示。

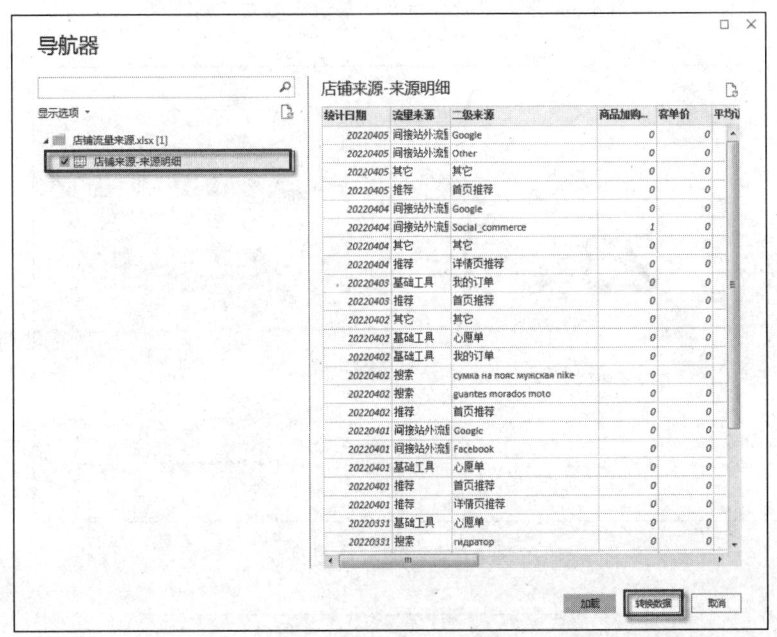

图 8-1　加载店铺流量-来源明细表

(2) 修改“统计日期”字段类型为“日期”，如图 8-2 所示。单击窗口菜单中的“关闭并应用”按钮。

(3) 在报表视图中，添加卡片图对象，将该对象的“字段”设置为“访客数”字段，如图 8-3 所示。

在卡片图对象中，可以查看数据表中访客数的总数信息。

(4) 新建表对象，设置“值”为“流量来源”字段和“访客数”字段，如图 8-4 所示。

在表对象中，可以查看不同流量来源的访客数分类汇总信息。按照访客数进行逆序排序后，可以看出核心流量分别来源于间接站外流量和基础工具。

图 8-2 修改“统计日期”字段类型为“日期”

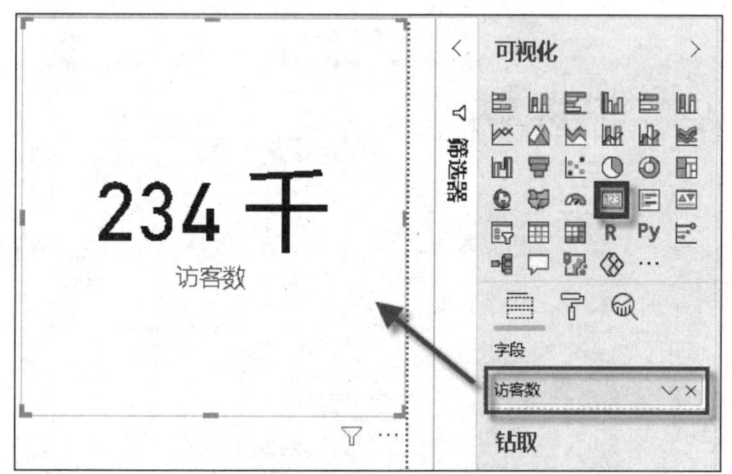

图 8-3 添加卡片图对象

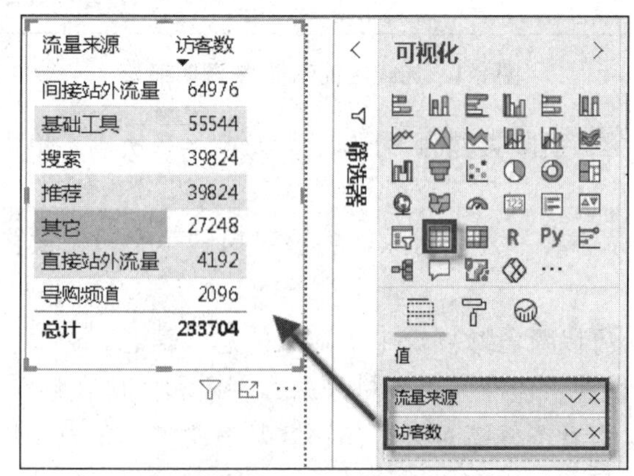

图 8-4 添加流量来源表对象

(5) 新建表对象，设置“值”为“二级来源”和“访客数”字段，如图 8-5 所示。

在表对象中，查看二级流量来源的访客数分类汇总情况。较前表相比，流量来源分类进一步细化。按照访客数进行逆序排序后，占据流量来源前列的分别是 Google、其他、详情页推荐、心愿单等。

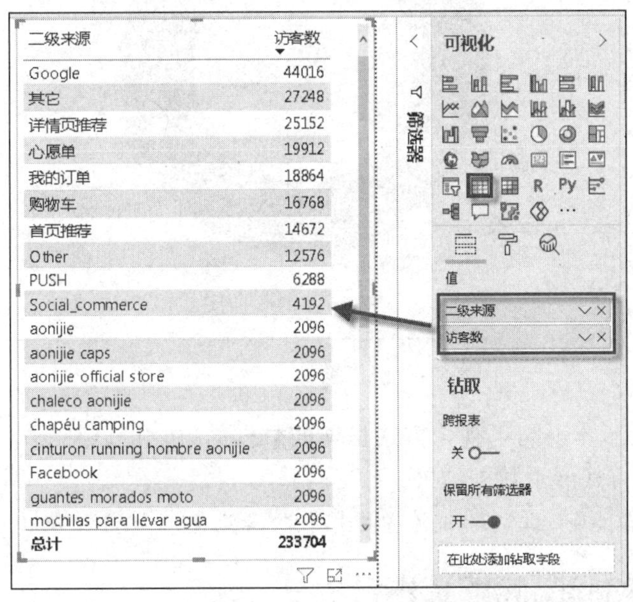

图 8-5　添加二级来源表对象

(6) 选中流量来源表对象，在可视化面板中选择环形图对象，将表对象转换为环形图对象。将“图例”属性设置为“关”，将“标签样式”设置为“类别，总百分比”，使环形图显示流量来源和百分比信息，如图 8-6 所示。最终显示效果如图 8-7 所示。

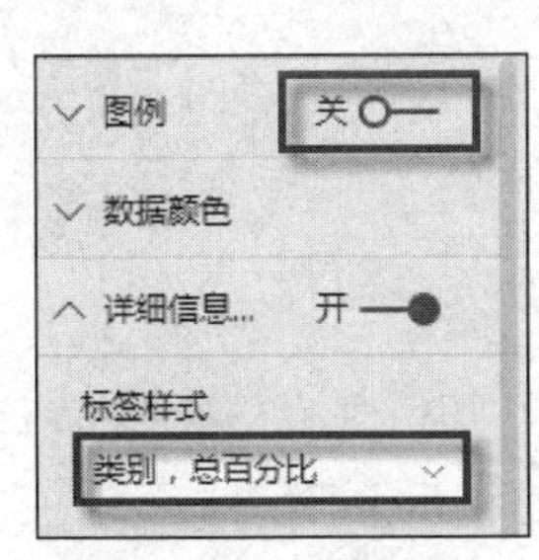

图 8-6　环形图属性设置

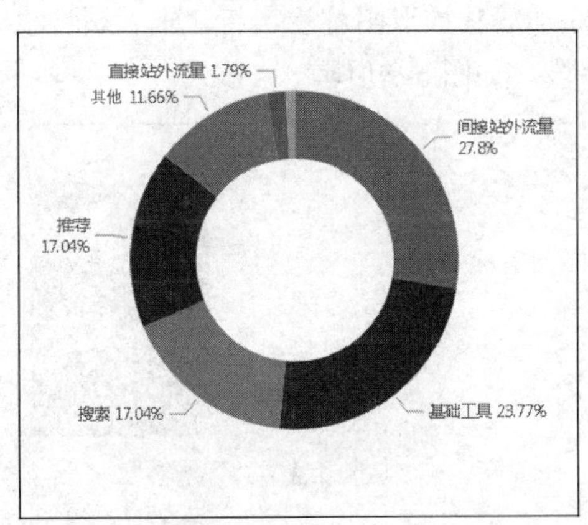

图 8-7　流量来源(按访客数)环形图

(7) 选中二级来源表对象，在可视化面板中选择环形图对象，将表对象转换为环形图对象。将“图例”属性设置为“关”，将“标签样式”设置为“类别，总百分比”，使环形图显示流量来源和百分比信息，如图 8-6 所示。最终显示效果如图 8-8 所示。

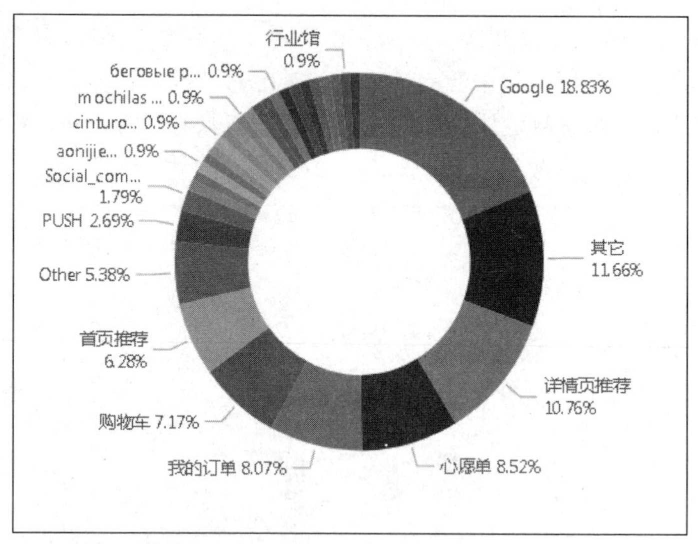

图 8-8 二级流量(按访客数)环形图

通过表格和环形图不同可视化方式呈现的数据结果，可以从不同角度查看和分析数据，以更加直观的方式展示数据结果。

【实操题 1】请根据行业的店铺流量数据，对其流量来源进行分析。

8.1.2 不同时间区间流量统计

不同时间区间流量统计可以通过柱形图形式按年、季、月或日等时间区间进行访客数统计，从中了解时间区间内访客数的变化情况，并能对某个具体时间的访客数变化进行进一步分析。

(1)添加簇状柱形图对象，将“轴”属性设置为“统计日期”字段，“值”设置为“访客数”字段，如图 8-9 所示。

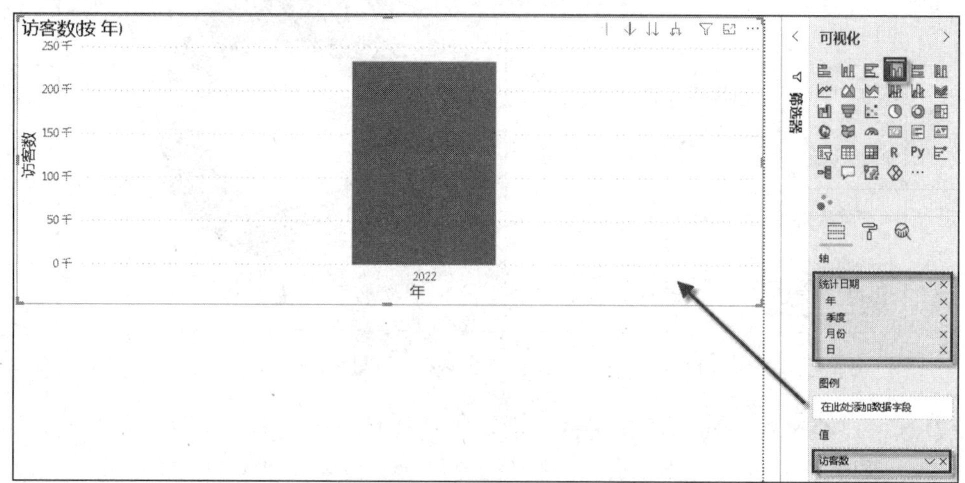

图 8-9 添加簇状柱形图对象

(2) 柱形图默认按照年作为统计单位进行数据呈现。单击簇状柱形图对象的“转到层次结构的下一级别”按钮向下钻取数据，使得统计时间区间按照季度来进行数据呈现，如图 8-10 所示。继续单击该按钮，可以按照月、日来进行数据呈现，如图 8-11、图 8-12 所示。

单击“向上钻取”按钮，可以将统计时间区间按日、月、季和年方向进行统计呈现。

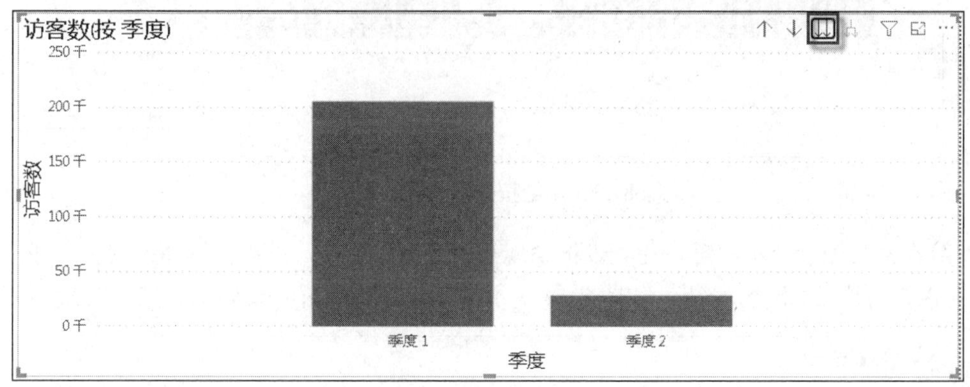

图 8-10　按季度进行数据呈现

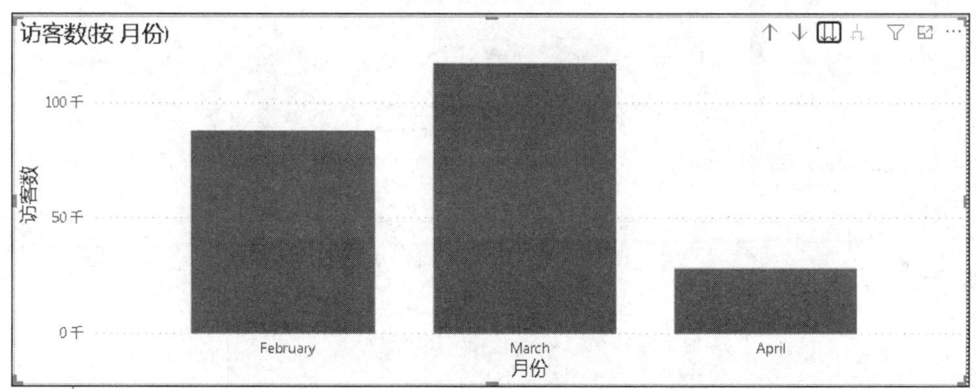

图 8-11　按月进行数据呈现

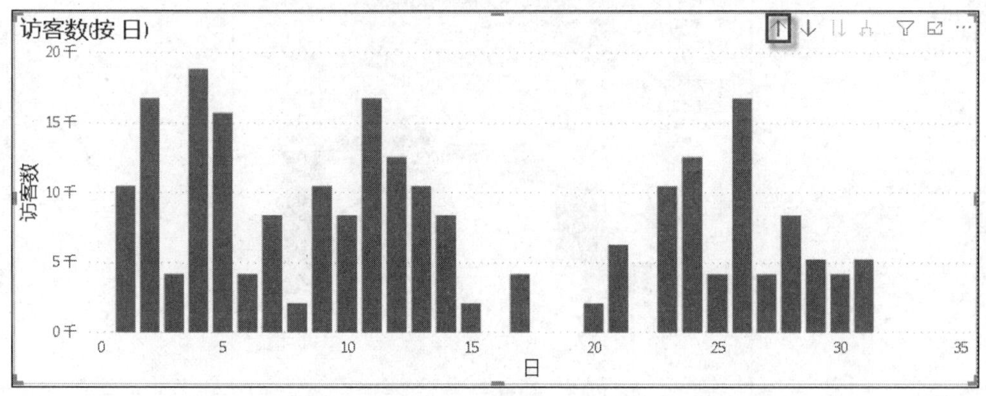

图 8-12　按日进行数据呈现

(3) 选择簇状柱形图对象，设置“X 轴”类型为“类别”，如图 8-13 所示。这样可以使得 X 轴根据已有的日期信息进行统计。

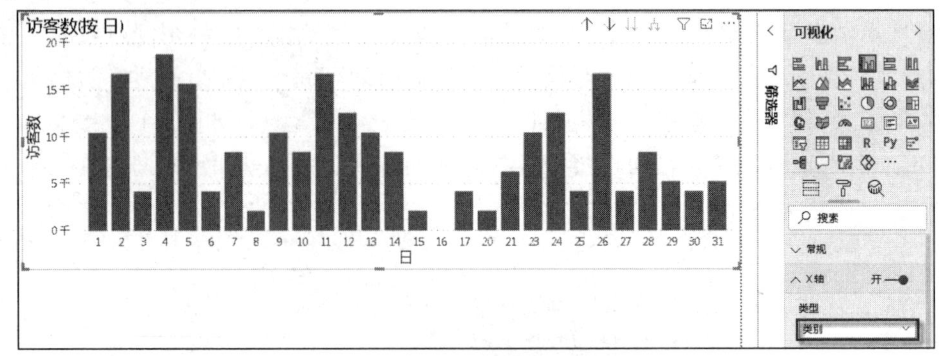

图 8-13　X 轴按类别进行数据呈现

(4) 在柱形图上单击右键，在列表框中选择“分析”选项，单击“解释此增长(下降)”命令，可以查看增长(下降)分析，如图 8-14 所示。变化趋势分析结果如图 8-15、图 8-16 所示。

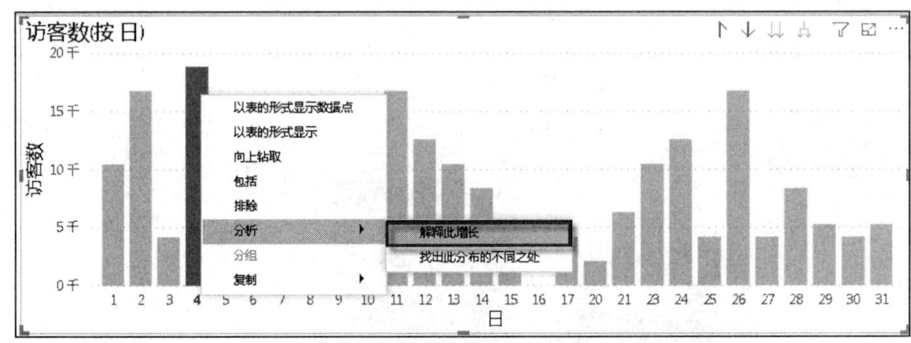

图 8-14　查看变化趋势分析

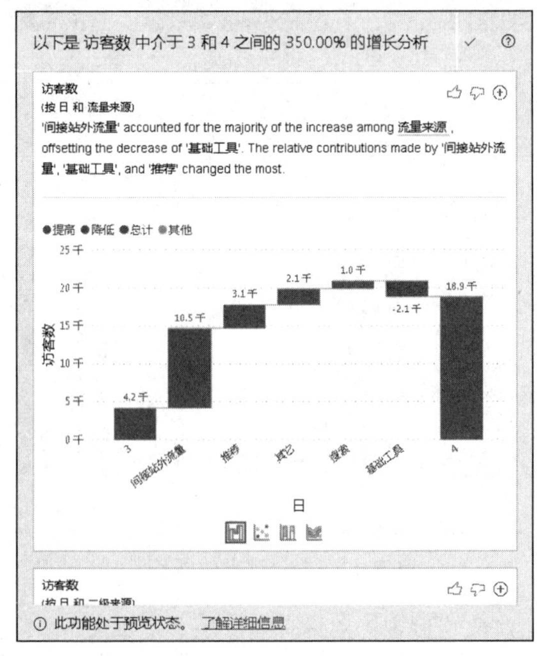

图 8-15　流量来源变化趋势分析结果

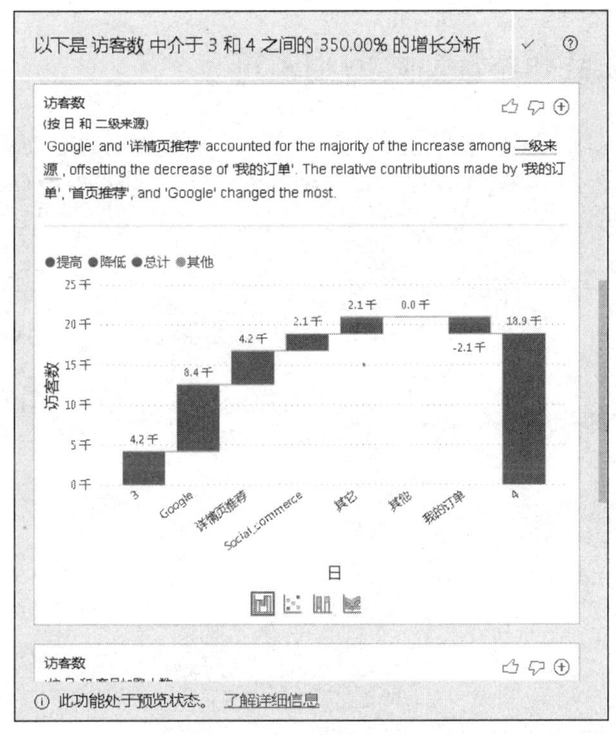

图 8-16　二级流量变化趋势分析结果

(5) 单击变化趋势分析结果界面右上角的“+”，可以将分析报表添加到报表视图中。

从流量来源变化趋势分析中可以看出，“间接站外流量”是影响数据增长的主要因素，相关度最好的是“间接站外流量”“推荐”“搜索”。

从二级流量变化趋势分析中可以看出，Google 是影响数据增长的主要因素，相关度最好的是“详情页推荐”和“Social_commerce”。

【实操题 2】请根据行业的店铺流量数据，在不同的时间区间内对其流量进行分析。

8.2　词根有效度分析

关键词是搜索引擎的产物，客户可以通过关键词在网页上搜索相关产品。产品可以被搜索到的前提是产品标题中需要包含该关键词，但是每个产品标题关键词字符是有限制的。

因此，分析关键词数据，可以优化产品标题关键词，使得产品关键词保持最优化状态，提升通过关键词搜索带来的流量。

本节数据来源为速卖通生意参谋中的热搜关键词表。由于跨境电商平台中搜索的语言的多样性，因此在数据统计中，通常采用翻译词字段作为关键词分析的主要字段，保证统计语言的一致性。

在热搜关键词表中，筛选包含有效词根的关键词数据，统计并分析不同时间区间的搜索人气和支付转化率，以折线簇状柱的形式进行数据呈现。

8.2.1 关键词数据表加载和数据清洗

(1)在“主页”选项卡中选择“Excel”命令，选择 “关键词数据.xlsx”文件。在导航器窗口中，勾选“词根表”和“热搜关键词”复选框，单击“转换数据”按钮，如图 8-17 所示。

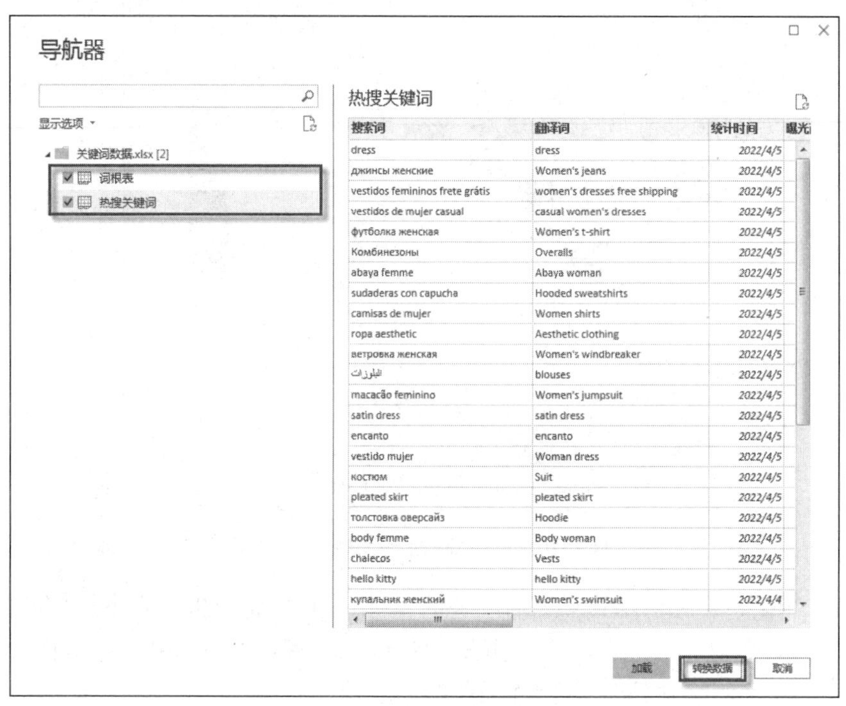

图 8-17 获取关键词数据

(2)打开“热搜关键词”报表，修改“统计时间”字段类型为“日期”，如图 8-18 所示；打开“词根表”报表，修改“Column1”字段名称为“词根”，如图 8-19 所示 。

图 8-18 修改统计时间字段类型

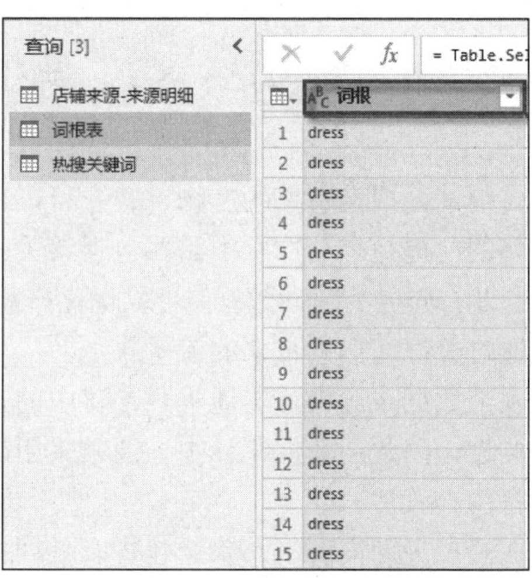

图 8-19 修改词根字段名称

(3) 打开“词根表”报表，在“添加列”选项卡中选择“自定义列”命令，输入新列名为“关键词报表”，自定义公式为“=#"热搜关键词"”，添加热搜关键词报表引用，单击“确定”按钮，如图 8-20 所示。关键词报表列添加后效果如图 8-21 所示。

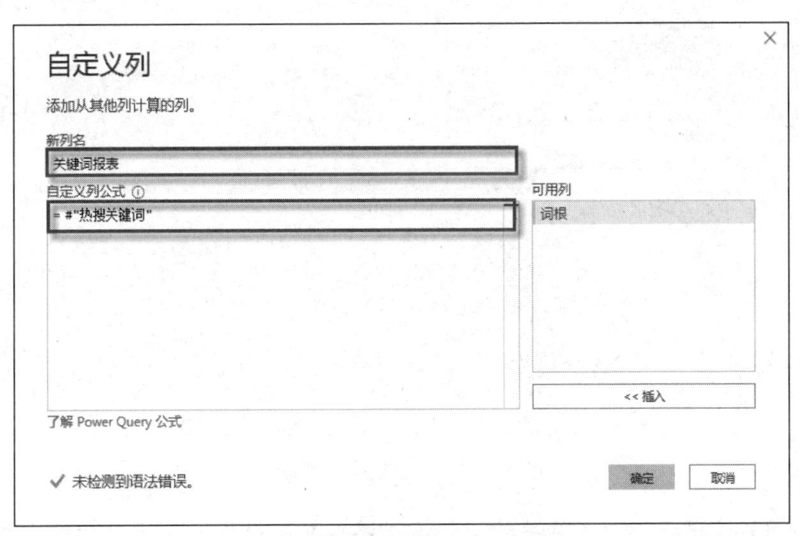

图 8-20　添加关键词报表列

(4) 展开“关键词报表”字段，勾选“翻译词”“统计时间”“搜索人气”和“支付转化率”复选框，取消勾选“使用原始列名作为前缀”复选框，单击“确定”按钮，如图 8-22 所示。

	词根	关键词报表
1	dress	Table
2	woman	Table
3	summer	Table
4	bodycon	Table
5	Wedding	Table
6	midi	Table
7	evening	Table
8	party	Table
9	Sexy	Table
10	Vintage	Table

图 8-21　关键词报表列添加后效果

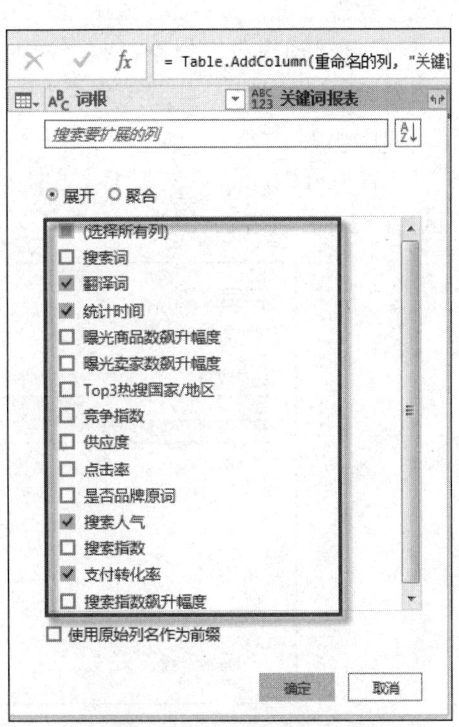

图 8-22　展开关键词报表字段

(5)打开“词根表”报表，按“Ctrl+A”快捷键将表格全选后，在“转换”选项卡中选择“检测数据类型”命令，自动更改所有字段数据类型，如图 8-23 所示。

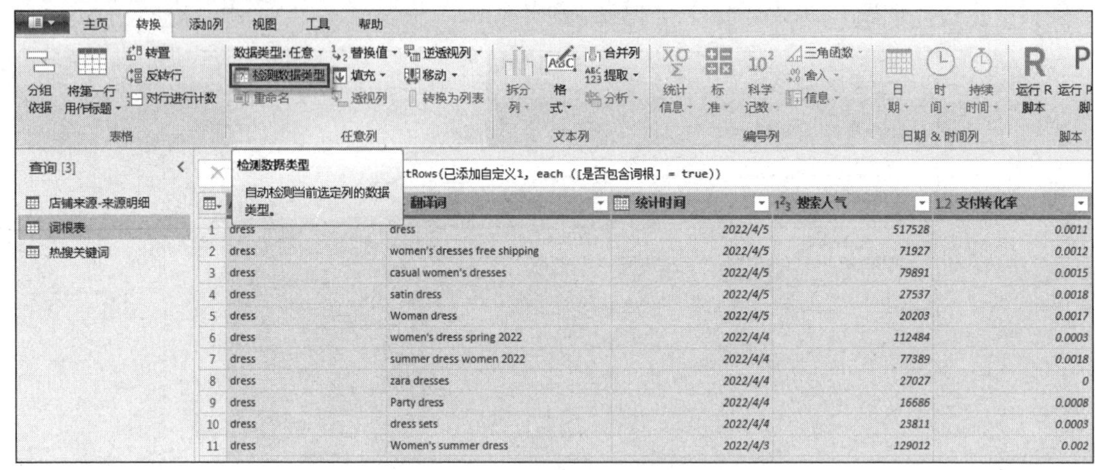

图 8-23 检测数据类型命令

【实操题 3】请根据行业流量关键词数据，添加相关数据表并进行数据清洗。

8.2.2 词根有效度统计分析

词根有效度统计分析可以将不同时间区间的搜索人气和支付转化率，以折线簇状柱的形式进行数据呈现。

(1)打开“词根表”报表，在“添加列”选项卡中选择“自定义列”命令，设置新列名为“是否包含词根”，自定义公式为“=Text.Contains([翻译词]，[词根])”，单击“确定”按钮，如图 8-24 所示。

其中，Text.Contains(文本 1，文本 2)函数用于判断文本 1 中是否包含文本 2 的内容，并且返回 TURE 或者 FALSE。

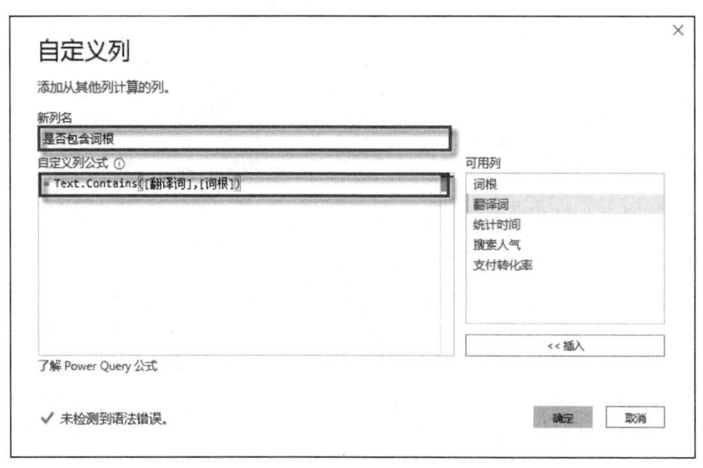

图 8-24 添加是否包含词根列

(2) 在“是否包含词根”字段中，筛选内容为“TRUE”的记录，单击“关闭并应用”按钮，如图 8-25 所示。

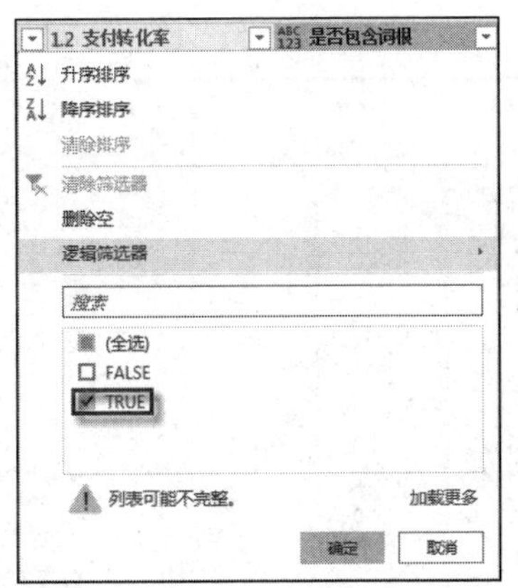

图 8-25　筛选内容为“TRUE”的记录

(3) 在工作区中选择“词根表”报表，单击左侧的数据面板按钮，选择“支付转化率”字段，在列工具中设置“Σ摘要”值为“平均值”，如图 8-26 所示。

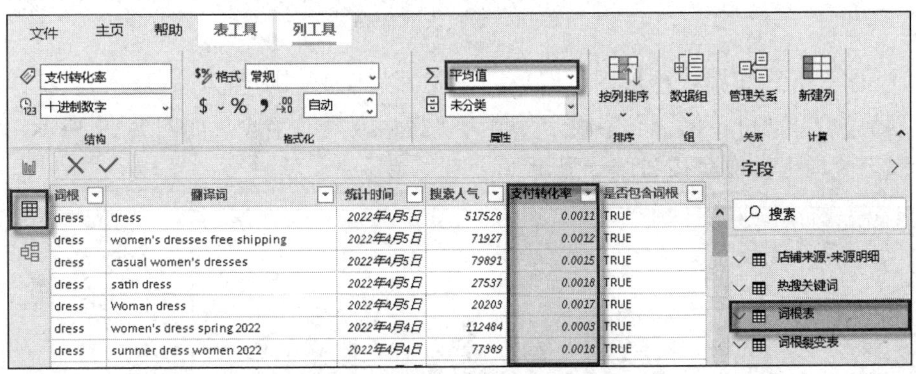

词根	翻译词	统计时间	搜索人气	支付转化率	是否包含词根
dress	dress	2022年4月5日	517528	0.0011	TRUE
dress	women's dresses free shipping	2022年4月5日	71927	0.0012	TRUE
dress	casual women's dresses	2022年4月5日	79891	0.0015	TRUE
dress	satin dress	2022年4月5日	27537	0.0018	TRUE
dress	Woman dress	2022年4月5日	20203	0.0017	TRUE
dress	women's dress spring 2022	2022年4月4日	112484	0.0003	TRUE
dress	summer dress women 2022	2022年4月4日	77389	0.0018	TRUE

图 8-26　设置支付转化率列属性

(4) 回到报表视图，添加表对象，设置值属性为词根表的“词根”“搜索人气”以及“支付转化率”字段，如图 8-27 所示。

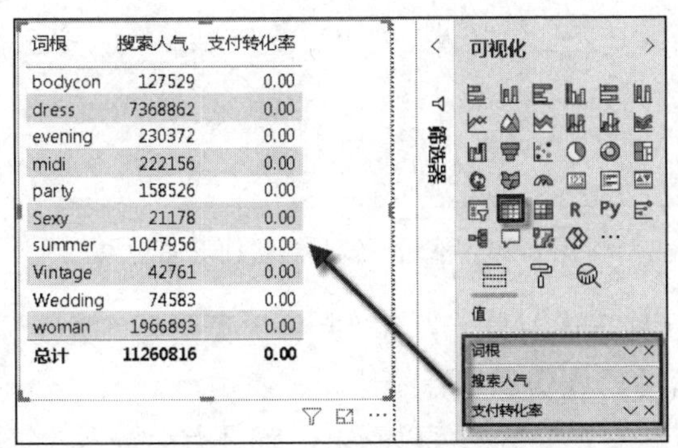

词根	搜索人气	支付转化率
bodycon	127529	0.00
dress	7368862	0.00
evening	230372	0.00
midi	222156	0.00
party	158526	0.00
Sexy	21178	0.00
summer	1047956	0.00
Vintage	42761	0.00
Wedding	74583	0.00
woman	1966893	0.00
总计	11260816	0.00

图 8-27　添加表对象

(5) 修改表对象格式，在“字段格式”设置中选择“支付转化率”，“值的小数位”设置为“5”，如图 8-28 所示。通过对支付转化率字段小数位数的设置，使其可以正常显示小数数值。

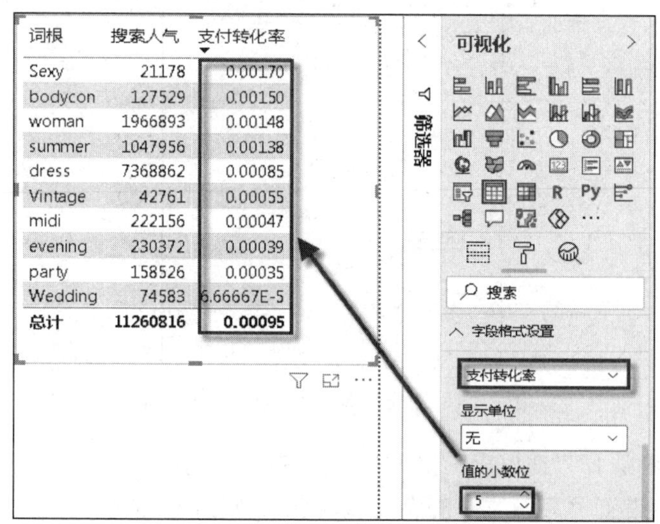

词根	搜索人气	支付转化率
Sexy	21178	0.00170
bodycon	127529	0.00150
woman	1966893	0.00148
summer	1047956	0.00138
dress	7368862	0.00085
Vintage	42761	0.00055
midi	222156	0.00047
evening	230372	0.00039
party	158526	0.00035
Wedding	74583	6.66667E-5
总计	**11260816**	**0.00095**

图 8-28　修改表对象格式

(6) 添加“折线和簇状柱形图”对象，设置“共享轴”属性为词根表的“统计时间”字段，列值为 “支付转化率”字段，行值为“搜索人气”字段，如图 8-29 所示，将图形数据呈现方式向下钻取至按日统计显示。

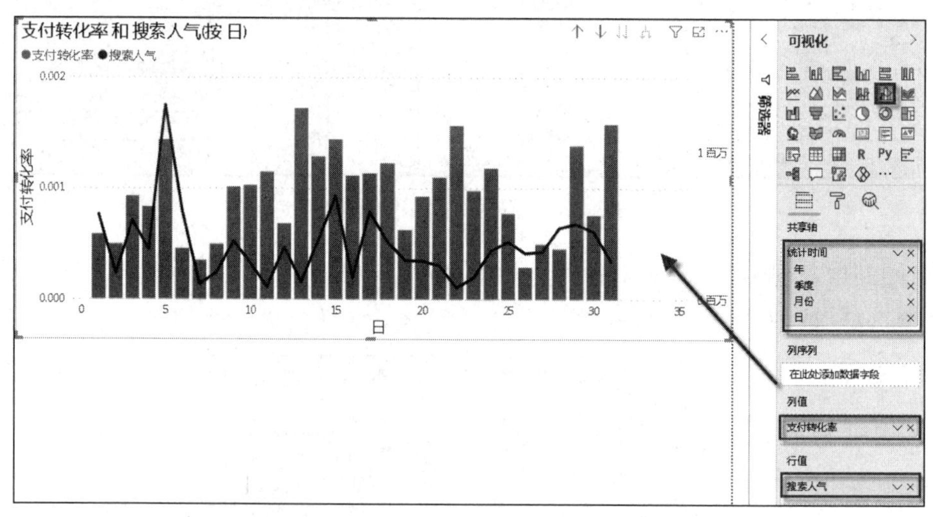

图 8-29　添加折线和簇状柱形图对象

(7) 选择折线和簇状柱形图对象，设置“X 轴”类型为“类别”，如图 8-30 所示，这样可以使得 X 轴根据已有的日期信息进行统计。

通过折线和簇状柱形图分析结果可以看出，5 日当天搜索人气相对较高，支付转化率也同步上升。13 日和 22 日等虽然搜索人气较高，但是带来的支付转化率却处于低位。对于这些数据，需要进一步分析其增长趋势，分析搜索渠道与支付转化率的关系，从中选择搜索人气与支付转化率成正比的渠道，作为后期渠道策略中的重要依据。

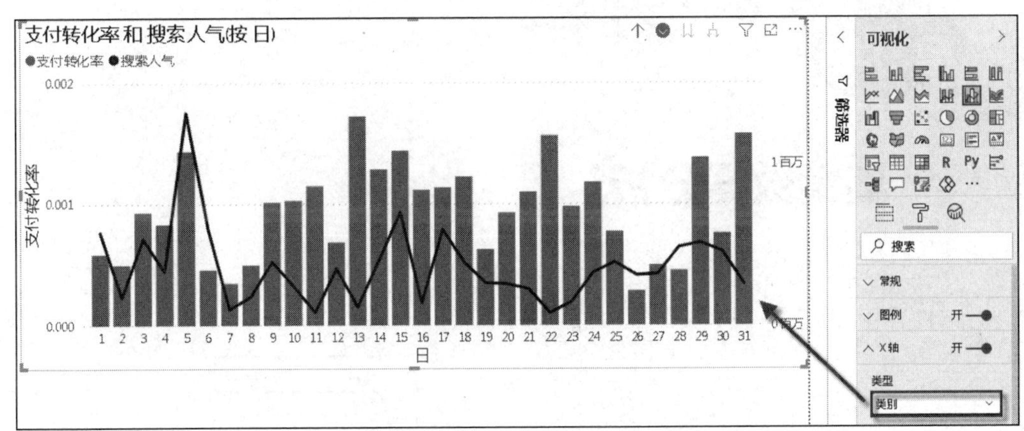

图 8-30　X 轴按类别进行数据呈现

【**实操题 4**】请根据行业流量关键词数据，对词根有效度进行统计分析。

本章习题

1．请简述流量数据分析的意义。
2．请简述流量数据分析的维度和作用。
3．请简述词根有效度分析的作用。

舆情数据分析

结构导图

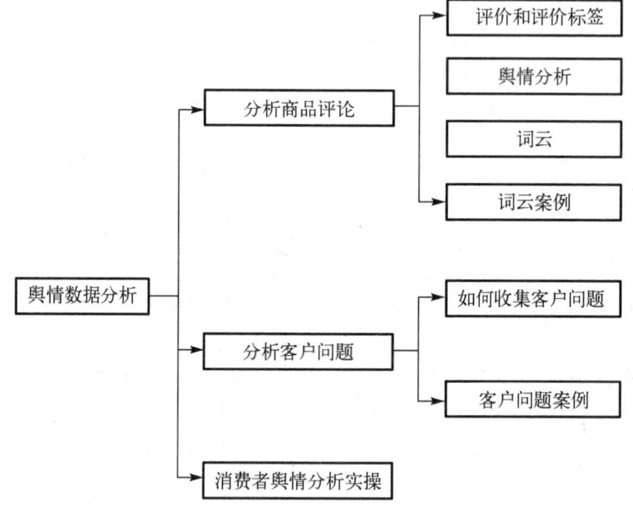

学习目标

1. 知识目标

- 学习了解舆情行业背景分析、舆情关键词等赖赖知识，了解商品评价和评价标签。
- 掌握分析客户问题的方法。

2. 能力目标

- 学习了解舆情分析的相关维度，掌握词云图制作；研究分析词云图，并撰写系统的竞品分析报告。

9.1 分析商品评论

9.1.1 评价和评价标签

商品评价是指生产厂家、商家或者消费者根据具体商品的性能、规格、材质、使用寿命、外观等商品的内在价值设定一个可量化或定性的评价体系，由消费者对商品使用价值进行评价的过程，如图 9-1 所示。评价主要包括文本内容、图片、追评、买家信息、评论时间和视频等信息。

用户评价的动机可能包括：

(1) 商家激励，即淘宝常见的好评返现；

(2) 系统激励，即积分系统和会员系统；

(3) 个人炫耀，基于个体的炫耀心理进行评价；

(4) 共享回馈，即购买时参照了别人的评价，购买后也要做真实评价，供别人参考；

(5) 买家权利的一种体现，用户对卖家的服务态度、商品质量等进行反馈。

初级系统只考量商品的维度，用户买了商品就可以评价，然后将评价进行简单的分类。.随着系统发展，商品的评价系统也逐渐完善，开始考量卖家维度。根据商品来对卖家进行综合评级，作为流量分发的指标，同时将部分评分展示给买家，供迅速参照。随着系统的进一步发展，商品评价系统纳入了买家维度。系统对买家进行评级，买家的评价会进而影响商品评价的真实性和权重，对职业评级师进行了遏制。贯穿商品评价系统图始终的问题是反作弊，即如何尽量减少刷评价(无论好评还是差评)对系统和用户的影响。

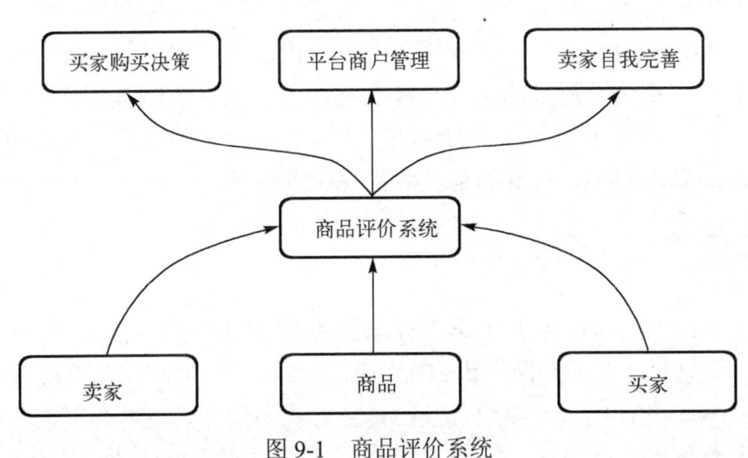

图 9-1　商品评价系统

国际上的著名商城如亚马逊等已经广泛地使用商品评价系统。国内的淘宝商城也提供了消费者对所购商品的评论系统。

消费者评价有以下几个维度：

(1) 商品评价：是否正版正品、使用体验如何；

(2) 卖家评价：咨询时客服的服务态度、商品交付快递的速度；

(3) 卖家售后评价：申请的繁琐程度、规则是否真实；

(4) 物流评价：包装完整度、送货速度、送货人员服务态度。

评价标签是系统自动根据评价的文本内容(不包含追评)提炼的主要关键词，评价标签会引导客户关注某些评价，如：划算、质量好、版型不错、物流快等，如图 9-2 所示。

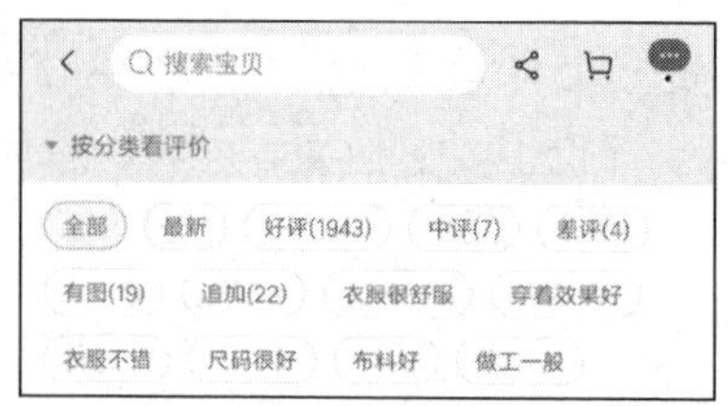

图 9-2　淘宝平台的评价标签

9.1.2　舆情分析

舆情分析就是根据特定问题的需要，对针对这个问题的舆情进行深层次的思维加工和分析研究，得到相关结论的过程。

通常有两大分析方法。

1．内容分析法

内容分析法是一种对信息内容作客观系统的定量分析的专门方法，其目的是弄清或测验信息中本质性的事实和趋势，提示信息所含有的隐性情报内容，对事物发展做情报预测。

2．实证分析法

实证分析法是通过分析大量案例和相关数据后得出某些结论的一种常见研究方法。

对于电商行业，舆情分析是指将客户在线上留下的文字(聊天记录、评论等)进行统计和模型分析，了解客户对品牌、产品的看法，需求和情感上的喜恶。这对品牌、产品的战略定位起到非常重要的作用，能够为运营者提供重要参考。

9.1.3　词云

“词云”这个概念由美国西北大学新闻学副教授、新媒体专业主任里奇·戈登(Rich Gordon)提出。戈登一直很关注网络内容发布的最新形式，即那些只有互联网可以采用而报纸、广播、电视等其他媒体都望尘莫及的传播方式。通常，这些最新的、最适合网络的传播方式，也是最好的传播方式。“词云”就是对网络文本中出现频率较高的“关键词”予以视觉上的突出，形成“关键词云层”或“关键词渲染”，从而过滤掉大量的文本信息，使浏览网页者只要一眼扫过就可以领略文本的主旨，如图 9-3 所示。

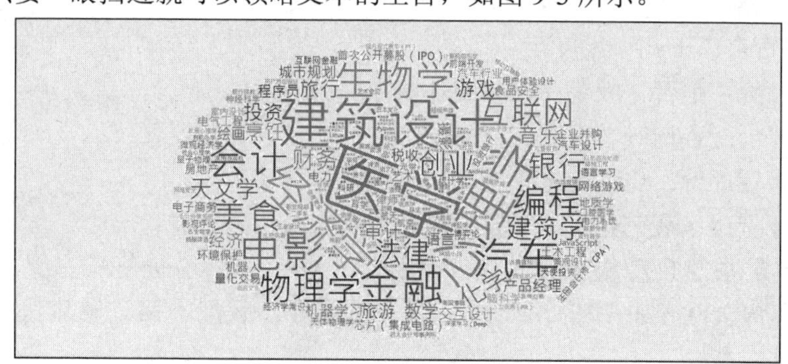

图 9-3　词云示意图

9.1.4 词云案例

创建好的眼镜评价词云如图 9-4 所示，评价词出现的次数越多在这里的字体就会越大。可以看出，眼镜、镜片、镜框、实体店、包装、客服等词的字体较大，说明消费者对眼镜的质量，镜片、镜框等细节以及舒适度、购物体验等方面比较重视。

通过词云得到分析结论如下：

(1) 用户对产品是比较满意的；

(2) 用户对外观比较关注；

(3) 用户对价格敏感。

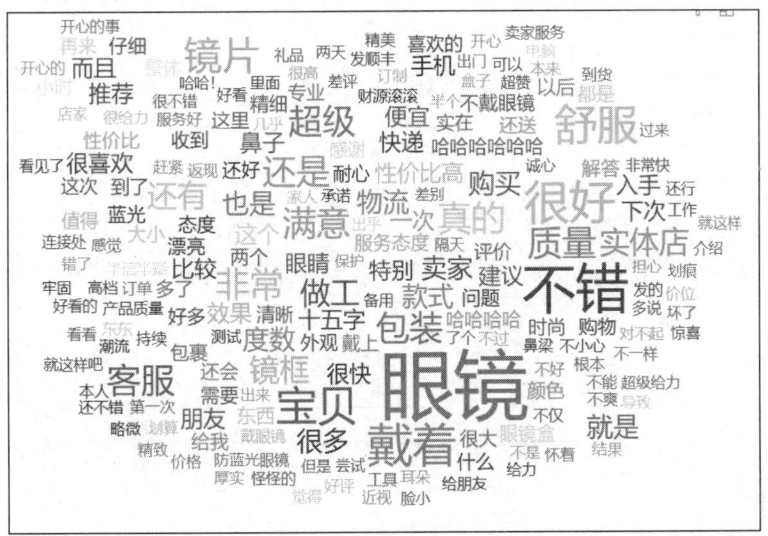

图 9-4　眼镜评价词云

9.2　分析客户问题

9.2.1 如何收集客户问题

不少电商平台推出了一种询问、了解、查看产品客户真实反馈的工具，例如淘宝的“问大家”，是电商平台内容营销和互动的一个版块，主要目的是帮助买家在购买前增加了解商品和商家的渠道，而从卖家的角度来看，可以更多维度展现自己商品。

了解客户在消费前的疑问是十分重要的，只有解答了客户的问题才可以促进成交，基于大数据分析竞品大量的客户问题可以寻找共性问题。客户问题通常可以反映出消费者在消费前的顾虑，因此这个信息十分重要，可以帮助商家掌握消费者的问题，从而制定精准的市场策略。

9.2.2 客户问题案例

对于如图 9-5 所示的路由器商品词云，可以做出总结：信号、掉线、网速等词字体较大，说明消费者对信号强弱、是否掉线等问题比较重视。

通过词云得到分析结论如下：

(1) 用户最关注的是路由器的信号强弱及掉线问题；

(2) 用户场景主要是手机、电视、视频 App 以及玩游戏；

(3) 用户的场景中有不少是房子有多楼层的情况。

图 9-5　路由器商品词云

9.3 消费者舆情分析实操

(1) 爬取美国亚马逊平台商品搜索关键词，保存成 Excel 文档。

(2) 在 Power BI 中导入可视化效果，选择导入自定义视觉对象，如图 9-6 所示。

图 9-6　导入词云视觉对象

(3) 选择我们需要导入的词去可视化组件，如图 9-7 所示。

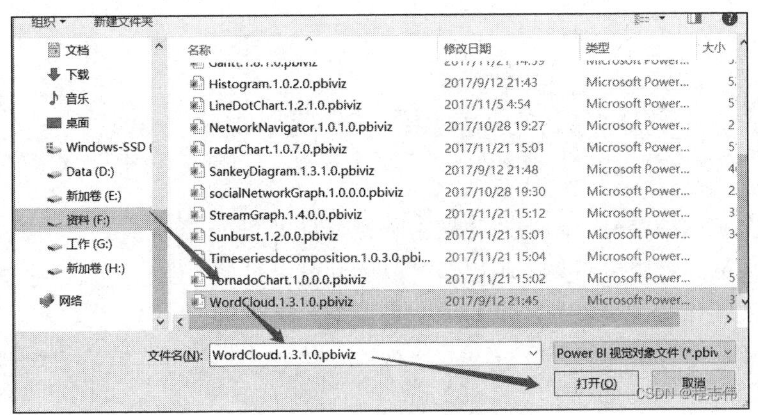

图 9-7　选择词云可视化组件

(4) 导入“WordCloud.csv”数据，如图 9-8 所示。

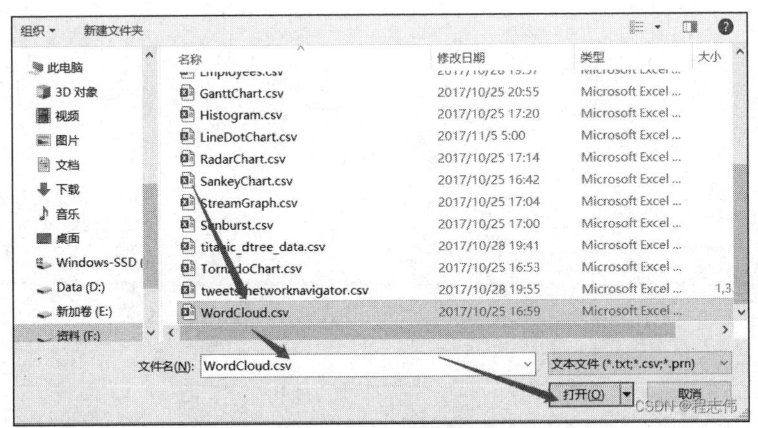

图 9-8　导入“WordCloud.csv”数据

(5) 在“字段”窗格中，勾选“Sentences”字段，并将其拖入“可视化”窗格相应的设置项中，在 Power BI 画布中会显示设置后的词云，如图 9-9 所示。

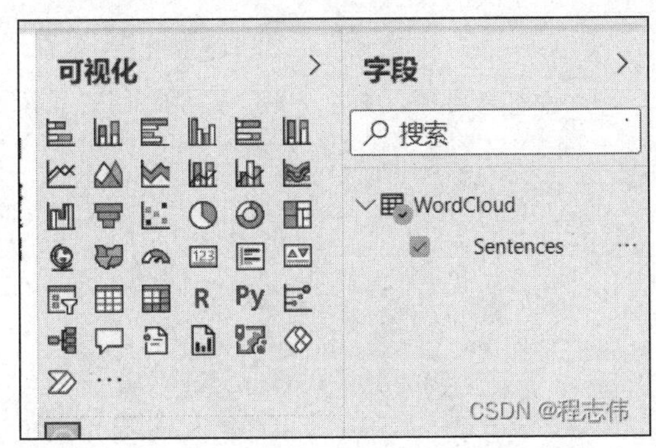

图 9-9　在 PowerBI 画布中显示设置后的词云

(6)可以根据实际需要对图形进行适当的调整，如图形大小、颜色，也可根据个人审美调整。

本章习题

1．针对女士运动器材，画出商品搜索关键词词云图。
2．针对某款网红厨房用具，画出该产品的商品评价词云图。
3．针对某款儿童益智玩具，撰写消费者舆情分析报告。